父权

男性统治的伊始与终结

[英] 安吉拉·萨伊尼 著
Angela Saini

方 宇 译

THE
PATRIARCHS
The Origins
of Inequality

浙江人民出版社

THE PATRIARCHS: HOW MEN CAME TO RULE by ANGELA SAINI
Copyright © ANGELA SAINI, 2023
This edition arranged with Louisa Pritchard Associates & The Curious Minds Agency GmbH
through BIG APPLE AGENCY, LABUAN, MALAYSIA.
Simplified Chinese edition copyright:
2025 ZHEJIANG PEOPLE'S PUBLISHING HOUSE
All rights reserved.

浙江省版权局
著作权合同登记章
图字：11-2024-040号

图书在版编目（CIP）数据

父权：男性统治的伊始与终结 /（英）安吉拉·萨伊尼（Angela Saini）著；方宇译. -- 杭州：浙江人民出版社，2025.8. -- ISBN 978-7-213-11943-9

Ⅰ.C913.14

中国国家版本馆CIP数据核字第20258HB051号

父权：男性统治的伊始与终结
FUQUAN: NANXING TONGZHI DE YISHI YU ZHONGJIE
［英］安吉拉·萨伊尼（Angela Saini）著 方 宇 译

出版发行：	浙江人民出版社（杭州市环城北路177号 邮编 310006）
	市场部电话：（0571）85061682　85176516
责任编辑：	方　程　孙汉果
策划编辑：	孙汉果
营销编辑：	张紫懿
责任校对：	王欢燕
责任印务：	幸天骄
封面设计：	高鹏博
电脑制版：	北京之江文化传媒有限公司
印　　刷：	杭州丰源印刷有限公司
开　　本：	880毫米×1230毫米　1/32　印　张：10.625
字　　数：	208千字　插　页：4
版　　次：	2025年8月第1版　印　次：2025年8月第1次印刷
书　　号：	ISBN 978-7-213-11943-9
定　　价：	78.00元

如发现印装质量问题，影响阅读，请与市场部联系调换。

当我杀人的时候,我用的是真理,而非匕首……让他们害怕的是我的真理。这令人恐惧的真相给了我极大的力量。它使我不惧怕死亡,不惧怕生命,不惧怕饥饿,不惧怕赤身裸体,也不惧怕毁灭。正是这令人恐惧的真理,使我不再惧怕统治者和警察的残暴。

——《零点女人》(*Woman at Point Zero*),1975 年
纳瓦勒·萨达维(Nawal El Saadawi)

CONTENTS / 目录

年　表	/ 001
导　言	/ 005
第一章　统　治	/ 017
第二章　例　外	/ 047
第三章　起　源	/ 087
第四章　毁　灭	/ 127
第五章　限　制	/ 157
第六章　异　化	/ 197
第七章　革　命	/ 229
第八章　转　变	/ 263
结　语	/ 289
致　谢	/ 293
参考文献	/ 297

年　表

公元前 1300 万—前 400 万年	人类与其他类人猿（包括黑猩猩和倭黑猩猩）分离
约公元前 30 万年	我们的祖先——智人，出现在非洲的考古记录中
约公元前 1 万年	在世界各地数千年的植物驯化后，中东的新月沃地发生了农业革命，标志着该地区进入新石器时代
约公元前 7400 年	根据考古学家伊恩·霍德（Ian Hodder）的研究，位于安纳托利亚南部的新石器时代大型定居点加泰土丘（Çatalhöyük）可能存在一个性别平等的社会
约公元前 7000 年	一具女猎人的遗体被埋葬在秘鲁安第斯山脉
公元前 5000—前 3000 年	欧洲、亚洲和非洲的部分地区出现了遗传瓶颈期，这表明少数男性比其他男性拥有更多的后代

约公元前 3300 年	北非、西亚、印度次大陆和欧洲部分地区进入青铜时代
约公元前 2500 年	库巴巴（Kubaba）在美索不达米亚建立基什第三王朝，并以女王的身份独自统治
公元前 2500—前 1200 年	根据考古学家玛丽亚·金布塔斯（Marija Gimbutas）的研究，来自欧亚草原的群体迁移到欧洲，随后进入亚洲，带来了更加暴力的、男性主导的文化
约公元前 750 年	比较富裕的古希腊家庭中，会划分出供女性和男性使用的独立空间
约公元前 700 年	希腊诗人赫西俄德（Hesiod）在其颇具影响力的著作《神谱》（Theogony）中，将女性描述为"致命的种族和部落……天生就会作恶"
约公元前 622 年	在这一时期完成的《旧约·申命记》（The Old Testament Book of Deuteronomy）包含了对男性如何对待在战争中被俘的女性的指导
约公元 950 年	一位地位很高的维京女战士兼首领被埋葬在瑞典的比尔卡
公元 1227 年	成吉思汗病逝。据推测，当今世界上每两百名男性中就有一人是他的后代
公元 1590 年	霍迪诺肖尼联盟的美洲原住民女性在塞尼卡福尔斯会面，要求实现各族的和平

公元 1680 年	英国政治理论家罗伯特·菲尔默爵士（Sir Robert Filmer）在其《父权制》（*Patriarcha*）中为君主的神圣权利辩护。他认为君主之于自己的臣民拥有自然的权威，就像父亲之于他的家庭一样
公元 1765 年	著名的英国法学家威廉·布莱克斯通爵士（Sir William Blackstone）在其《英格兰法律评论》（*Commentaries on the Laws of England*）中强调了一个原则，即在婚姻中，女性在法律上就不再作为独立的个体存在，而成为丈夫的附庸
公元 1848 年	世界上首个妇女权利大会在纽约州塞尼卡福尔斯的卫斯理教堂举行
公元 1870 年	英国通过了《已婚妇女财产法案》（*The Married Women's Property Act*），允许已婚妇女合法保留自己的收入
公元 1884 年	德国社会主义哲学家弗里德里希·恩格斯（Friedrich Engels）写道，母系社会被推翻是"女性遭受的具有世界历史意义的失败"
公元 1900 年	加纳阿散蒂人的"母后"娜娜·亚·阿散蒂娃（Nana Yaa Asantewaa）领导了一场反对大英帝国的独立战争
公元 1917 年	俄国十月革命爆发，世界上第一个社会主义国家建立

公元 1920 年	苏俄成为世界上第一个实现堕胎合法化的国家
公元 1960 年	西丽玛沃·班达拉奈克（Sirimavo Bandaranaike）当选斯里兰卡总理，成为世界上第一位女总理
公元 1976 年	印度喀拉拉邦立法机构废除当地的母系制度
公元 1979 年	伊朗革命推翻了君主制，建立起一个伊斯兰共和国
公元 1989 年	柏林墙倒塌
公元 1994 年	吉尔吉斯斯坦将抢婚定为非法
公元 2001 年	荷兰成为世界上第一个将同性婚姻合法化的国家
公元 2017 年	国际劳工组织首次将强迫婚姻列为一种现代奴隶制
公元 2021 年	阿富汗政权更迭，女性获得教育和工作机会的权利随即受限
公元 2022 年	美国最高法院推翻了1973年"罗诉韦德案"的裁决，这项裁决在联邦层面确立了女性的堕胎权
公元 2022 年	玛莎·阿米尼（Mahsa Amini）在伊朗被道德警察逮捕后死亡，引发了大规模抗议

导　言

在创作本书的过程中，我常常想到一些女神的画像。

其中一幅令我念念不忘。那是一幅在一个多世纪前流行于印度的石版画，其主角是消灭了恶魔，象征着死亡和时间的迦梨（Kali）女神，她迫使我们直面她的杀戮。画中的她怒目圆睁，伸着长舌头，鲜艳的蓝色皮肤跃然纸上，波浪状的黑发垂于腰间，围着一条由断臂组成的裙子，恶魔的头颅则像花环一样挂在她的脖子上。她一手持剑，一手提着恶魔脑袋，第三只手端着一个盘子，献祭般地盛着脑袋滴下的鲜血，第四只手则用祝福的手势指向她周围的血腥场面。

古印度的女神和神祇的形象往往违背常规，他们仿佛是从其他宇宙受召唤而来的。在殖民时代，由于英国统治者和基督教传教士尤为惧怕迦梨女神，因而民族主义革命者将其作为反对殖民统治的象征。在一些说法中，她拿尸体当耳环，死者的整个身体穿过她的耳垂。1928年，一名英国妇女在圣经英行教会（BCMS）出版的一本小册子中写道："多么可怕的画面！可这个野蛮的女神被称为'温柔的母亲'！"

关于迦梨女神的悖论在于，她既是一位神圣的母亲，也挑战了现代社会关于女性特质和权力的假设。无论她是反映了还是颠覆了人性，人们如何想象她这件事本身就是惊人的。21世纪，从新德里到纽约的女性主义者都在追捧她，她被誉为"现今我们需要的女性主义偶像"。从迦梨女神身上，我们仍能看到自己摧毁社会秩序的潜力，我们可以想象被压迫者心中无法抑制的愤怒。我们甚至怀疑，挂在她脖子上的是不是历史上的父权统治者的头颅。

这就是过去对我们的影响。为什么21世纪的我们会转而从一个古代神话人物身上寻找信心，来证明我们拥有改变世界的能力？迦梨女神给我们的，是什么我们无法在自身中找到的东西？

哲学家奎迈·安东尼·阿皮亚（Kwame Anthony Appiah）曾经提出过一个类似的问题：为什么有些人必须相信过去更平等，才能描绘一个更加平等的未来？这个问题困扰着历史学家、科学工作者、人类学家、考古学家和女性主义者。作为一名报道种族主义和性别歧视问题的科学记者，我发现自己也经常思考这个问题。我们想知道今天的社会结构是如何形成的，以及它以前是什么样子的。我认为，当我们望向迦梨女神时，是在寻找一种可

导　言

能性，即存在过一个并非由男人统治的时代、一个被人遗忘的世界，在那里，女性气质和男性气质并不像今天这样。

这种对历史先例的渴望还暗示我们另一件事——我们的生活有时是多么的无望。我们现在用来描述女性受压迫的"父权制"一词，已经变得极其庞大而笼统，涵盖了世界各地成年和未成年女性遭受的各种虐待和不公平待遇，从家庭暴力、强奸到工资性别差距以及道德的双重标准。总而言之，其规模和范围似乎超出了我们的控制。性别压迫看起来像一个可以追溯到很久之前的巨大阴谋。在被我们遗忘的过去，一定发生了什么可怕的事情，才导致了我们现在的处境。

◇◇◇

很长时间以来，人们一直在努力理解父权制的起源。

1680年，英国政治理论家罗伯特·菲尔默爵士在《父权制》中为国王的神圣统治辩护，他认为国家就像一个家庭，因此国王实际上是父亲，其臣民是孩子。国家的王室元首是上帝任命的世间等级最高的族长，其权威可以追溯到圣经时代的先祖。在菲尔默对宇宙的构想中，父权制是天经地义的——贵族为捍卫国王免受批评者攻击的一种自私构想。父权制始于家庭，父亲对家庭拥有统治权，然后这种统治权扩大到政治、法律和宗教制度之中，并变得根深蒂固。

在 19 世纪中期和 20 世纪后半期的一段时间里，知识分子开始重新思考什么是父权制，以及它是如何产生的。它是所有男人对所有女人的普遍主导，还是更具体的东西？它与性有关，还是与工作有关？它由资本主义支持，还是独立于资本主义之外？它有自身的历史，还是一种由人类的天性决定的普遍模式？

几个世纪后，菲尔默提出的权力从家庭扩大到更广泛社会结构类似分形几何形态的解释仍具吸引力。1970 年，美国社会活动家凯特·米利特（Kate Millett）在其经典女性主义著作《性政治》（*Sexual Politics*）中，将父权制定义为年长男性对年轻男性的控制，以及更普遍的男性对女性的控制。性别权力仍被认为从父亲开始，由家庭辐射到社区与国家。

但是问题仍然存在，那就是男性最初是如何获得这种权力的。1979 年，英国社会学家韦罗妮卡·比奇（Veronica Beechey）在阅读了当时已经很丰富的关于父权制的女性主义作品后，指出男性统治通常被认为是基于性和生殖的。对女性的压迫被认为是源自男性对控制女性身体的病态欲望。"但是，"她写道，"从来没有人说清楚，是什么使男性成为性压迫者，以及更重要的是，特定社会形态的哪些特征让男性处于对女性拥有权力的地位。"

比奇认为，对于不同的人来说，性别不平等和压迫从来都是

导　言

不同的，这使任何父权制理论的适用性都变得复杂。但是无论如何，迦梨女神总归是女性权力的象征。尽管她属于神话传说，但如果我们没有在她身上看到某些我们自己的影子，她也不可能拥有如此多的追随者。

我曾经在印度生活过，在那里，上流和中产女性经常以微薄的薪酬雇佣男女员工，为她们做饭、打扫。我当时22岁，独居，有两个男人为我工作。那些最低种姓的人从事着印度最肮脏、收入最低的工作，包括清理人类和动物的排泄物。在2020年的第一次疫情防控期间，当家政人员无法出门工作时，印度最富有的女性有生以来第一次发现，她们可能不得不亲自做家务了。2021年初（无论巧合与否），印度泰米尔纳德邦的一个政党发起了一场运动，要求向家庭主妇支付月薪。

女性研究教授钱德拉·塔尔帕德·莫汉蒂（Chandra Talpade Mohanty）曾问道："当不同环境和历史时期下的'性别分工'迥然相异时，我们该如何讨论它呢？"如果男性和女性的天性中存在某些本质差异，使男性控制女性，并将我们明确地划分为不同的角色，那我们本该看到历史上世界各地的人们都有着相似的生活和工作模式。

这当然不是事实。一些女性的地位低下从未妨碍同一社会中的另一些女性拥有巨大的财富或权力。自人类有记录以来，就有女王、女皇、女法老和强大的女战士。在过去的两个世纪里，女性作为君主统治英国的时间比男性更长。很多女性拥有奴隶和仆人，直到今天仍然如此。一些文化优先考虑母亲，她们的孩子甚至被认为不属于父亲的家庭。

美国女性史研究领域的奠基人之一格尔达·勒纳（Gerda Lerner）一直在努力理解和解决这些矛盾，她写道："不同阶级的女性有着不同的历史经验……是的，女性是历史上的无名之辈，但与其他无名群体不同，她们也一直是统治精英的一部分。她们确实受到压迫，但与种族或民族所受的压迫并不相同；她们处于从属地位并被剥削，但与底层阶级也并不完全相同。当然，这不包括那些（受压迫）种族、民族或阶级的女性。"

1989年，法律学者凯瑟琳·麦金农（Catharine MacKinnon）写道，她发现除了少数例外，"女性主义并未将男性权力当作一个有序却错乱的整体进行阐述。女性主义变得像一场追求理论的宏大控诉，一个尚待书写的宏大理论"。男性权力的最终产物得到了充分记录——男性担任要职的比例越来越高，许多地方存在着重男轻女现象，性骚扰越来越频繁。这样的数据一项接一项，但数据本身并不能解释男性是如何开始统治的。麦金农评论道："这一待解释的主题——男性主导地位是如何演变的，实际上被默认为前提。社会权力没有得到解释，仅仅是被重申了。"

我们是如何走到这一步的？这件事带着一种神秘的意味。麦金农认为，如果说女性比男性受到更多的剥削，那么人们会认为原因在于她们的天性,而非她们的物质条件。问题在于女性本身,而非外界。甚至连主张通过共产主义消除阶级不平等的马克思主义者也怀疑,性别不平等与其他压迫不同,是由生理差异而非历史造成的。

寻找女性受压迫之普遍原因的努力一度变成了过于简化的实践,有时甚至到了荒谬的地步。一些关于父权制起源的说法认为,女性根本无法抵抗男性的胁迫和统治。女性太软弱,男性太强壮。这些叙述中最生动的一个是说,当和平的、以女性为中心的社会突然被暴力的、掠夺成性的男性(他们对权力和性别统治有着不可阻挡的欲望)颠覆时,史前时期的重大转折点就出现了。父权制的神取代了温柔的母神。

"换言之,"法国社会学家克里斯蒂娜·德尔菲(Christine Delphy)写道,"我们社会的文化被归因于一个假想社会的'天性'。"

美国人类学家米歇尔·罗萨尔多(Michelle Rosaldo)对此也持怀疑态度。她在1980年写道:"我们发现自己是一种概念上的传统的受害者,这种传统在我们与男性的自然特征差异中发现了'本质',然后宣称女性目前的处境源于女性的'本质'。"她对世界各地的社会进行了人类学观察,认为男性统治确实普遍存在。但是她也发现,其表现形式千差万别,因此想象某种全世界共存的经历或普遍性的原因导致了男性统治是毫无意义的。

她建议道:"对于我们看到的任何性别歧视,生理性别都不是其原因,而是借口,正如种族不是种族歧视的原因。"

◇◇◇

例外才是对我们假设的真正考验。我们并非在宏大、简化的历史描述中发现自己是谁,而是在边缘地带发现自己是谁。在那些地方,人们的生活方式与我们的预期不同。跨文化的证据表明,我们想象的恒定的生物规则或整齐的线性历史往往并非如此。我们是一个在生活方式的选择上非常多样化的物种,而且有着惊人的可改变的余地。如果认为性别不平等根植于我们自身的某种无法改变的东西,那么我们就没有看到它的本质——必须不断被重塑和重申的更加脆弱的东西。

我们至今仍处在重塑它的进程中。

似乎没有什么令人信服的证据证明,被一举推翻的母系乌托邦真的存在过,也没有多少证据表明女性受到的压迫是从家庭开始的。相反,我们可以从历史记录中看到,女性受到压迫与最早的国家和帝国壮大的时间大致相同,国家和帝国需要增加人口并维持军队来自卫。统治这些社会的精英需要年轻女性尽可能多地生育子女,并需要她们养育的年轻男性成为卖力的战士。正是在这一点上,我们可以看到性别规则出现并限制了普通人的行为和

导　言

自由。忠诚和荣誉等美德开始被拿来为这些基本目标服务。紧接着，传统和宗教也围绕着相同的社会规范发展起来。

社会压力渗透到家庭中，影响着人际关系中的权力运作。在一些地方，新娘离开自己童年生活的家庭，与丈夫的家人生活在一起。婚姻制度似乎受到了广泛而不人道的俘虏和奴隶制的影响。妻子在自己所处的社区里可能被当成外人，她们的地位只有在年龄增长，有了自己的孩子之后才会提高。对女性的压迫不见得始于家庭，但的确终结于家庭。

历史的零碎证据表明，男性主导的意识形态和制度并未形成一个由所有男性同时对所有女性行使权力的单一体系，各地的情况并不相同。每个人都能以多种方式行使父权。但是与此同时，人们也在反抗。抵抗和妥协总是存在的。随着时间的推移，我们观察到的变化是渐进的、时断时续的，它悄悄渗入生活之中，直到若干代以后，我们再也无法想象自己可以拥有其他的生活方式。毕竟，这就是社会变革通常的运作方式——将以前不可想象的事情变得令人习以为常。

归根结底，这是一个个体和群体为控制世界上最宝贵的资源——他人——而进行斗争的故事。如果今天南北半球的父权制社会的组织方式看起来碰巧惊人地相似，这并不是因为各个社会神奇地（或在生物学上）同时达成了一致，也不是因为各地的女性都屈服并接受了从属地位，而是因为权力具有创造力。性别压迫不仅被制造并被完善于社会内部，还通过劝诱改宗（proselytism）和殖民主义被刻意地向外输出了数个世纪。

这场骗局最阴险的部分在于，它塑造了我们关于人性的许多观念。如果说印度的迦梨女神告诉我们一些过去的事情，那便是人们对世界的看法从来都不是一成不变的。长时间以来，掌权者一直竭力地想为他们发明的性别规范和等级制度营造一种不可撼动的假象。如今，这些神话已成为我们的信念，我们据此生活。我们不敢发问：之所以觉得迦梨女神激进，打破了女性规则，是否因为她来自一个规则不同的时代。

在我们建立的社会中生活了几个世纪之后，我们给自己看到的一切贴上了一个统一的标签——"父权制"。从我们的角度来看，它像是一个阴谋，仿佛从一开始就精心策划好了——但事实上，它一直是一场缓慢的骗局。我们亲眼看到，父权统治者仍试图染指我们现在的生活。塔利班在阿富汗卷土重来，一些东欧国家压制性别自由，美国推翻了确立堕胎权的裁决，等等。这不是一个尘埃落定的起源故事，而是我们仍在积极书写的故事。

我经过多年的研究和实地考察才完成本书。最大的困难在于如何揭露那些让这一主题陷入困境的大量假设，它们伪装成客观知识，但往往被证明只是猜测。越往史前追溯，证据就越模糊。神话传说与事实交织在一起，直到几乎不可能区分开。我已经尽我所能地找出男性统治的最早迹象，以及性别压迫的社会及意识

导　言

形态萌芽，并追溯它们缓慢发展至今的过程。我的描述当然不完美，也不完整。而且即使能看穿骗局，我们也仍受自己的经历和信念制约。对于所有寻找父权制起源的人来说，我们的努力可能更多地反映了当下，而非过去。

但也许，我们真正想了解的正是当下。

第一章
统　治

> 但是，有哪种统治在拥有它的人看来不是理所当然的？
>
> ——《妇女的屈从地位》（*The Subjection of Women*），1869 年
> 约翰·斯图尔特·穆勒（John Stuart Mill）、
> 哈丽雅特·泰勒·米尔（Harriet Taylor Mill）

不妨想象一下从头开始重建世界。

这正是耗资数十亿美元的好莱坞电影《人猿星球》（*Planet of the Apes*）的情节。这部反乌托邦科幻电影改编自法国小说家、前特工皮埃尔·布勒（Pierre Boulle）1963 年的同名作品，讲述了毫无防备的人类被一群黑猩猩、大猩猩和红毛猩猩推翻，失去了世界上最强大生物的地位。猿类随后建立了自己的文明，创造了自己的政治和社会制度。我们一下子成了劣等物种。这是一场最根本的革命。

不管是 20 世纪 60 年代查尔顿·赫斯顿（Charlton Heston）主演的原版电影，还是其后 50 多年间的续集和翻拍，都存在有

意的挑衅。我们很难忽略其中关于战争、动物权利和人类对自身优越性的脆弱信念的评论。影片中还有明显的种族隐喻，与当时的民权运动相呼应，但是这让一些评论家感到不适。不过，《人猿星球》中的一个部分经常被观众忽略：无论是人类还是猿类，雄性几乎总是行动的中心。

原版电影中有一个强大的女性角色。但是在2014年上映的新版《猩球崛起》（Rise of the Planet of the Apes）中，科妮莉亚（Cornelia）——最引人注目的雌性黑猩猩，也是猿类主角恺撒（Caesar）的妻子，其出场的时间只有短短几分钟。更重要的是，她成了性别刻板印象的集合体。革命爆发后，科妮莉亚迅速变成了照顾者和伴侣，头上戴着珠子装饰物，怀里抱着婴儿，看起来十分柔弱。

科幻小说的魅力在于它允许打破常规。这一文学类型激进地承诺能够帮助我们反抗我们所处的世界。已故的厄休拉·勒古恩（Ursula K. Le Guin）曾写道，她希望自己的小说能像她喜欢的众多推理小说一样，提供"一种想象的，但令人信服的另类现实，把我和读者的思想从懒惰、胆怯的习惯中解放出来，不再认为我们现在的生活方式是人们唯一的生活方式"。

但即使是我们的幻想，似乎也有局限性。我们会不由自主地寻找熟悉的线索来悬置我们的怀疑。这可能就是为什么《人猿星球》的制片人有意使电影中的猿类比现实生活中拥有更多的人

第一章 统 治

性。黑猩猩在进化树上的位置与我们并不算远，二者如果能够再靠近一点，或许就有理由相信它们真的能够战胜我们。我们可以在它们身上看到自己的影子——一个转瞬间成为全球霸主的物种。

那么，在这个一切从头开始的美丽新世界的黎明里，社会是什么样子的呢？吊诡的是，它与我们现在的社会并没有太大不同。即使接受了黑猩猩领导起义的可能性，我们也没有质疑为什么在这些电影中最终掌权的仍然是雄性。我们不好奇另一个物种怎么就自动采用了异性恋婚姻的习俗，而雌性很快便消失在家庭的阴影中。不知何故，猿类社会最终似乎陷入了另一种父权制。

如果想改变故事的发展方向，我们只能自己思考（如果我们真的去思考的话），那就需要一个完全独立的科幻故事情节。这将需要另一场革命。

◇◇◇

我及时抵达美国加利福尼亚州的圣地亚哥动物园，看到了袭击的余波。

看着围栏里手上带伤的猿猴，我不禁感到同情。它蜷缩在角落，背对着其他猿猴，似乎很害怕，又很尴尬。美国南加利福尼亚大学的灵长类动物学家埃米·帕里什（Amy Parish）一直在这里研究倭黑猩猩，这些动物们甚至都认得她。她向我解释说，雄性倭黑猩猩通常依靠母亲来获得保护和地位。没有母亲在身边，这只雄性倭黑猩猩立刻遭到了一只年长雌性倭黑猩猩的攻击。

自那天见到帕里什后的 5 年间，她对倭黑猩猩的研究进一步加强了学界的共识，即雌性统治是该物种的常态。倭黑猩猩中的雌性会驱逐并攻击雄性。这对人类的历史很重要，因为就进化而言，倭黑猩猩和黑猩猩一样接近人类，它们是我们在动物王国中基因关系最近的两种动物。美国埃默里大学心理学教授、灵长类动物专家弗朗斯·德瓦尔（Frans de Waal）证实，无论是在圈养中，还是在野外，从未发现过由雄性领导的倭黑猩猩群体。他告诉我："20 年前，人们对此还有一些怀疑，但现在人们不这么说了。我们现在说，雌性就是占支配地位。"

雄性统治在动物界当然很常见，如黑猩猩。帕里什说："大多数人认为父权制是必然的。"但这并不是绝对的。研究人员越是深入研究，就越能发现更多差异。雌性统治不仅存在于倭黑猩猩中，也存在于虎鲸、狮子、斑鬣狗、狐猴和大象中。

在说起支配机制如何运作时，帕里什补充道："我们可以从倭黑猩猩身上学到很多东西。"至少对于它们来说，支配与体型无关。平均而言，雌性倭黑猩猩略小于雄性，这一点与黑猩猩相同。将它们区分开来的是，雌性倭黑猩猩之间即使没有血缘关系，也会形成紧密的社会纽带，它们通过摩擦生殖器来巩固这种

第一章 统治

联系并缓解紧张关系。这个亲密的社会网络创造了权力，排除了个别雄性统治整个群体的可能性。

"有这样一种说法，即雄性天生支配雌性，雄性比雌性更适合做领导者。我认为这种说法根本行不通。"德瓦尔补充道。证据并不支持这种说法。不过，正如他和帕里什亲身经历的，说服他人相信这一点比预想的要困难得多。德瓦尔说："男性很难接受女性掌权。"如果说《人猿星球》忽视了某些事实，那么这可能要归咎于妨碍了好几代人进行动物行为研究的性别歧视神话。

德瓦尔补充道："我觉得以男性的身份撰写关于性别和倭黑猩猩的文章很有吸引力，因为我认为如果这些内容出自一名女性之手，她很可能会被人们忽视。"甚至连其他从事灵长类研究的同行，也拒绝接受一个明显由雌性主导的物种的存在。德瓦尔回忆说，有一次，他在德国做关于雌性倭黑猩猩的领导力的讲座，讨论结束时，一位年长的德国男教授站起来问："那些雄性倭黑猩猩有什么毛病？"这位男教授显然觉得雄性应该占主导地位。

但这不仅仅是性别歧视的问题。我们在观察其他物种时，会在它们身上寻找自己的影子。如果人类社会是父权制社会，那么离我们最近的灵长类表亲，也就是被认为代表了我们起源的物种，怎么可能与我们不一样呢？对男性统治的进化根源来说，这又意味着什么呢？

1973年，也就是第一部《人猿星球》上映5年后，美国纽约

父　权：男性统治的伊始与终结

市立大学的社会学教授史蒂文·戈德堡（Steven Goldberg）出版了《父权制的必然性》（*The Inevitability of Patriarchy*）一书，论证由于男女之间的基本生理差异极大，因此在人类社会的每一次演变中，父权制最终都会胜出。他在这本书中声称，无论人们如何分配资源，天生更强大、更具侵略性的男性总会分到更多。

戈德堡说自己重视科学真理和确凿的生物学数据，但是他的论点实际上建立在他对其他人如何感知自身地位的评估上。他解释道："男性统治指的是男女情感都承认的一种感觉（他特别强调），即女性的意志在某种程度上从属于男性的意志。"他接着写道："每个社会都接受了这种感觉的存在，并通过让儿童接受相应的社会化训练来适应其存在，因为这是每个社会的必然。"戈德堡本可以把这种行为解释为一种会应验的预言，即文化会代代相传地影响我们的行为方式。但是，他将其视为一种生物本能，一份大自然写好的剧本。

虽然戈德堡的解释在今天听起来有些牵强，但实际上，他的结论与几个世纪以来的科学家和哲学家的研究成果几乎没有不同。博物学家查尔斯·达尔文（Charles Darwin）认为，由于进化的结果，"男人最终优于女人"。1975 年，生物学家爱德华·O. 威尔逊（Edward O. Wilson）写道，人类的基本模式之一是成年男性"支配女性"。这种观念在流行文化中被一次次重复。在 1988 年播出的电视剧《星际迷航：下一代》（*Star Trek: The Next*

第一章 统 治

Generation）的一集中，船员们被传送到一个由女性统治，男性被视为下等人的星球。不过，一个简单的视觉线索轻而易举地帮助观众解开了这个母权制星球的谜团——这个星球的男性明显比女性矮小，也比女性瘦弱。女性能掌权，显然是因为她们的块头更大！

然而我们从倭黑猩猩身上了解到，不能假定两性在平均体型或力量上的差异一定会导致整个社会层面的权力严重失衡。并没有这样的生物学定律。

那么，为什么我们总是惯性地认为必然存在这样的情况呢？社会学家克里斯蒂娜·德尔菲认为，即使是女性主义者，也曾依赖生物学论据来解释女性的地位，将父权制视为性别之间自然分工的结果，或源于男性无法抗拒的控制女性性行为及性观念的本能。她写道："当然，自然主义在反女性思想中更明显，但它在很大程度上也存在于女性主义思想中。"

◊◊◊

戈德堡最终被任命为纽约市立大学社会学系主任。在《父权制的必然性》出版近50年后，我同他交谈，发现他对自己的理论仍然十分自信。戈德堡坚称，他在多年前刚开始研究这个话题时并没有政治性的动机，只是试图阐释一个中立的观察。

"好奇心……才是我真正的动机，"他在电话中告诉我，"社会学让我感到困扰的是，很多东西都很模糊。当我偶然发现所有社会都是父权制社会时，这让我着迷。"

他的核心论点是一个事实：当他的书于 1973 年出版时，包括美国和苏联在内的许多强大的国家，都是由男性领导的。有人可能会说，英迪拉·甘地（Indira Gandhi）是印度总理，果尔达·梅厄（Golda Meir）领导着以色列 [到 20 世纪 70 年代末，玛格丽特·撒切尔（Margaret Thatcher）将会当选英国首相]。但是，戈德堡确实发现了一个令人不安的真相：男性权威似乎有着顽固的持续性。即使是在女性担任领导人的国家里，她们麾下的大多数政治家仍然是男性。玛格丽特·撒切尔就是一个典型的例子，其在执政的 11 年里，只选择了一位女性进入她的内阁。

戈德堡告诉我："父权制是普遍存在的。每个社会都是如此，在我看来，这有力地说明了其中存在着某种生物学因素，而且在一定程度上是不可避免的。"

纽约市立大学人类学系主任埃莉诺·利科克（Eleanor Leacock）当时为《美国人类学家》（*American Anthropologist*）杂志撰写了一篇书评，批评戈德堡的理论缺乏真正的科学性。他对男性统治的解释是一种毫无意义的循环论证，即它是自然存在的，因此它的存在是自然的。她写道："如果我够机智，我会写一篇讽刺文章，而不是一篇直截了当的书评。不过，戈德堡的论证本身可能

第一章 统 治

就是一个讽刺。"

戈德堡的书出版时,女性领导人的数量支持了他的观点。但是在此后的几十年里,时移世易。1960年,斯里兰卡选出了世界上第一位女总理西丽玛沃·班达拉奈克,她一共出任了三届总理。此后,由女性担任最高行政领导职位的国家数量稳步增加,只是偶尔出现下降,到2019年达到了18个。根据联合国的数据,到2020年年初,14个国家的政府中至少有一半的部长为女性,包括西班牙、芬兰、尼加拉瓜、哥伦比亚、奥地利、秘鲁、瑞典、卢旺达、阿尔巴尼亚、法国、安道尔、加拿大、哥斯达黎加和几内亚比绍。

1973年,戈德堡写道:"科学只讲现实和数学概率范围内必然发生的事情。"他毫不怀疑数据会站在他这一边。考虑到这50年间的社会变革,而且变革方向恰好相反,他承认"趋势偏离了我书中的观点",但是"当你提出一个理论时,你必须做好它可能是错误的准备"。不过,他仍然相信,从长远来看,他的理论会被证明是正确的。他告诉我:"我认为现在的情况有点复杂。如果事情还和100年前一样,我的理论会更有说服力,但我认为它现在仍然有说服力。"

他还留下了一个预言:"任何一个社会都不可能走到完全没有父权制的地步。"在他看来,男性统治是一种生物潮流,文化压力只能在一定程度上抑制它。性别平等是必须违背我们的自然本能而去争取的东西。

戈德堡的论点又回到了本能上。他在暗示，女性权力是一种新生事物，是对普遍、永恒秩序的现代干扰，父权制则是生活的常态。但问题仍然在于是否有确凿的证据。有什么证据能证明生活一直是这样的呢？如果它是普遍的、永恒的，那么我们至少可以在其他物种之中，尤其是在进化树上与我们最接近的物种之中，找到一些与人类父权制相同的模式。

然而正如灵长类动物学家德瓦尔解释的那样，当动物研究者谈论雄性支配时，他们几乎总是在谈论雄性动物彼此之间的支配，而非雄性对雌性的支配。他说："即使在雄性占主导地位的黑猩猩社会中，也会有雌性领导者。"雌性受到性胁迫的情况确实存在，但其暴力程度和普遍程度在不同物种之间差异巨大。雄性的体型和攻击性差异并不一定能够带来决定性的优势。首领取胜的方式并不总是把其他雄性打得服服帖帖，更多的是建立战略盟友网络。灵长类动物似乎不喜欢被恶霸统治或受到不公平对待，与统治地位相关的一些关键特征是仁慈、社交能力和合作精神。德瓦尔补充说，即使是体型最小的黑猩猩，如果能够表现出赢得信任和忠诚的能力，最终也能成为首领。

按照英国布里斯托尔大学生物学家埃米·莫里斯-德雷克（Amy Morris-Drake）的说法，乌鸦和家犬也有类似的维持和平的冲突管理策略。莫里斯-德雷克所在的研究小组在 2021 年发

第一章 统治

现,侏獴会记住群体中的那些挑起过与其他侏獴争端的好战分子,然后冷漠相待。

辨别什么是动物的"自然"行为,什么不是,并不像听起来那么简单。2010年,马克斯·普朗克研究所的研究人员在赞比亚的一个野生动物保护区发现,一只雌性黑猩猩无缘无故地把一片草叶塞进耳朵里。很快,其他黑猩猩也开始这么做,并且在她死后仍然如此。科学家将其称为一种"传统"。这就给我们带来了一个难题:如果其他灵长类动物可以形成类似于传统或社会习俗的东西,那么该如何在一个像我们这样拥有复杂文化的物种中,确定一种永恒不变的本质呢?德瓦尔告诉我,相较于东非的黑猩猩群体,西非的一些黑猩猩群体更加团结。在这些社会中,雌性黑猩猩更具影响力。他认为,这种差异在一定程度上也可能是文化差异。

德瓦尔说:"我认为,当人们说父权制在某种程度上是人类这个物种的天性选择时,一些人会说男性统治和男性暴力是自然的,我觉得他们完全是在夸大其词。这未必是我们这一物种的自然状态。"

与其他灵长类动物相比,以父亲为首的"父权的"人类家庭实际上是相当奇怪的。2019年,美国新墨西哥大学的人类学家梅利莎·埃默里·汤普森(Melissa Emery Thompson)在英国皇家学会杂志的一期特刊中写道:"没有任何灵长类动物能与人类直接类比。"相反,她发现其他灵长类动物都是通过母亲而非父亲来建立亲属关系的。这一发现可能不重要(很可能只是人类比较特殊而已),但这个特征如此根深蒂固,汤普森因此怀疑,研究人类的科学家们是否低估了代际间母系传承的重要性。专家们确信人类的父权制可以用生物学来解释,以至于忽视了母亲掌握权力的可能性。

◇◇◇

罗宾·杰弗里(Robin Jeffrey)如今是一名研究印度现代历史和政治的学者,1968年,他在印度北部的旁遮普邦当教师。那年7月的一个季风期的早晨,他乘坐公共汽车穿过印度喀拉拉邦,当地气候潮湿,车厢里很快如蒸笼一般。于是,他一上车就打开了车窗上的防水布,好让空气流通。他注意到几米开外的阳台上,一位身穿白衣的老妇人正舒适地坐着,她戴着厚厚的眼镜,正专心阅读晨报。

杰弗里觉得那个瞬间非常特别,令其永生难忘。他告诉我:"它深深地刻在我的脑海里。"杰弗里很少看到有人在公共场合阅读当地语言的报纸,至少在旁遮普邦是这样。印度的识字率很低,当时世界上的大部分地方也都如此,女性的识字率则更低。而这位女性就在那里悠闲地读着放在腿上的报纸。"这是一幅生

第一章 统治

动的画面,当它与你的预期格格不入时,你就会被它震撼。"

虽然如今成人识字率已经大幅提高,但在印度大多数邦,明显的性别差距仍然存在。不过自有记录以来,喀拉拉邦女性的识字率一直与男性相当。喀拉拉邦位于绿意盎然的印度西南海岸,在这里,女性可以独自旅行和相对安全地走在街上。这并不是小事。我的第一份工作是在新德里的一家时事杂志社,如果没有朋友或亲戚陪伴,我可不觉得新德里的街道是个安全的地方。而喀拉拉邦则笼罩在传说之中——那是一个性别角色颠倒的地方,女性一直居于统治地位,女儿比儿子更受重视。

时至今日,喀拉拉邦仍然经常被不明就里的外来者视为母系社会。实际上,这里也和其他地方一样存在着厌女和虐待现象,女性远未拥有所有权力,尤其是低种姓女性。但传说也有一些真实的部分。该邦在性别平等方面所取得的成绩,至少有一部分归功于古老的奈尔人(Nairs),这个颇具影响而以种姓为基础的群体,一度统治着该地区的部分领土,他们按照母系纽带组织起来,通过母亲而不是父亲来追溯祖先。

母系社会通常被视为特例,但事实上,偏重母系的社会分布在亚洲、北美洲以及南美洲的部分地区,非洲还有一条贯穿中部的宽阔的"母系地带",只有在欧洲才很少见。母系社会并不能保证女性受优待,也不意味着男性不会担任拥有权力和权威的职位,这只是一个社会性别观念的一部分。简单来说,它告诉孩子们，她们的女性祖先很重要，女孩在家庭中很重要。这也决定了一个女性的地位，以及她可以期望继承多少财产。2020年，美国加利福尼亚大学圣地亚哥分校的经济学家萨拉·洛斯（Sara Lowes），针对生活在非洲"母系地带"的刚果民主共和国卡南加市的600多名居民，发表了一份调查报告，并将他们的回答与刚果各地独立的人口和健康调查作比较。她发现，"母系社会的女性在决策方面拥有更大的自主权，对家庭暴力的容忍程度更低，更关键的是，她们遭受的家庭暴力更少"。洛斯还发现，母系社会女性的子女在调查前一个月生病的概率更低，平均受教育的时长多出几乎半年。

学者估计，全球70%的社会是从父居的，即人们倾向于与父亲的家庭生活在一起。从母居的社会（人们终生与母亲的家庭生活在一起或在附近生活）采取的往往是母系制度。2009年，生物学家和人类学家在《英国皇家学会会刊B辑》（*Proceedings of the Royal Society B*）上发表文章，利用遗传学证据、文化数据和家谱证明，太平洋地区的从母居社区最早可以追溯到5000年前。虽然后来的生活习惯发生了变化，但是母系和从母居的"主题"一直存在于当地。

1991年，记者马达范·库蒂（Madhavan Kutty）在其用马拉雅拉姆语写成的回忆录〔后被翻译成英文，书名为《时间之前的村庄》（*The Village Before Time*）〕中，回忆了他小时候在喀拉

第一章 统治

拉邦的母系家庭中的日常生活。奈尔人婚后不会分成一个个小的核心家庭，而是会共同居住在塔拉瓦德（Taravad，意为"母系大家庭"）中。这种联合家庭可能有数十名家庭成员，所有人都有同一位年长的女性祖先。兄弟姐妹们一生都生活在一起。女性被允许拥有多名性伴侣，这些伴侣不一定与她们同住。这意味着父亲们主要在帮助养育姐妹的孩子，而非自己的孩子。库蒂出生在一个很大的家庭里，他回忆说，只有女儿的孩子可以被列在家谱上。

库蒂的祖母卡蒂亚雅尼·阿马（Karthiyayani Amma）最终成为一家之主。按照当地习俗，她从不遮盖胸部。库蒂写道："她身上蕴含着深刻的、已经融入潜意识中的历史财富。我们大家庭的这位女族长非常坚韧，善解人意，十分关心女性的自由。"

他们的社区并非一个小社区或边缘社区。出生于喀拉拉邦的作家马努·皮莱（Manu Pillai）追溯了特拉凡哥尔王国的历史，该王国延续了至少200年，统治横跨喀拉拉邦南部的部分地区，直到20世纪中期才灭亡。皮莱在《象牙宝座》（*The Ivory Throne*）一书中写道："奈尔妇女一生中总是可以获得她们出生的家庭的庇护，不需要依靠丈夫。丧偶不是灾难，在性权利方面，她们实际上与男性平等，能完全掌控自己的身体。"

对于身处其中的人来说，这并不奇怪，世世代代的家庭生活都是这样。但是，欧洲访客遇到喀拉拉邦的奈尔人时，一下子被吸引住了。吸引他们的不仅仅是现实,还有颠覆了他们所认为的"正常"社会的创造潜力。印度贾瓦哈拉尔·尼赫鲁大学的女性研究学者、喀拉拉邦历史研究委员会主任 G. 阿鲁尼玛(G. Arunima)的说法是,一些人深感震惊。17 世纪的一名荷兰旅行者认为,奈尔人是"全东方最放荡、最不贞(原文如此)的民族"。还有人受到了启发。18 世纪末,一名奴隶主的儿子、年轻的英国小说家詹姆斯·亨利·劳伦斯(James Henry Lawrence)写了一部爱情小说,后来被命名为《奈尔帝国》(The Empire of the Nairs)。劳伦斯以喀拉拉邦为例,倡导欧洲妇女接受更好的教育,允许她们拥有多个情人并废除婚姻制度。

不过,阿鲁尼玛写道,无论他们做何反应,外人通常都会将奈尔社会视为反常,因为这些人认为父系社会才拥有正常的生活方式。母系社会被形容为"不文明的"和"不自然的",其存在需要解释。

即使在今天,西方学术界的态度也是既困惑,又惊讶。在最近的人类学文献中,母权制被描述为一种悖论,一种本质上不稳定的存在状态。"母系之谜"(Matrilineal Puzzle)这一说法已经被使用了 70 多年,研究喀拉拉邦等社会的学者用它来概括他们百思不得其解的问题,例如,为什么父亲要花时间和精力照顾外甥和外甥女,而不是自己的孩子?为什么一个男人会容忍他的姐夫对自己的孩子及其母亲有话语权呢?几个世纪以来,男性为

第一章 统 治

何能容忍这种情况而不强行作出改变?

具有讽刺意味的是,在 19 世纪,喀拉拉邦真的发生了变化,而这在很大程度上是因为外来者的好奇和丑化。占领该地区的英国殖民者和试图改变人们信仰的基督教传教士,都向母系社区的喀拉拉邦人施压,要求他们遵守维多利亚时代的性别规范。印度历史学家乌玛·查克拉瓦蒂(Uma Chakravarti)写道:"殖民意识形态为了建立对被统治者的心理优势,不得不以许多微妙或不那么微妙的方式宣扬统治者的道德优越感。"

19 世纪,本来由塔拉瓦德中的兄长与家中女性共享的(始终取决于具体情况和辈分)权力,开始转变为独占且无可争议的。殖民时代的法律裁决着眼于"文明化"母系社区,这有助于提升大家庭中最年长男性的地位。在 1855 年的一次庭审中,卡利卡特(今科泽科德,是喀拉拉邦最大的城市之一,当时由英国直接统治)的一名法官表示,"认为权力只属于女性……这确实是一个粗暴的推断"。

关于一名女性能够自然地拥有多大权力的问题,在 1810 年特拉凡哥尔王国的女王拉尼·高里·拉克希米(Rani Gowri Lakshmi)登基时就已经出现了。皮莱解释说,她生下了一个儿子,被英国方面要求传位给儿子,而她则改称"摄政",这个削弱的临时代理头衔会持续到她儿子能够施政为止。虽然英国当局试图贬低女王的地位,但是当地人仍视她为合法君主。皮莱指出，她仍然行使着不受约束的权力。她去世后，她的妹妹继承了王位，这种情况延续了下去。女王在官方文件中甚至被称为"大君"（Maharajah），这通常是印度国王的头衔。

皮莱写道："母系制度下的性别关系通常比父系制度下的更加平等，君主的性别并不重要，重要的是地位和尊严。谁在国家和王室中行使最高权力，谁就是大君。"

但是几十年过去了，迫使奈尔人家庭改变的压力开始产生预期的效果。受过"教育"的年轻改革者们开始渴望与过去决裂，因为他们学会了从他人的角度来看待自己的传统，认为这些传统尴尬且落后。一夫一妻制和小家庭慢慢地被认为是更现代的。文学和艺术开始反映人们对女性及其社会地位之看法的改变。文化的风向改变了，人们对自身的观念也随之改变。

◇◇◇

在印度东北部梅加拉亚邦草木茂盛的丘陵地带，拥有上百万人口的卡西人（Khasi）有一句谚语："所有人都来自女人。"卡西人社会是母系社会，但与喀拉拉邦的奈尔人不同，他们的部落社会至今仍然维持着母系制度。孩子属于母亲，母亲又属于她的母亲，这样一直追溯到最初的母系祖先。生女儿是一件值得庆祝的事，因为没有女儿就没人延续家族血脉。

第一章 统治

已经退休的贾瓦哈拉尔·尼赫鲁大学社会学教授、在卡西丘陵（Khasi Hills）长大的蒂普鲁特·农布里（Tiplut Nongbri）告诉我："男性对财产没有权利，对孩子也没有权利，因为孩子属于母亲的氏族、母亲的家庭。"结婚后，丈夫会搬到妻子的家里，但祖籍仍然在他母亲的氏族，去世后通常会被送回那里安葬。农布里补充道："依照传统，卡西人的遗产是从母亲传给女儿，由最小的女儿获得大部分财产。"这意味着她有责任照顾父母和所有未婚的兄弟姐妹，她是家庭的守护者。

卡西人的社会并不是严格意义上的母系社会。家庭权威形式上属于母亲的兄弟，不过他的权力并不是绝对的。女性在地方政治中也是边缘角色。农布里告诉我，即便如此，她们的处境总体也比印度其他地区的父系社区中的女性好得多。与其他印度女性相比，卡西女性的离婚率和再婚率更高，她们相对来说更自由、自主。农布里在体验过母系社会和非母系社会的生活后表示，此二者没有可比性。她告诉我："我很高兴自己出生在那个社会。"

但是，就像喀拉拉邦一样，改变的压力一直存在，这就是卡西人和奈尔人在近现代的共同经历。19世纪，当威尔士传教士来到卡西丘陵时，他们动摇了当地传统亲属关系的根基，不允许当地人举行将氏族团结在一起的宗教仪式。这削弱了本为母系家庭之核心的兄弟姐妹之间的关系。最近，随着世界各地的联系变得更加紧密,卡西男性在印度其他地方看到了作为替代方案的父权制。少数人开始推动继承法的修改,使儿子和女儿都能受益。

农布里解释说:"他们想要享有和非母系社会中的男性一样的权力、特权和权威。"她又补充道:"接触过外部世界的男性,看到了父权制社会中的男性对子女、财产拥有的权利,并控制着核心家庭的一切。两相对比,他们发现自己在许多方面不如别人。这带来了自卑感。"

国际新闻媒体认为这是一场争取反向的性别平等的斗争,对其很感兴趣。《印度时报》(*The Times of India*)的标题是《来看看梅加拉亚邦的男性解放论者》。其他记者报道说,卡西男性感到自己被低估和被边缘化了,被当作只会生育孩子的"种马"。英国广播公司(BBC)报道说,这里是"女性统治的地方,男性成了'妇女参政论者'(Suffragettes)"。

媒体的幽默反应支持了一些卡西男性对自己的看法。德国之声(Deutsche Welle)广播电台援引男性权利组织"家庭结构改革协会"(Synkhong Rympei Thymmai)前主席基思·帕里亚特(Keith Pariat)的话说:"女人无处不在,在集市里,在政府办公室里。"帕里亚特违背传统,将自己的姓氏传给了女儿。据他所说,生活在母系社会中的卡西男性产生的不适,令他们中的一些人开始酗酒、吸毒,或者从其他妇女处寻求慰藉。

不过,帕里亚特是一个例外。其他人则捍卫自己的社区传

第一章 统治

统,母系制度仍然受到广泛支持。早在1936年,出生于西隆(梅加拉亚邦首府)山间避暑小镇,在加尔各答接受教育的卡西作家大卫·罗伊·潘瓦尔(David Roy Phanwar)就批评过外国人的虚伪,这些人认为卡西人是原始迷信的族群,却把其相对晚近的争取女性选举权的斗争看作现代而进步的。他写道:"在卡西人中,女性享有非同寻常的尊严和重要的地位。只把妻子看作男人家庭的财产、奴役她们的现象,推动了世界女性运动的兴起,但是在卡西人中,女性是被尊崇的,可以自由行动。"

其他地方的母系社会也存在着新出现的父权力量同传统势力,现代观念同古老观念之间的矛盾。在印度尼西亚的西苏门答腊,米南加保人的家庭在传统上由女性及其子女组成,丈夫婚后加入妻子的家庭。虽然男性可以从母亲那里继承土地,但只在生前享有土地所有权——死后不能将自己继承的土地传给孩子。美国印第安纳州普渡大学的人类学家伊夫琳·布莱克伍德(Evelyn Blackwood)写道,当19世纪荷兰人统治该地区时,殖民者们想当然地认为米南加保人中地位较高的男性一定是酋长和首领,他们挑选出一些男性展开合作以推行他们的规则。随着时间推移,荷兰当局颁布法令,规定只有男性才能登记土地或代表祖先的家族处理纠纷。

这在短期内可能不会对米南加保人的家庭观念产生太大影响,但是布莱克伍德认为,这种不同世界观的存在确实"给那些在荷兰学校接受教育的米南加保精英男性留下了深刻印象"。伊斯兰教的传入再次为男性提供了他们过去未曾享有的获得权威职位的新途径——成为宗教领袖。最终，该国将成为穆斯林占多数的国家。直到今天，希望按新方式生活的人与希望坚持旧习俗的人（当地人称之为"Adat"）仍在不断斗争。

已故的印尼人类学家穆赫塔尔·纳伊姆（Mochtar Naim）记录了米南加保社会的变迁。他解释说，部分问题在于，父亲在子女家中被视为客人。在这个社会中，年轻的未婚男性也感到自己被边缘化了。他们成年后，在母亲家的地位不稳，又还没有妻子家可以投靠，因此一些人自然愿意考虑其他选项，开始为寻求财产和财富而迁移。希望更加独立的夫妇组成了核心家庭，或者在旧的婚姻传统中寻求妥协。他们并非一定要拒绝母系制度，而是觉得生活或许会有另一种更好的方式。

◇◇◇

正如今天的母系社会试图通过协商来谋求存续一样，在19世纪喀拉拉邦奈尔人的塔拉瓦德中，变革并非疾风骤雨，而是缓慢发生的。

皮莱写道，一部1889年出版的著名的马拉雅拉姆语小说里描写了一位新女性，"她拥有自信女人的所有品质，但她对自己

第一章 统 治

的男人非常专一（这一点很关键），具备英国淑女的优雅，当她的贞洁受到质疑时，她会惊恐万分"。4年后，在印度著名艺术家拉贾·拉维·瓦尔马（Raja Ravi Varma）的一幅画中，一位年轻的上层奈尔女性身穿传统服装，背着一个婴儿，脚下有一条狗，三者都在等待远处一个神秘人物的到来。这幅画的标题是《爸爸来了》（There Comes Papa），解释了那个神秘人物的身份。在此之前，父亲从来不是塔拉瓦德的核心人物，而他如今正在成为其核心。

当时，家庭权威的自然归属正在发生转移。这不仅仅是殖民当局和狂热的传教士努力的结果，那些认为可能会从新生活方式中获益的人也支持变革。后者欢迎大家庭的终结，并将其视为夺取一部分家庭权力、产业和财富的机会。

在立法的推动下，性别规范发生了变化。阿鲁尼玛写道，到1912年，特拉凡哥尔的新法律试图将可以轻易结束的男女伴侣关系转变为合法的一夫一妻制婚姻，这削弱了母系制度。丈夫可以将过去由他们母亲的家庭共享的财产传给自己的妻子和子女，妻子可以得到赡养费，前提是她们没有"通奸"，这意味着女性实际上曾经拥有的性自由消失了。这些变化是缓慢而零碎的，但日积月累，影响渐显。

20世纪20年代和30年代，特拉凡哥尔和科钦的立法进一步冲击了奈尔人的传统家庭结构，正式确立了新的父系制度，直至其他的生活方式不再合法。但是，对塔拉瓦德的最后一击发生在1976年。那一年，喀拉拉邦立法机构彻底废除了母系制度。

到20世纪末，母系氏族曾经使用过的大宅已经年久失修。那些状况较好的房屋被出售，其他的则被拆除。曾在喀拉拉邦做过田野调查的印度德里大学社会学家贾纳基·亚伯拉罕（Janaki Abraham）指出，塔拉瓦德的崩溃在当时看起来非常具有戏剧性。经历过旧时光的人还能回忆起这些房子里曾经住过多少人，孩子们尤其多——"有时甚至能组成一支板球队"。如今，幸存下来的建筑"只住着一两位老人，许多房子锁起来了，周围高大的绿植疯长"。

喀拉拉邦从母系制度向父系制度的转变历时一个多世纪。这种转变无法被归结于单一的原因，也并非不可避免。到了最后，随波逐流的人们才意识到自己失去了什么。

◇◇◇

几十年来，生物学家和人类学家们提出了一个又一个假说，试图解释母系社会兴盛和衰落的条件。

例如，有观点认为，母系社会只能存在于狩猎采集社会或简单的农耕社会中，无法存在于规模更大的社会中。还有人认为，当男性大部分时间都在外打仗，留女性在家管事时，母系社会才

第一章 统治

运作得最顺畅。许多人认为，一旦开始养牛或其他大型动物，母系社会就结束了，因为男人想控制这些资源。更多人声称，土地或财产所有权会自动带来父权制，原因与上一观点类似。美国华盛顿州立大学的人类学家琳达·斯通（Linda Stone）写道，这些解释的存在本身就假设了母系社会是不寻常的情况，"承受着特殊压力，脆弱而罕见，甚至可能注定要消失"。在学术界，这个问题有自己的名字——"母系之谜"。

相反，父系社会则似乎根本不需要解释，好像它是理所应当的。

2019年，美国田纳西州范德堡大学的研究人员试图解开"母系之谜"。他们分析了世界各地已知的母系社区，观察它们是否真的有共同之处。他们在寻找共同的进化线索和模式。在他们取样的1291个社区中，590个是传统的父系社区，160个是传统的母系社区，还有362个是双系社区（即承认父母双方的血统），剩下的则是其他系统或混合系统。参与这项研究的生物学家妮科尔·克林扎（Nicole Creanza）告诉我，他们检验的那些关于母系社会的人类学流行观点，没有一个适用于所有情况。她说："我认为，如果把范围扩大到全球，可能会看到其中只有一些模式具有重要意义，而这基本上就是我们实际看到的情况。我们从文献中整理出来的许多假说在这次全球范围内的研究面前确实站不住脚。"

克林扎认为，影响一个社会放弃母系制度的单一因素似乎是

"当人口拥有了可移动、可传承的财产而非土地,并且如果后代继承了财产,他们可能会生活得更好"。但是,甚至连这种相关关系也并非总是成立。归根结底,每个社会都太复杂了,无法归结出简单的因素(无论是生物的、环境的,还是其他方面的)。她说:"你越是深入研究,就会发现情况越来越复杂。"

西方人类学家一直坚持认为,如果我们用"母权制"表示"父权制"的反义词,那么就不存在真正的母权制。但是,如果真的像几个世纪之前菲尔默在《父权制》中所写的那样,父权制始于父亲对家庭的统治,并最终衍生为统治者对其臣民的统治,那么我们很难说母系社会和从母居的社会实际上是父权模式的。即使兄弟或舅舅拥有很大的权力,这种权力通常也是分散的,而不是菲尔默所说的那种绝对权力。正如斯通所写,母系社会的特点是"在男性和女性中,权威、权力和影响力都存在相当大的差异"。

虽然今天存在着很多的差异,但是过去的差异可能更大。在史前时期,社会规范不断变化。已故的英国人类学家大卫·格雷伯(David Graeber)和他的同事、考古学家大卫·温格罗(David Wengrow)写道,在农业普及之前,人类生活是"一次次大胆的社会实验,类似于各种政治形式的狂欢游行"。在他们看来,能够证明史前时期存在制度性不平等的证据是不足的,而且"即使我们把这归咎于证据的缺失,我们也仍然要问,为什么

第一章 统 治

证据如此不足"。

如果我们只以男女二元对立的方式思考性别和权力，就无法想象男性与女性享有相似的地位和重要性，或者权力在不同环境下的平衡。但是在母系社会中，这样的情况司空见惯。例如，对于加纳的阿散蒂人来说，统治权被分配给"母后"（她凭自身权利担任这个职位，而不是因为她是谁的母亲或谁的妻子）和男性酋长，"母后"在挑选男性酋长时也有话语权。强大的阿散蒂统治者娜娜·亚·阿散蒂娃曾在1900年指挥她的军队反抗英国殖民统治。

克林扎反思道："在某种程度上，如果你默认正常情况是男性传承，那么'母系之谜'才是一个谜题。毕竟没有人把父权制称为'父权之谜'。"

不过，我们知道，人类历史充满了变革，社会组织方式和运行方式都发生过戏剧性的变化。克林扎解释说，从一个角度看，这可能是不稳定状态的自我消除，比如从母系社会到父系社会的转变。但是从另一个角度看，这也可能是从一个相对稳定的状态过渡到另一个相对稳定的状态。学者们几乎从未关注过更父权的社会中的女性运动，也从未问过这是否意味着这些社会是不稳定的。真正的谜团或许并不是母系社会的数量为何相对较少，而是父权制的社会为何如此普遍。

父　权：男性统治的伊始与终结

◇◇◇

在曹惠虹（Choo Waihong）看来，母系社会的生活改变了她的人生。

在她的回忆录《女儿国》（*The Kingdom of Women*）里，这位企业法务描述了她访问摩梭人（Mosua）的经历。摩梭文化奉行女神崇拜，他们至少从13世纪起，就生活在中国西南部的四川省和云南省交界处。摩梭人的孩子住在母亲家，男人也通常会留在母亲家里，帮助抚养姐妹们的孩子。与传统的婚姻不同，年轻的摩梭女性成年后会得到自己的房间，可以邀请情人过夜，但会让他们在早上离开。

在曾经于新加坡这座资本主义大都市里工作和生活过的曹惠虹看来，摩梭人的生活方式太解放了。她说摩梭人的社会不仅是母权制的，更是一个"女性主义乌托邦"，因此她选择和摩梭人生活在一起。

她直言不讳地写道："我真的相信自己被接纳了，因为我是一个被欢迎进入女性世界的女人。摩梭人的女性自信到发光，但不是那种盛气凌人的自傲，而是一种发自内心的底气。看看她们笔直挺拔的走路姿势，你就知道了。"泡温泉时，她为一位66岁的奶奶惊叹，这位奶奶因体力劳动而拥有6块腹肌。在酒吧里，她看到一名年轻女子自信地大步走到一群男人面前，请他们

第一章 统治

都喝了一杯啤酒。在与一位摩梭人爷爷谈生意前,她不得不等了一会儿,因为他正忙着给孙女换尿布。

科幻小说为我们虚构出了一些存在于平行宇宙里的世界,但没有一个像真实存在的世界那样激进。曹惠虹写道,这个女性的世界"证明了建立另一种模式的可能性"。这个存在于当代人记忆中的例子,表明事情可以有所不同。

但是,任何社会的建立都需要努力。人类学家詹姆斯·苏兹曼(James Suzman)和克里斯托弗·贝姆(Christopher Boehm)都研究过奉行平等主义的社会(尤其是小型狩猎采集社区),他们发现,人类社会的平等来之不易。这需要复杂而持续的协商,需要辖制权力、嫉妒和贪婪,有时还需要批评或揶揄当权者。虽然很难,但我们仍然在努力实现它。苏兹曼写道:"人类的现代历史虽然在很大程度上是由对财富、地位和权力的追求塑造的,但也是由决心打破既有等级制度的群众运动定义的。"

在世界上任何一个地方,人们都在推动社会结构的变革,以帮助边缘群体获得更多的自由和权利。政治理论家安妮·菲利普斯(Anne Phillips)写道:"只要有一丝机会,任何人都会选择平等和公正,而非不平等和不公正。总的来说,顺从并非人的天性。"我们通常不会不加抵抗就屈服于权力或侵略。

1973年,社会学家史蒂文·戈德堡在《父权制的必然性》中提出的核心观点是:如果一种行为模式随处可见,那么它很可能具有生物学基础。这也是几个世纪以来生物学家们的研究所使用的论证思路。了解一个物种的最好方法就是观察其行为模式。但是，如果我们遵循这种研究方法，将一个性别的所有成员生来要服从另一个性别当作科学事实，将男女之间因先天差异而无法平等或拥有同等权力当作科学事实，那为什么女性还在争取更多的权利及权力？如果服从已经融入我们的身体和思维，那为什么我们还在抗争？戈德堡本人的情感驱动行为的理论，要怎么解释为什么那么多人会对性别期望及压迫愤愤不平？如果生物学上的必然让我们生来只有一种生活方式，那为什么我们还会过着不同的生活呢？

社会学家克里斯蒂娜·德尔菲说："我认为对女性的压迫是一种制度。一个存在于今天的制度无法简单地用'它过去就存在了'来解释，即使这个过去并不遥远。"如果我们屈从于自己的处境，还将其视为自身的一部分，我们就放弃了理解它是如何产生的机会。当我们把"父权制"简单地归因为生物差异，而证据却指向更为复杂和偶然的现实时，我们就无法意识到父权制实际上可能有多么岌岌可危。我们将不再询问父权制如何运作，或如何被重塑，也不再分析现在可能有助于削弱父权制意识形态力量的情况。

任何形式的压迫最危险的地方在于，它让人们相信除了受压迫外，别无其他选择。我们在种族、种姓这些悠久的谬论中都能看到这一点。对所有关于男性统治的理论，我们都应该质问：为什么这种形式的不平等就应被视为特例呢？

第二章
例 外

> 女性主义对"基础"的探求,就是面对着"所有女性都是一样的"这一被强加的谎言,去探求女性集体的真实。
>
> ——《迈向女性主义的国家理论》
> (Toward a Feminist Theory of the State),1989 年
> 凯瑟琳·A.麦金农

美国纽约州北部的小镇塞尼卡福尔斯被风景如画的湖泊和葡萄园环绕,当我在 3 月的一个寒冷的日子造访时,这里出奇地安静。

原本位于福尔街拐角处的卫斯理教堂早已不复存在,建筑遗址被悉心地改建成一座博物馆,如今是女性主义者的圣地。但即使是女性主义者也知道,不要在冬天来这里。我是唯一的访客。坐在教堂的长凳上,我盯着光秃秃的砖墙,想象着 1848 年夏天的情景。当时这里挤满了人,有支持者,也有反对者,还有一些

父　权：男性统治的伊始与终结

人只是为了来见证有史以来的第一次妇女权利大会。

历史学家将那段时期视为美国妇女争取选举权运动的开端。这次大会上的一位著名发言人是弗雷德里克·道格拉斯（Frederick Douglass），这位黑人社会改革家和废奴主义者于1838年得以从奴隶制中解放。组织者则全是白人、中产阶级且与基督教颇有联系的女性，包括32岁的伊丽莎白·卡迪·斯坦顿（Elizabeth Cady Stanton），她在大会第一天就发表了激进声明，称妇女们聚集在这里"是为了宣示我们和男人一样拥有自由的权利"。斯坦顿后来被誉为女性运动的先驱，她撰写的文章和书籍影响深远，其参与编写的《女性圣经》（*The Woman's Bible*）颇具争议性地挑战了基督教关于女性低人一等、屈从于男人的假设。

如今，斯坦顿的照片在塞尼卡福尔斯到处可见，一所小学以她的名字命名。这个小镇的故事是围绕着像她这样的女性展开的，它的地位完全归功于她们的奋斗和她们通过斗争缔造的传奇。她们的故事讲述着，她们不仅为自己而战，还为世界各地的所有女性而战。

但是，在那段历史的背后，还有一个几乎不为人知的故事。实际上，塞尼卡福尔斯对妇女权利的重要意义可以追溯到19世纪中期之前很久，时间远远早于美国建国。

第二章 例 外

◇◇◇

女性主义学者唐娜·哈拉维（Donna Haraway）写道："历史是西方文化爱好者讲给彼此的故事。"

想到这句话时，我正在纽约市的美国自然历史博物馆灯光昏暗的大厅里参观。这里位于塞尼卡福尔斯的东南方向，大约有5小时车程。1939年，此地展出了一组名为"老纽约"的透景画，讲述了1660年欧洲殖民者首次在纽约州定居，以及纽约市诞生的故事。这组透景画至今仍保存在展柜中。透过玻璃，真人大小的荷兰殖民领袖彼得·施托伊弗桑特（Peter Stuyvesant）在迎接美洲原住民莱纳佩人（Lenape）的一个代表团——今天的纽约市就坐落在他们的土地上。背景中有一座荷兰风格的木风车，风车后面是闪闪发光的欧洲帆船舰队。场景中，所有荷兰人都穿戴整齐，施托伊弗桑特戴帽子、披披风，而莱纳佩人〔包括受人尊敬的酋长奥拉塔明（Oratamin）〕都只系着红色缠腰布。在稍远的中景，可以看到美洲原住民妇女赤身背负重物，低着头。这是一个表示顺从的姿势。

2018年，博物馆的策展人做了一件不同寻常的事情。他们承认这组透景画与历史不符，但决定保留它，并在前面的玻璃上加上大大的说明标签。这并没有删除或替换原来的故事，而是像老师用红笔批改作业一样，向参观者清晰展示了原创作者弄错了哪些事实,误导性的刻板印象如何简化了殖民的复杂现实。这样的做法有双重作用——既厘清了事实,又解释了历史是如何被掌权者筛选呈现的。

现在想来,这个场景显得很奇怪。一个以政治事件为主题的透景画出现在一个以动物标本和恐龙化石而闻名的自然历史博物馆里,这实在怪异。不过,在1939年,这种相遇或许被视为自然史的一部分,因为一个"种族"的人正与另一个"种族"的人展开生存斗争。事实上,在整座博物馆里,人类被当作一个动物物种来对待,我们的文化特征相当于羽毛或皮毛。这就是当时美国的政治环境。

在原来的透景画中,施托伊弗桑特的名字被清楚地标记出来,而奥拉塔明的名字则没有被提及。玻璃上的一个新标签为前景中的两名莱纳佩人(据说其中一个是奥拉塔明)的脸看起来古怪地相似而致歉,他们看起来就像漫画人物。与之相反,欧洲人具有明显的面部特征,看起来更像真人。而且,如果这次历史会面确实发生过,那么莱纳佩代表们很可能也会穿着华丽的服装,而不是像透景画里的那样衣着简陋。给他们穿上缠腰布是为了强调欧洲征服者和当地原住民之间的文明差异。设计者的意图如此显而易见:一方比另一方优越。

正如标签说明的那样,这是一组充满错误的透景画。但在所有错误中,原住民妇女的形象或许是被歪曲得最严重的。

第二章 例 外

根据记录，17世纪时的莱纳佩女性担任过首领，是知识的传承者，今天的莱纳佩女性依然如此。不过，我们在透景画中只能看到3名因距离遥远而无法辨认的无名女性，她们像驮兽一样弯着腰，其意图是暗示她们在自己的社区里被奴役。但事实远非如此。女酋长马玛努奇夸（Mamanuchqua）在这一时期积极参与了条约的谈判，但她并未被展示出来。

这个历史叙述的形成过程十分复杂。透景画暗示的欧洲定居者和美洲原住民之间的鸿沟并不总是存在的。在殖民初期的几十年里，原住民社区的军事力量一度与殖民者相当，双方经常交流。美国纽约州立大学宾汉姆顿分校的考古学家，研究历史上不同民族权力关系的兰德尔·麦圭尔（Randall McGuire）写道："150多年来，大多数欧洲人与印第安人频繁接触，他们甚至每天都会接触。"直到1783年美国独立战争的正式结束及后续战斗的发生，这种情况才改变了。至少在北美洲东海岸，白人和原住民社区之间原本的密切联系逐渐消失了。

种族刻板印象，如以前好莱坞西部片刻画的"印第安土著"和"印第安女性"的形象，旋即填补了断裂的联系。一些欧洲人视美洲原住民为"野蛮人"，还有一些欧洲人认可印第安文化的力量和美。麦圭尔说，无论以何种方式看待美洲原住民，是把他们看作高贵的野蛮人，还是劣等的野蛮人，由观察者的信念决定，但前提总是认为原住民是野蛮人。他写道，到了19世纪，考古学家对这一观点深信不疑,他们一直将美洲原住民框定为自然界中的物体或正在消失的遗迹,"到1870年,这种观点已经被普遍接受"。

历史被改写,以服务"昭昭天命"的神话。"昭昭天命"是关于美国建国的起源故事,强调欧洲裔美国人注定要西进,获得更多的土地。麦圭尔补充道:"虽然自由主义者承认印第安人的人性,但印第安人只有在放弃自己的印第安身份时,才被允许在这个国家占有一席之地。"

出生于南非的人类学家亚当·库珀(Adam Kuper)的研究表明了"原始"社会的概念是如何被发明出来的,他告诉我这是19世纪欧洲思想的一部分。欧洲人认为,美洲原住民和世界各地的原住民一样,都属于过去,处于发展链条的底端,更接近原始状态。如果人类正在从野蛮走向文明,那么西欧就处于这个进步阶梯的顶峰,其他民族都在较低的台阶上。

根据这种世界观,不仅某些"种族"优于其他"种族",占据着主导地位的也总是男性。许多欧洲自然学家和哲学家越来越坚信,女性更接近自然状态,而男性则更理性,能驯服自然。随着人类从被自然支配转变为支配自然,欧洲的知识分子想象了一种从野蛮到文明、从非理性到理性、从不道德到道德的转变。男性权威被认为是人类进步的另一个标志。"这就是启蒙时代的学说,"库珀说道,"认为历史有着明确的方向。"

第二章 例 外

这是美国立国的哲学基石，后来启发了美国自然历史博物馆的展陈。欧洲人关于种族和性别的假设由托马斯·杰斐逊（Thomas Jefferson）、约翰·亚当斯（John Adams）和乔治·华盛顿（George Washington）等美国国父们带到了新大陆，他们在18世纪末起草了《独立宣言》（Declaration of Independence）和美国宪法。麦圭尔写道，他们是"受启蒙思想影响的儒雅绅士，接受了自然至上的观念，并认为学者可以通过揭示自然规律来理性地认识世界"。

一位学者甚至认为，第三任总统杰斐逊被一种"父权狂热"驱使，试图使女性不出其位。他成长的社会建立在烟草种植园和奴隶制上，由白人男性精英统治，他们的妻子则提供支持。杰斐逊希望灌输给自己家庭的模式，也正是他所期望的自己协助创建的新国家所采用的模式。美国阿拉巴马大学伯明翰分校的历史学家布赖恩·斯蒂尔（Brian Steele）说，杰斐逊认为对于女性而言，"她们只有通过家庭生活，才能发挥最大潜能，实现她们渴望的幸福，而男性则在公共领域追求幸福"。斯蒂尔继续说道："对于几位美国国父来说，他们关于社会应有样貌的所有积极主张中都包含着性别假设，而且我认为这也适用于几乎所有西方政治思想。"杰斐逊认为，女性已被塑造为"我们享乐的对象"。她们的存在就是为了让男性享受，为了依附男性。这种家长主义融入了美国的法律和价值观中，不是因为错误或疏忽，而是有意为之。

不过，对制定这些规则的人来说，他们所奋斗的事业在那个时代是激进的，甚至是反父权的。美国艾奥瓦大学的性别研究和法律史领域的专家琳达·柯贝尔（Linda Kerber）认为，如果说父权制的特征之一是由非民主的男性精英控制社会，那么美国国父们确实反对了它。在新世界中，他们要建立的不是一个像欧洲腐朽的旧贵族社会那样以人为的等级制度为基础的社会，而是一个以他们认为的生物学规则为基础的社会。他们抛弃了国家权力由非民选的国王或女王行使的君主立宪制。美国将成为一个所有自由男性一律平等的共和国。他们将受由人类本性指导的、由人制定的法律治理。从这个意义上说，托马斯·杰斐逊、约翰·亚当斯等人确实在与过去的一些不平等分道扬镳。

1840年，法国政治学家阿历克西·德·托克维尔（Alexis de Tocqueville）在他的《美国的民主》（Democracy in America）第二卷中，表达了对在美国看到的一切的欣喜。美国实践了法国革命的自由理想，使特定阶层的女性获得了有价值的地位，就这方面而言，他认为这个国家比欧洲任何国家都更加开明。他写道，在美国，"虽然他们允许妇女的社会弱势地位继续存在，但他们已经尽其所能，将女性的道德和智力提高到与男性同等的水平……我可以毫不犹豫地说，虽然美国女性被限制在家庭的小圈子里，而且在某些方面是极有依赖性的，但我从未见过哪个国家

第二章 例 外

女性的地位比她们更高"。

不能投票、工作或参与公共生活反倒成了女性的幸事，这在今天听起来显得十分矛盾，但对美国国父们来说，则是完全合理的。杰斐逊认为，幸运的女性才能完全被丈夫照顾，因为这样她们才能如自然旨意所要求的，把时间用在照顾自己的孩子和家庭上。这是一种解放。斯蒂尔说，这种"解放"能够使女性获得与其天性相称的平等。人们甚至将其称为"女性的提升"。

杰斐逊曾经提出劝告："女士们柔嫩的乳房不是为政治动荡而生的。"杰斐逊从小就被打上了这种父权制的烙印。斯蒂尔说，这是杰斐逊作为弗吉尼亚州精英阶层的种植园主所呼吸的空气的一部分。"杰斐逊强调白人男性不可剥夺的权利，但在谈及白人女性时，他就将重点转移到自然角色和社会幸福上。"这些角色是牢固存在于家庭中的妻子和母亲。

我们在回顾美国国父们提供的自由时，会明显察觉其中存在的局限。虽然美国的民主制度是革命性的，但是它将女性和被奴役者排除在外，因为这两个群体被认为并非生来具有投票权。原住民本就不被承认为公民。这种世界观解释了美国自然历史博物馆展品中的性别歧视和种族主义。展陈原来的设计者可能认为，原住民女性在她们的社区中必然一直处于从属地位，因为自然将女性置于男人之下，而原住民更接近自然状态。那些记录历史的人无法想象不同秩序下的世界。

父　权：男性统治的伊始与终结

◇◇◇

在美国建国之初，一些自由白人男性的妻子便对美国民主核心的双重标准感到不满。1776 年，约翰·亚当斯（后来成为第二任美国总统）的妻子阿比盖尔·亚当斯（Abigail Adams）写信提醒他："要记住女士们，而且要比你的祖先更慷慨、更友善地对待她们。"如果自由和平等只适用于某些人，而不是所有人，那么它们究竟意味着什么呢？

阿比盖尔的问题让约翰心生犹豫，但他最终认为，女性已经通过家庭中的丈夫间接行使了权力。她们也不需要出现在公共政治舞台上。他在回信中写道："比起废除我们的男性制度，更应避免'衬裙专制'。"

不过，到了 19 世纪中期，要求平等的法律和道德争论在全世界层出不穷。1851 年，英国女性主义者、哲学家哈丽雅特·泰勒·米尔在其代表作《妇女的选举权》（*Enfranchisement of Women*）中写道："原则与实践之间的矛盾是无法靠解释而消除的。"具有讽刺意味的是，正是美国自己关于解放、自由和平等的虚伪修辞，最终激起了声势浩大的废奴运动和妇女选举权运动。在读到 1776 年《独立宣言》中提出的"人人生而平等"这一"不言而喻"的真理时，女性们很难不困惑，为什么同样的真理不能适用于自己。1848 年，在塞尼卡福尔斯召开的妇女权利大会上，《独

第二章 例 外

立宣言》正是与会者诉求的基础。

斯蒂尔解释说:"她们发表了一份《情感宣言》(Declaration of Sentiments),该宣言基本上采用了杰斐逊在《独立宣言》中的语句,并明确其应用于女性。"《情感宣言》改写了杰斐逊的文字,强调所有男性和女性生而平等。

然而,前路漫漫,女性不仅仅是被禁止投票。在1920年《美国宪法第19条修正案》(The Nineteenth Amendment in 1920)被批准之前,她们是父亲、兄弟和丈夫的财产,对自己的孩子没有权力。根据习惯法,丈夫可以殴打和强奸妻子。律师芮妮·雅各布斯(Renée Jacobs)写道:"她不能起诉,不能被起诉,不能签合同,不能立遗嘱,不能保留自己的收入,也不能控制自己的财产。已婚妇女在民法层面相当于已经死了。"

柯贝尔写道,法律的基础是已婚妇女可以被其丈夫的合法身份"覆盖"。只有通过丈夫,已婚妇女才能成为公民。这意味着,甚至到1922年,美国女性如果嫁给了非美国公民的外国男性,哪怕二人都生活在美国,她也有可能失去美国公民身份。柯贝尔补充道,在20世纪50年代,曾有出生于美国的女性被拒发护照,"因为她们在1922年之前嫁给了外国人"。并非只有美国有这些规定。直到今天,尼泊尔、沙特阿拉伯和马来西亚等数十个国家的国籍法都禁止女性将国籍自动传给子女或非公民配偶。

父　权：男性统治的伊始与终结

19世纪，随着人们开始质疑——为什么国家拒绝赋予女性与男性相同的权利，父权制信念受到了多方面的挑战。科学家和哲学家质疑起了人类等级制度的基本假设。如果说人类真的在走向现代和文明，那这一进程的起点在哪里？有没有一种更简单的自然状态来解释人类的生物学本质？一些人提出，是否能通过研究生活在"原始"状态下的"野蛮人"，来了解人类的共同过去，并解释社会的起源？还有一些人想知道，是否能找出早期性别关系的根源？

他们相信可以通过研究过去，一劳永逸地找出男性统治的原因。

但是问题随之而来。他们发现的答案并不符合欧洲人类学家、民族学家和传教士的预期。首先，文明的进步并不遵循单一的普遍模式。在探索世界、研究非本土的历史和文化时，他们发现人类社会并非遵循从原始到先进的固定模式。相反，几千年来，文明有兴起、有衰落，在成为技术强国之后亦可能陷入黑暗时代，或者数万年间始终保持着更简单、更可持续的生活方式。一些社区非常平等，还有些社区由女性担任首领。没有单一的模式可以解释人类文化的变化。

不同地区存在不同的社会结构，挑战了女性天生处于从属地位这一生物学假设。世界上充斥着例外情况，规则不再有意义。

在美国，近距离观察美洲原住民文化的学者们发现，自己对

第二章 例　外

自然性别关系的理解很快便被瓦解了。在一些原住民社会中，所谓的"野蛮人"遵循传统，生活在母系氏族里，家族成员有共同的女性祖先，名字由母亲世代相传。18世纪，法国耶稣会传教士约瑟夫-弗朗索瓦·拉菲托（Joseph-François Lafitau）曾在离蒙特利尔不远的一个美洲原住民社区里生活，他写道："女性的优势地位无比真实……她们维系着部落、血统、族谱、代际秩序和家庭传承。真正的权威系于其身。"

在美洲，有些原住民女性拥有并管理财产。她们参与高体力要求的户外运动，包括球类运动和摔跤比赛，既是为了娱乐，也是为了竞争。年轻的纳瓦霍（Navajo）女孩会在赛跑中证明自己性格坚强。一位欧洲民族学家指出，墨西哥索诺拉州的塞里（Seri）女性一夜可以跑70多千米。

在那个时代，美国视自己为世界的"灯塔"，自诩正建设一个处于西方文明巅峰的社会。但是，令19世纪的女性运动家们——其中一些参加了1848年塞尼卡福尔斯妇女权利大会——大吃一惊的是，她们发现更平等、更民主的性别关系模式就在眼前。她们震惊地意识到，男性统治或许根本不是自然的。在毗邻的社会中，存在着可以改写规则的前景。

在塞尼卡福尔斯，这些女性的故事交织在一起。

◇◇◇

社区组织者阿文吉奥斯塔·迈尔斯（Awhenjiosta Myers）告诉我："我生活在奥农达加人（Onondaga）的土地上。我认为这里非常棒，我不想生活在别处。"她的家乡位于霍迪诺肖尼联盟领地的中心，该联盟由6个部落组成，其中的人们曾被外人称为"易洛魁人"（Iroquois）。他们还被称为"长屋之民"，因为在过去，几个家庭会共同居住在大型长木屋中，屋子里还可以做饭。

从他们现在拥有的土地完全看不出其祖先的生活方式。迈尔斯说："这太可悲了，因为我们现在的土地面积只有64平方千米，而曾经，整个领地延伸至地平线之外。"欧洲殖民者到来后，他们的世界缩小了。"他们带来了各种限制，想让我们成为'更好的美国人'，来抹去我们身上的原住民印记。但是我们一直尽可能地保留它们。一些同胞觉得这不太重要，但我们还是尽可能地保留了自己的语言、仪式、文化和生活方式。"

就像迈尔斯解释的那样，这种生活方式下女性被视为与男性平等。"在这里长大，我从来没有觉得作为女人的自己地位比男人低。"她的母亲有一个姐妹、八个兄弟，"她和兄弟们一样劈柴，一样做饭。他们就是这样长大的。我从不觉得自己必须安分于女性的角色"。

第二章 例　外

塞尼卡福尔斯的霍迪诺肖尼女性的故事远比这座小镇上的任何建筑都要古老。1590年，也就是著名的妇女权利大会在福尔街卫斯理小教堂召开的250多年前，塞尼卡族（Seneca）、莫霍克族（Mohawk）、奥奈达族（Oneida）、奥农达加族和卡尤加族（Cayuga）等的女性聚集在一起，呼吁各族之间平息战火。霍迪诺肖尼女性并不是无权反抗男权的社会活动家，绝非如此。她们在各自的社区里拥有相当大的控制权，而且世世代代如此。她们只是在进一步巩固自己的权力。到17世纪初，这些女性获得了对未来任何战争的否决权。

因此，1848年，聚集在塞尼卡福尔斯为争取平等而斗争的美国中产阶级女性，实际上只是在争取同一地区的原住民女性数百年来都理所当然地拥有的权利中的一小部分。在美国，争取妇女选举权的斗争漫长而艰苦，而全面的民主早已是霍迪诺肖尼人的日常。今天的原住民仍深受这些习俗的影响。倒不是说，那里是母权制的理想国。他们的工作一直是按性别划分的，例如，传统上女性负责农业生产，男性负责狩猎，而耕作是一项艰苦的工作。但是，对粮食生产的控制确实给了女性经济自主权，随之而来的还有社会自由，其中包括离婚自由。

霍迪诺肖尼人的创世故事中，时代交替延续至今，而生命始于一个女人。根据美国俄亥俄州托莱多大学研究美洲原住民历史和文化的学者芭芭拉·艾丽斯·曼恩（Barbara Alice Mann）的说法，这些故事展示了原住民社会中女性权威的意识形态基础。某些版本的创世故事中，在世界形成之前，天上有一座岛，岛上住着天人。天女从一个洞中掉了下来，但被鸟儿引导，安全地落在了巨龟的背上。其他动物从海里取来泥土，在龟背上堆成一座岛屿，这标志着第一个时代的开始。另一些版本则说天女从她的世界带来的种子成了农业的基础。

由于天女被认为是真正的祖先，而不是一个隐喻，因此每个人的家谱都从她开始，并通过母亲一系传承。

在创世故事的第二个时代，也就是上一个千年的前半段，出现了"各民族之母"吉孔哈萨西（Jikonhsaseh）和两个男人——"大和平缔造者"与奥农达加族的传奇首领希亚瓦萨（Hiawatha）。这三个人组成了霍迪诺肖尼联盟。氏族母亲们仍在帮助管理地方政府，并通过地方政府向联盟辐射政治权力影响。她们挑选荣誉男性酋长来领导她们的氏族，影响他们的决策，并有权在他们做得不好时将其罢免。迈尔斯告诉我，酋长与国王或专制君主不同，"他为人民工作。他不是在人民之上或之下，而是与人民一起工作。"

虽然传统随时间而变，但女性作为社区领袖，仍然是当代霍迪诺肖尼公共生活的核心。第一位氏族母亲吉孔哈萨西为后来者们树立了榜样。氏族母亲的出现远早于美国的国父们。

曾在霍迪诺肖尼社会生活过一段时间的民族学家威廉·马

第二章 例 外

丁·比彻姆（William Martin Beauchamp）在1900年的《美国民俗学刊》（*Journal of American Folklore*）中讲述了一首哀悼之歌，这首歌揭示了当社区中的一名女性去世时，情况会比一名男性去世更艰难。他写道："这被认为比酋长死亡还要糟糕，因为随着她的逝去，血脉就断绝了。"他补充道，进入殖民时代之后，原住民开始学习英语，他们会习惯性地"用'她'来表示男性，用'他'来表示女性"。他们之所以有意或无意地互换了代词，是因为发现英语中的"他"代表着更重要的性别。一名教师注意到，在学习圣经时，原住民儿童会坚持把第五诫中的"当孝敬父母"改为"当孝敬母父"。

美国原住民社会的组织方式不尽相同。新墨西哥大学美国研究教授、纳瓦霍族出身的珍妮弗·内兹·德内戴尔（Jennifer Nez Denetdale），通过母亲和祖母及她们传下来的故事追溯自己的家族史。在阅读了1866年的美国军事报告后，她才对自己因抵抗美国占领而闻名的天祖父有了更多了解。"我在快到30岁时才明白，我母亲说的我们是一对夫妇的后代是什么意思。"

"我们仍然是一个母系民族，"德内戴尔补充道，"我的母亲是我们的族长，所以我非常认可母系制度下女性的领导力、权力和权威。"

与许多母系社会一样，她们的社会并不是父系社会的简单翻版。直到相当晚近前，西方学者才开始认识到一些原住民传统中

063

性别的复杂性。德内戴尔解释道:"我们在创世故事中讨论了第三种性别,即所谓的'双灵人'(Nádleehí),或第三性别者。他们充当男女之间的谈判者和调解者,穿着类似女性。"还有一些人认为,他们的祖先承认第四种、第五种乃至更多的性别,这些性别可能对应着男同性恋、女同性恋、"女性化"的男性和"男性化"的女性。原住民的"双灵"(Two Spirit)一词也重新成为常用语,以重新捕捉性别流动这一超越性别二元论的古老概念。

人类学家布莱克伍德写道:"在某些美洲原住民部落中,女性的跨性别角色为她们提供了永久扮演男性角色并与女性结婚的机会。"这些文化习俗与西方的性别观念相悖,外人对此也鲜有记载。根据布莱克伍德的说法,在崇尚平等的美洲原住民社区,跨性别可能更容易,因为男女从事的工作被认为是同等重要的。没有了地位上的差异,需要协商的障碍就更少了。

虽然早期欧洲殖民者可能不知道性别关系中的许多细微差别,但是他们注意到了霍迪诺肖尼联盟扁平的、平等的政府形式。迈尔斯说:"殖民者来到这里,向我们学习。民主本身就是从霍迪诺肖尼联盟那里学来的。美国政府中的许多标志性元素都窃取自我们的民族。"此事在 1988 年 10 月美国参议院的一项决议中被正式承认,该决议确认当 18 世纪北美洲第一批殖民地合并为一个共和国,并最终形成代议制民主时,霍迪诺肖尼联盟的政治制度曾影响过其创始人。

第二章 例 外

2007年，奥农达加族和塞尼卡族的乌龟氏族信仰守护者奥伦·莱昂斯（Oren Lyons）在接受采访时说，当哥伦布从西班牙启程前往新世界时，霍迪诺肖尼"已经拥有数百年的民主，而且是有组织的民主。我们有一部以和平，以公平和正义，以团结和健康为基础的宪法"。

因此，美国民主的悖论变得更加复杂。19世纪中期，女性在塞尼卡福尔斯争取选举权，而这个国家承认，其民主原则至少有一部分来自女性已经掌握了相当大权力的原住民母系社会。但是，支撑美国扩张的意识形态认为这些原住民是"落后的"，是过去的残余，甚至是注定要灭绝的。当霍迪诺肖尼女性在自己的社会中拥有比欧美女性更大的权利和自主权时，他们还怎么主张女性平等代表着现代性和进步？

这就产生了一个需要解决的问题。

父权制的起源问题正是因此成了当时最重要的问题之一。它吸引了西方世界有影响力的思想家们的关注，包括英国自然学家查尔斯·达尔文、德国政治理论家弗里德里希·恩格斯以及美国最重要的妇女权利运动家们。

◇◇◇

即使按照女性运动家的标准来看，玛蒂尔达·乔斯琳·盖奇

（Matilda Joslyn Gage）也是一个非常激进的人物。

盖奇于1826年出生在美国纽约州的一个自由主义家庭中，曾积极参与废奴运动，后来成为女性运动的重要人物，几乎与该运动的领袖斯坦顿齐名。盖奇没有参加1848年的塞尼卡福尔斯妇女权利大会，但在4年后的第三届大会上成为最年轻的发言人。

我们可以通过一则逸事来一窥她的行事作风。1886年10月，盖奇在自由女神像（这座雕像是法国赠送给美国的，坐落于后来被称为"自由岛"的地方）的揭幕式上抗议。听说当天女性不被允许登岛后，她和同伴租了一艘蒸汽船，冲进港口，来表达她们的观点。她们宣称："用女性代表自由是19世纪最大的讽刺。迄今为止，这个广袤的国家里还没有一名女性拥有政治自由！"

盖奇开始关注霍迪诺肖尼女性，虽同样生活在纽约州，但是盖奇从她们身上看到了另一个世界。她震惊地发现，霍迪诺肖尼女性在自己的社区中享受着完全不同的待遇。年轻的霍迪诺肖尼女性结婚后，丈夫会到妻子家生活。丈夫必须把狩猎的收获全部交给妻子。如果夫妻要分开，孩子会随母亲一起生活。在盖奇看来，这不啻神启。她自己生活中的双重标准立刻无所遁形。她声称，"在此刻"，纽约州白人"在人道主义文明的刻度上低于易洛魁人"，因为至少原住民"承认"，夫妻分开后，孩子归母

第二章 例 外

亲，而不是父亲。

1875年，盖奇在纽约的《晚邮报》（*Evening Post*）上发表了一篇文章，激动地分享了她的发现——一个女性拥有相当大权威的社会。她写道："在这个印第安共和体中，男女之间的权力几乎是平等分配的。"盖奇与霍迪诺肖尼人建立了密切的联系，在1893年，她甚至被一个霍迪诺肖尼氏族收养，并取了新名字"卡洛尼威哈恩"（Karonienhawi），意思是"掌管天空的女人"。

但是，有一个难题需要解决。

当时，包括盖奇在内的许多女性运动家都通过主张性别平等是未来的趋势，来为自己立论。性别平等是成熟、先进的文明的标志。她们认为，通过赋予妇女选举权，现代美国人将为世界其他地区树立榜样。那么，她们又应如何解释更古老的美国原住民社区的平等的母系结构呢？这些原住民社会何以超越美国这样的国家呢？

同一时期，路易斯·亨利·摩尔根（Lewis Henry Morgan）也在寻找这个问题的答案，他是纽约的一位民族学家和律师，加入了一个研究霍迪诺肖尼传统的秘密社团。摩尔根不仅为美国原住民争取土地所有权，还向总统亚伯拉罕·林肯（Abraham Lincoln）毛遂自荐，企图担任印第安人事务专员（没有成功）。1847年，摩尔根被塞尼卡族四个鸟类氏族之一的鹰氏族收养，并取名"泰亚达瓦库"（Tayadawahkugh），意思是"横卧的人"，这或许象征着他同时涉足两个世界，是两个世界之间的桥梁。

摩尔根对美洲原住民风俗的迷恋与盖奇不同，他并没有从他们身上寻求政治灵感。相反，他认为他们是野蛮人，在他认同的文明阶梯上处于低级位置。他像当时其他的欧洲殖民主义者一样，自私地认为白人"雅利安家族代表着人类进步的主流"。他的兴趣更多在于人类学，旨在更好地理解他所认为的人类社会的共同根源。原住民在他的假设中，是了解过去的一个窗口。

1877年，摩尔根出版了《古代社会》（Ancient Society）一书。书中解释道，据他所知，霍迪诺肖尼社会是以家庭关系为基础组织起来的。如果一个社会想围绕亲属关系这种方式来构建，那么女性就必须居于中心地位，因为孩子总是可以可靠地追溯到母亲。确定父子关系则要更加困难。摩尔根认为，"原始"群体之所以采用母系制度，是因为他们还没有找到更好的方法来确定孩子的父亲。如果他们找到了，就肯定会采用父系制度。

在摩尔根看来，霍迪诺肖尼传统代表着人类共同的遥远过去，是人类发展的早期阶段，当时人们的性生活更随意，集体生活下无法知道哪个孩子属于哪个男人。他的推断是，这些古老的社会别无选择，只能优先考虑女性。在他看来，以女性为中心的美洲原住民社会并不优越，只是更简单。

早在1861年，瑞士人类学家和法律作家约翰·雅各布·巴霍芬（Johann Jakob Bachofen）就提出，人类最早的家庭结构可

第二章 例外

能是母权的。他用"Mutterrecht"（意思是"母亲的权利"）一词来表示通过女性血统进行的继承。将男性权力与生殖联系在一起的不只有摩尔根，巴霍芬和他那个时代的其他思想家，包括与摩尔根通信的进化论之父达尔文也都是这么想的。在摩尔根看来，欧洲等"先进"社会往往是男性主导的社会，因为男性凭借其智慧和理性，最终控制了女性的性行为，以确定她们的孩子是自己的，而不是别人的。严格的一夫一妻制的发明使社会得以沿着父系血统组织起来，这意味着男性拥有的财产可以转移给其真正的继承人。在男人掌控女人的情况下，继承权可以从父亲传给儿子，摩尔根认为应该是这样的。

人类学家库珀写道："摩尔根认为这是自然而恰当的。"通过这番智力的操弄，摩尔根可以将男性统治、一夫一妻制、异性婚姻等同于进步和现代性，并轻松地合理化西方父权制。

如何解读摩尔根的理论取决于读者，尤其是读者的政治立场。在摩尔根看来，他写的东西并不支持性别平等（实际上恰恰相反），但是他的作品为盖奇等妇女权利活动家提供了一个令人兴奋的新叙事。摩尔根等人认为，母系社会意味着性堕落和落后。然而在妇女参政论者看来，它证明了女性拥有权力的可能性。如果霍迪诺肖尼社会不是文化上的异类，而是过去普遍存在的母权制的残余，那么认为男性统治是事物之常态的观点将受到根本性的挑战。美国以男女拥有不同天性为由，拒绝将与男性相同的权利赋予女性，这可以理解为强行剥夺女性曾经拥有的权利。

推翻父权制并非冒犯自然，而是回归自然，这被证明是蓬勃发展的美国女性运动完美的起源故事。当德国社会主义哲学家、《共产党宣言》的合著者恩格斯采纳了这个观点时，女性运动得到了进一步发展。

◇◇◇

恩格斯深受摩尔根的《古代社会》的启发，1884年，他围绕这本书发表了一个雄心勃勃的理论，以解释国家的起源。这是一套解释现代社会的家庭和财产所有制是如何形成的宏大理论。恩格斯与他之前的巴霍芬和摩尔根一样，认为"母亲的权利"是一项原始制度，会随着文明的、一夫一妻制的父权家庭的到来而终结。恩格斯与摩尔根的分歧在于，他认为从母权制到父权制的转变是对女性自由的悲剧性破坏，是"女性遭受的世界历史意义的失败"。

"女性遭受的世界历史意义的失败"，这句话在接下来的一个多世纪里回荡在女性主义文学中。恩格斯由是塑造了几代人对父权制的看法。

恩格斯的叙述既激动人心，又充满戏剧性。他写道，男人控

第二章 例 外

制父权和继承权的欲望不仅使女性沦为生育的容器,还将她们变成了男性的财产。他写道:"丈夫在家中也掌握了权柄,而妻子则被贬低,被奴役,变成丈夫淫欲的奴隶,变成单纯的生孩子的工具了。"他认为现代法律中的性别不平等正是这种"经济压迫"的产物,婚姻制度使女性在自己的家中被贬低为从属地位。丈夫和父亲成了一家之主,"妻子成为主要的家庭女仆"。

恩格斯认为,只有通过建立一个平等的、无阶级的社会,女性才能得到救赎。恩格斯直接引用摩尔根的话说,他希望通过将财富平等地分配给每个人和消除等级制度,从而带来古代氏族的"自由、平等和博爱在更高级形式上的复活"。恩格斯并不主张人们像现代原住民那样生活,因为他像摩尔根一样,认为原住民是"原始的",属于过去。但是他确实相信,这些民族的文化蕴含着性别平等的萌芽,一旦人们反抗资本主义,这种平等终将回归。

他的理论似乎将一切联系在了一起,人们很容易被他的论点吸引,但是它依然存在着一个根本性的问题。

◇◇◇

人类真的在沿着某种进步的阶梯,不断向着某种神话般的完美境界前进吗?认为所有社会都将经历相同的文明阶段,只是有的快,有的慢,这样的想法公平吗?

正如库珀在他的《原始社会的发明》(The Invention of Primitive Society)中指出的那样，巴霍芬在1861年提出、随后被摩尔根和恩格斯继承的推理存在的问题在于，人类社会并不一定都能追溯到单一的时间点，一个所有人都以相同方式生活的时代。库珀写道，或许我们可以找到一些共同的线索，但并不存在"社会组织的化石"。在美洲，原住民的实践、风俗和语言因民族、地点和时间而异，世界上的其他地方也一样。例如，中西部的奥马哈（Omaha）部落就是父系部落。没有哪个文化是同质的或静态的。不能假设19世纪的霍迪诺肖尼家庭的生活方式与几千年前欧洲人的生活方式相同。

视角问题甚至触动过美国国父之一的本杰明·富兰克林（Benjamin Franklin），他在思考美洲原住民社会时，曾于1783年到1784年间的某个时候写道："我们称他们为'野蛮人'，因为他们的习俗与我们不同，我们认为自己的习俗是文明的完美体现。他们也是这样理解自己的风俗的。"

恩格斯和摩尔根等19世纪的思想家，试图用单一的、连贯的故事来解释人类社会从母权制转变为父权制的努力，暴露了上面所说的偏见。恩格斯和摩尔根并没有将霍迪诺肖尼人视为一个现代的、有血有肉的群体，而是把其视为活化石，觉得他们只是碰巧在某些方面发展出了对女性更有利的规则。在他们看来，霍迪诺肖尼人只是自己过去的残余，研究美国原住民的生活，只是

第二章 例 外

为了理解现代人类的起源。但是，他们忘记了一个显而易见的事实：美国原住民并不是其他人的过去，他们自己拥有丰富的、不断变化的历史，是与周围世界交织在一起的当代人。

美国纽约州立大学奥尔巴尼分校的人类学家盖尔·兰兹曼（Gail Landsman）研究了19世纪女性运动者的著作，她警告说，我们需要注意那些从美洲原住民社会中寻找替代政治模式的人的意图。兰兹曼指出，这些人从原住民社会中寻找灵感，甚至连盖奇也认为自己在观察一种消逝中的原始文化。盖奇坚持欧洲启蒙传统，认为所有人都在进步的阶梯上，而像她这样的欧洲后裔则立于顶端。她并不希望像霍迪诺肖尼人那样生活，而是希望改革自己国家的法律。在她看来，美国代表未来。兰兹曼写道："印第安人的价值和意义主要体现在他们如何推动了美国白人社会的发展。"

盖奇本可以将霍迪诺肖尼社会视为一个良机，将原住民的思想和习俗融入一个能充分尊重美国原住民权利与文化的全新的美国模式中，而不是将其视为可有可无的存在。但是她的目光还是回到了自己身上。像她这样的女性运动家并没有将原住民女性纳入她们争取平等的斗争中，而是把她们当作知识上的棋子。霍迪诺肖尼人成了服务于政治理想的工具。在摩尔根这样的男人看来，霍迪诺肖尼人是腐坏的母权制历史的"黑暗提醒者"，证明了为什么男性统治更"文明"；在恩格斯等其他人看来，霍迪诺肖尼人暗示了通过革命回归平等的可能性；而在盖奇看来，霍迪诺肖尼人提供了令人目眩惊叹的保证，即女性权力是自然的，因为即使在这样一个古老、"原始"的社会中，也存在着女性权力。

没有人看到原住民社区的真实面貌，他们看到的仅是自己希望看到的。活着的人于是被视为遗迹。这就意味着，女性的一些权利和自由最终会为了其他人的权利而被牺牲。

◇◇◇

家庭主妇在美国建国过程中的重要性，怎么高估都不为过。

在《独立宣言》发表前的几个世纪，欧洲人就已经开始相信父权制是宇宙的神圣秩序了，从对家庭拥有权威的父亲，到对国家拥有统治权的君主，再到更高的神的权威，都是如此。伦敦玛丽女王大学的历史学家大卫·维弗斯（David Veevers）研究了大英帝国对性别的态度。他表示，从16世纪起，"国家和社会机构执着于在家庭、地方和国家层面强化父权制"。到了18世纪，以家庭管理为主题的手册激增，每一本都充满了对维系正常性别关系的焦虑，并且视其为"政治稳定的基石"。如果家庭受到控制，如果每个人都严格遵守性别规范，那么国家就会稳定和安全。

美国的国父们继承了同样的理念。历史学家斯蒂尔解释道："只要美国的女性继续待在家中，合众国就是安全的。"

第二章 例 外

美国芝加哥大学历史学家克里斯蒂娜·斯坦塞尔（Christine Stansell）指出，到 19 世纪中期，也就是塞尼卡福尔斯妇女权利大会召开的同一时期，这种观念已经牢固地根植于纽约市的阶级关系中。较富裕的中产阶级认为，维护传统的家庭价值观是他们的职责，而且不光要在自己的家庭中维护。斯坦塞尔补充说，女性尤其"强化了她们作为家庭和家务标准的裁定者的角色"，她们会对那些不符合美国家庭主妇理想形象的女性评头论足。

女性监督着其他女性。她继续解释道，纽约市的中产阶级社会改革者认为"女性自立与贫穷同义"。即使是著名的妇女参政论者，在争取妇女选举权的同时，也认同家庭主妇和母亲的理想形象。例如，与斯坦顿和盖奇同时代的莉迪娅·玛丽亚·蔡尔德（Lydia Maria Child），她是那个时代的道德改革者之一，也是一位杰出的女性和美国原住民权利运动家。在看到纽约街头的贫困儿童时，她想，这些"肮脏的小可怜"过得还不如孤儿。像她这样的改革者们一起建立了旨在帮助这些孩子的收容所、学校和机构。

问题在于，其中一些地方的女孩并没有接受她们实际需要的、能带来报酬的工作培训，而是最终被训练成了未来的妻子和母亲。正如斯坦塞尔记录的，她们将被塑造成完美的家庭主妇。虽然改革者的初衷是好的，但她们没有认识到，工人阶级女性之所以工作，不是因为她们抗拒成为理想的家庭主妇，而往往是因为别无选择。斯坦塞尔写道，根据1855年对纽约两个街区进行的女性抽样数据，几乎三分之二的家庭中没有男性成员。如果不从事有偿工作，她们就会陷入贫困，甚至流落街头。

家庭主妇从一开始就只是最富有阶层能实现的愿望。在奴隶制被废除之前，正是因为有了被奴役的男人、女人和孩子的劳动，富有的白人女性才得以享受不需要工作的奢侈。到20世纪中期，家庭主妇自然地成为中产阶级地位的象征。据报道，女演员多丽丝·戴（Doris Day）曾说："这是我唯一的理想。我的理想不是成为一名舞者或好莱坞电影明星，而是成为一名拥有美满婚姻的家庭主妇。"如果一个男人赚的钱足够让妻子待在家里，人们会认为他事业有成。雇主们默认，女性结婚后就会放弃工作。整个西方世界都是如此。英国为保护男性就业率，在战间期[①]引入了"婚姻禁令"，这意味着从事教师和公务员等职业的女性在结婚后必须辞职（直到1973年英国外交部才废除这项禁令）。20世纪50年代，受过教育的女性只能将精力投入家务劳动中，这塑造了我们现在熟知的性格开朗、将草坪修剪得整整齐齐的郊区妻子和母亲的刻板印象。

这个理想也催生了历史学家柯贝尔所说的"共和母亲"——

[①] 战间期：从第一次世界大战结束到第二次世界大战爆发之间的这段时期。——译者注

第二章 例 外

以养育健康、强壮、为国家服务的儿子为己任的妇女。弗吉尼亚州乔治梅森大学研究美国早期历史的历史学家罗斯玛丽·扎加里（Rosemarie Zagarri）将这种承认家庭在政治上至关重要，但不接受女性作为独立政治行为者的矛盾安排称为"盎格鲁女性特质"的一种形式。它赋予女性在社会上受尊重和被看见的地位，但这仅仅是由她们生育和抚养孩子的能力来定义的。如果她们想在家庭之外行使政治或经济权力，就必须通过丈夫和儿子来间接代行。某种程度上，这就是杰斐逊主张的女性角色。它不认为女性低于男性，但也没有为女性提供妻子和母亲之外的身份选择。扎加里写道："它在传统与创新之间摇摆不定。"

没有人像反女性主义作家、律师菲利斯·施拉夫利（Phyllis Schlafly）那样全心全意地拥护"共和母亲"，她一直致力于宣扬美国家庭主妇的理想，直到2016年去世〔她很早就成为唐纳德·特朗普（Donald Trump）的支持者，特朗普在她的葬礼上称其为"真正伟大的美国爱国者"〕。20世纪70年代，施拉夫利动员志同道合的家庭主妇成功地发起了一场运动，阻止美国国会批准"平等权利修正案"，该修正案在此之前一直得到两党的政治支持。她强烈抨击堕胎权和职业女性。

不过，施拉夫利的一生，也鲜明地证实了家庭主妇理想的局限性。她一边游说，反对平等权利，一边学习、工作，并最终寻求在美国的政治舞台上获得显赫地位。她永远不会承认，她的职业生涯与她努力捍卫的规则相悖。

但是，就算家庭主妇理想的局限性一直存在，对大多数普通妇女来说也是无意义的，哪怕是杰斐逊还活着的时候。无论农村还是城市的贫穷和移民女性，不外出工作的话就无法生存。而且家庭主妇的理想根本不适用于被剥削的黑人女性。布赖恩·斯蒂尔认为，家庭主妇和职业丈夫的角色分配只能为拥有财富和奴隶，因而无须从事艰苦劳动的人带来幸福。

家庭主妇的理想对霍迪诺肖尼女性来说毫无意义。她们长期以来都拥有在土地上工作、经营的传统。民族学家注意到，在杰斐逊时代，霍迪诺肖尼妇女由于户外工作，身体明显更加强壮。与美国白人妇女相比，她们生育的子女更少，而且很可能会采取某种形式的堕胎来实现这一目的。当然，她们在家庭内外都拥有权力。她们的存在直接挑战，甚至颠覆了美国国父们的理想。

她们的生活也被牺牲在实现女性家庭主妇理想的目标中。女性应该待在家里的父权观念，将践踏原住民社区的传统。美国政治领袖、善意的社会改革者和基督教传教士认为，女性不适合户外工作，引导女性从事家务劳动、男性从事农业劳动并担任领导职务，对美洲原住民融入"现代"社会至关重要。扎加里写道："传教士的言论推进了对性别角色的一种特定理解，提高了美国中产阶级白人女性的地位。"她补充道，在这个过程中，传教士希望重申西方文明的优越性。

第二章 例 外

实际上,美国白人试图将美国原住民社会转变为父权社会,以此教化他们。

◇◇◇

"作为一名印第安女性,我是自由的。"

这句话是由备受争议的人类学家艾丽斯·坎宁安·弗莱彻(Alice Cunningham Fletcher)在19世纪采访美国原住民女性时记录的。1888年,她在国际妇女理事会第一次大会上当众朗读了这些记录。

弗莱彻继续读道:"我拥有我的家、我自己、我双手打拼的劳动成果,我的孩子们永远不会忘记我。作为印第安妇女的境遇比在白人法律下更好。"她采访的男性也对她说了类似的话。他们告诉她:"你们的法律表明,你们的男人多么不关心自己的女人。妻子本身什么都不是。她们的价值不过是帮助男人获得160英亩[①]土地。"

原住民家庭承受了殖民带来的创伤。

人类学家兰兹曼写道,19世纪,中产阶级白人妇女政权论者团结了起来,反对基于性别的压迫。但是与此同时,一些女性享

[①] 1英亩约合0.004平方千米。——译者注

有其他众多女性没有的权力。她们"在种族和阶级方面都占据有利的社会地位"。于是在决定谁应优先获得选举权时,这种情况造成了妇女政权论者的分裂。

美国纽约州阿尔弗雷德大学研究美国文学中种族、阶级和性别问题的梅丽萨·瑞安(Melissa Ryan)说:"即使是那些自视为印第安人的朋友的人,那些寻求改革政府政策的人,也认为原住民在本质上还是孩童,是刚刚融入美国文化的落后的原始人。"例如,盖奇虽然全力支持美国原住民的权利,但是在赞美霍迪诺肖尼社会的母系制度的同时,她也承认自己发现这些社会非常"落后"。一些白人妇女政权论者也把这种态度延伸到了黑人和移民身上。瑞安写道,在选举权问题上,盖奇的说法"暗示,把有投票权的野蛮人与被剥夺选举权的白人女性并列,不仅侮辱了女性,也侮辱了文明原则"。

伊丽莎白·格里菲思(Elisabeth Griffith)在斯坦顿的传记中写道,斯坦顿在塞尼卡福尔斯妇女权利大会第一天上午发表的著名演说中提到,"让受过教育的白人妇女获得选举权,比让获得解放的奴隶或无知的移民获得选举权更好、更安全"。从一开始就直言不讳地支持妇女选举权的社会改革家、废奴主义者弗雷德里克·道格拉斯,曾在1869年的一次会议上陈述黑人选举权的迫切性,因为黑人男子正在一些州遭受谋杀和残酷迫害,此时的斯坦顿暴露了自己的偏见。她对道格拉斯说:"如果你不能把选

第二章 例 外

举权给予全体人民，那就先给最聪明的人。"

许多白人妇女政权论者都坚决反对奴隶制，而且积极参与废奴运动。斯坦顿看到像她这样的女性在伦敦的废奴会议上被边缘化后，组织了塞尼卡福尔斯大会。但是，这并不一定意味着她们会将黑人女性、原住民女性和移民女性视为与自己平等的人。兰兹曼指出，一些女性在呼吁白人女性应获得选举权时提出的理由是，这将有助于"稀释"有色人种和移民的选票。由于南方和北方的白人妇女政权论者在奴隶制和种族问题上存在分歧，黑人女性发现自己被排挤了。在1913年的妇女选举权游行中，成千上万的妇女聚集在华盛顿特区，场面混乱，于是黑人女性活动家被告知要待在后面。美国有色人种协进会的创始成员之一、记者艾达·B. 威尔斯-巴尼特（Ida B. Wells-Barnett）拒绝了这个要求。

记者鲁比·哈马德（Ruby Hamad）在她的《白色眼泪，棕色伤痕》（*White Tears/Brown Scars*）中，记录了一段女性因种族、阶级等原因背叛其他女性的令人汗颜的历史。哈马德写道："这是一种常见的策略，在合适的时候与有色人种妇女结盟，鼓吹并不存在的姐妹情谊，以掩盖其真实目的——通过窃取我们的努力来推广一个由女性掌权的世界更美好的神话。"1920年，美国女性最终在《美国宪法第19条修正案》发布后获得了选举权。然而实际上，选举权并没有普及。一些州通过人头税、考试和种族隔离等手段阻止女性和黑人男性投票。1924年的《印第安公民权法案》(The Indiun Citizenship Act)使美国原住民拥有了投票的可能性,但实际上,是否赋予他们这一权利则由各州自行决定——在某些州,这花了数十年时间。而在获得选举权后,美国原住民仍然面临着与黑人选民相同的障碍。

认为一些人比其他人更值得享有权利的基本观念,将继续以其他方式影响原住民女性。康涅狄格大学研究美国原住民的历史学家南希·休梅克(Nancy Shoemaker)指出,19世纪中期,塞尼卡族没有"非婚生子"这个概念。所有塞尼卡母亲生的孩子将自动成为合法公民,"没有任何记录表明,在塞尼卡社会中,未婚女性生育的孩子会受到歧视"。但是在1865年的人口普查中,塞尼卡妇女发现,美国政府强迫她们必须以父亲的名字为孩子取名。无奈的她们只能用外祖父或母亲家族中其他男性亲属的名字为孩子取名。

塞尼卡族最终接受了父系命名系统。不过,他们还是设法保留了母系部落成员的身份。塞尼卡部落的男性和女性都在努力维护女性的社会权利、继承权、财产权,以及结婚和离婚的自由。但是,外部压力迫使男性承担起领导角色。

休梅克写道:"传教士和政府官员总是将男性当作一家之主,而无视其他家庭权威模式。"在这种情况下,"塞尼卡族的政治生活逐渐与白人相似,宪法确定男性是社区领导者"。人类学家利科克同样指出,当欧洲裔美国人与原住民社区开展政治或

第二章 例 外

军事交易时,更愿意与男性打交道。父权制的引入并非突然,而是经历了一场接一场的交锋,持续了数个世纪。父权制逐渐侵蚀了原住民社区原有的法律和习俗,这与19世纪印度喀拉拉邦奈尔人母系社会的情况一致。

利科克写道:"经济和政治政策削弱了妇女作为农民和商人的经济角色,废除了她们的土地权利,她们被赶出公共经济部门,法律地位也降低了。"这意味着"导致女性相对于男性的地位急剧恶化的是殖民主义"。就业模式亦发生了变化,女性被鼓励留在家中,她们越来越依赖丈夫的工资。

加拿大阿尔伯塔省莱斯布里奇大学的性别问题学者乔安妮·菲斯克(Joanne Fiske)指出,生活在不列颠哥伦比亚省西北海岸、以渔猎为生的齐姆希安人(Tsimshian)也经历了类似的衰落。菲斯克认为,在该地区沦为殖民地之前,齐姆希安人可能并不区分家庭和公共领域。而在那之后,女性被迫无法继续从事曾给她们带来收入和独立地位的手工业。与欧洲人的贸易,尤其是珍贵的毛皮贸易,开始由男性主导。菲斯克写道:"寡妇们尤其艰难。"她们因为失去经济来源而失去了威信后,"无法继续维持对家族资源的传统主张"。

历史学家维弗斯证实,英国的海外公司在"帝国"时期拥有巨大的权力,用性别铁拳进行统治。他写道:"从黎凡特到弗吉尼亚,从马萨诸塞到苏门答腊,父权秩序在全球各地传播并移植。"

研究人员才刚刚开始注意到过去几个世纪里，这种性别秩序的传播在全球范围内对人们产生的影响。美国康奈尔大学历史学家杜尔瓦·高希（Durba Ghosh）认为，效仿欧洲家庭模式重建理想家庭，以及永远只能选择被视为正确的性行为的双重压力，"实际上限制了当地女性和原住民女性的权利，使她们失去了对政治和家庭事务有意义的参与，如对家庭财产和劳动的决策"。殖民主义以"现代化"女性为名，将她们置于越来越严密的性别束缚中，逐渐剥夺她们的权利，并将财产、收入和权威转移到男性手中。

可以说，20世纪美国原住民女性拥有的权力，远比她们在塞尼卡福尔斯等地的祖先于1590年所享有的权力要少。她们不仅丧失了在自己社会中的地位，她们的社会本身也因为殖民化被破坏了。成千上万的儿童被送往寄宿学校，而这些学校就是被设计用以使他们融入白人基督徒社会的，同时，他们自己的文化和语言也被剥夺了。美国原住民记者玛丽·安妮特·彭博（Mary Annette Pember）曾写道："我的母亲死于'文明化'的过程。"她的母亲伯尼斯（Bernice）被送到威斯康星州的一所寄宿学校，终其一生都在经受着心理创伤。管事的修女们会强迫她不断从事繁重的体力劳动，并一直在她耳边说她是一个"肮脏的印第安人"。直到最近才有报道揭露这些机构在整个北美洲施展

第二章 例外

了非常残酷的虐待。

不公正带来的痛苦是深刻的。纳瓦霍族出身的学者德内戴尔告诉我:"他们从我们的社区拿走的任何东西,都是为了他们自己的利益。"虽然她的社区一直在抵制文化变革,但是仍然有许多事情需要被有意识地记住并重申。"殖民者强加给我们的,极大地改变了我们今天的面貌,以及我们实践原住民知识的方式。"

德内戴尔表示,如今,纳瓦霍族主要由男性和基督徒领导,他们正在努力强化在美国其他地方随处可见的异性恋父权制。就在1998年,一位名叫莱诺拉·富尔顿(Lenora Fulton)的女性还被劝说不要参加纳瓦霍族保留地主席的竞选。社区的男性和女性都告诉她,女性不应该成为领导者。

◇◇◇

在塞尼卡福尔斯的卫斯理小教堂旁边的博物馆里,几乎唯一提及霍迪诺肖尼女性的是三幅新标语,但也没有一幅标语具体说明她们是如何被那些本可以帮助她们的人辜负了的。她们在殖民者统治下遭受的暴行几乎没有得到解释。即使在这里,这个美国女性运动的殿堂,叙事仍然是不完整的。被掩盖的妇女选举权运动的历史,以及比胜利的版本更混乱的真实版本,展示了没人愿意承认的事实：父权思想深植于国家和社会机构中，而女性也曾投身其中，从中受益并为其辩护。

这段历史还表明，父权制绝不可能是很久以前（久到没有留下任何记录）就出现的单一的灾难性事件，不然今天怎么还有人能够回忆起，他们怎样经历了父权制被强加给其社区的过程？更别说一些母系社会直到现在还在抵制父权制的入侵。

当恩格斯说"女性遭受了世界历史意义的失败"时，他所说的失败并不是全球范围内的，而是在他所生活的欧洲父权制社会。在那里，男性几乎在生活的每一个层面上都掌握着非凡的权力，而且从人们有记忆以来便已如此。19世纪，欧洲的父权制被输出到其他地方。至少到目前为止，核心难题依然没有得到解决：一个社会最初是如何围绕着男性统治的原则组织起来的？人们怎么会建立起这样一个明显扭曲的性别压迫体系呢？如果父权制并非出于某种生物的或神圣的必然性，那么它又出于什么呢？

巴霍芬、摩尔根和恩格斯的"幽灵"在他们去世后仍然笼罩着这个问题。他们提出的共通的母权起源说，即在父权制确立之前，世界各地的人们都曾由女性领导的理论，从未消失过。相反，该理论在西方女性主义和社会主义文学中存在了数十年，还在等待更有力的历史证据。

终于，在20世纪60年代，考古学家认为自己找到了它。

第三章
起　源

未来不会为我们带来什么，也不会给予我们什么……我们拥有的，不过是从过去继承来，并为我们消化、吸收和重造的宝藏。除此之外，我们并没有另一种生命，也没有另一种元气。

——《扎根》（*The Need of Roots*），1952 年

西蒙娜·薇依（Simone Weil）

一条尘土飞扬、遍布开心果树的道路把我从苏菲派诗人哲拉鲁丁·鲁米（Jalal al-Din al-Rumi）的圣殿所在地、土耳其古老的大城市科尼亚，带到了加泰土丘（意思是"岔路口"，此处被发掘前位于一个岔路口上）遗址，这里曾被称为世界上的第一座城市。

这是一个难以理解的地方。大部分居民点在很久之前就已经被埋在一座小山丘下，而这座小山丘则在安纳托利亚南部平坦干旱的平原之上显眼地矗立着。已经发掘的少量遗迹显示，这是一

个颠覆我们认知的社会。考古遗址的边缘突然消失,露出延伸到地下的多层空间。加泰土丘的房屋像紧密排列在一起的盒子,背靠着背并排而立。房屋的屋顶平坦,没有门或窗户。进出要靠梯子通过天花板上的开口,道路在屋顶上,而不是在房屋之间。新房屋层层叠叠地建在旧房屋上。

加泰土丘的特别之处在于,至少从公元前7400年(此时旧石器时代已经结束,进入了新石器时代)起,就有人在这里居住,当时人类尚未发明文字。这意味着,在埃及的第一座金字塔建成近5000年之前,英国的巨石阵建成4000多年之前,这里就已经有了人类活动。它甚至可能比印度河流域的哈拉帕文明还要古老。加泰土丘靠近中东的新月沃地,后者孕育了世界上最早的一些农耕社会。虽然今天的加泰土丘看起来很干燥,但这里曾经是湿地,是鱼类和鸟类的栖息地。人们在附近采集浆果,放牧山羊,用黏土和芦苇建造房屋。这虽是一个古老的文明,但它的社会和艺术非常成熟。

这里曾是数万人的故乡。他们定期粉刷墙壁,在上面创作引人注目的艺术作品。红色壁画生动地展现了小小的人类狩猎大型动物的场景,展翅的秃鹫啄食无头尸体。墙壁里嵌有牛头,突出的牛角让人联想到一些美国牛仔牧场住宅的内部装饰。

露丝·特林厄姆(Ruth Tringham)告诉我:"据推测,这个地处荒野的巨大土丘,蕴藏着9000年前丰富的物质文化。"

第三章 起　源

她是加利福尼亚大学伯克利分校的人类学教授，研究方向是新石器时代欧洲考古。加泰土丘的发掘工作始于 1961 年 5 月，从一开始就备受关注，研究者们想知道这个地球上已知最古老定居点里的社会是如何组织的。1997 年，特林厄姆率领一支考古队继续在该遗址进行考古工作，想要弄清楚这里的居民可能是如何生活的。

除了建筑和壁画，令考古学家着迷的另一个物品要小得多，差不多和我的手一样长。这件被称为"坐着的女人"的珍宝，如今收藏在安卡拉的安纳托利亚文明博物馆。

专家认为，加泰土丘可能存在祖先崇拜现象。已故祖先的遗骸被保存在生活起居的房屋里，置于地板平台下。头骨有时会被取出，抹灰泥、上色，然后在人们之间传递。这个定居点出土了数百个小雕像，其中一些显然是人类，另一些看起来像动物，或者做了更模糊的拟人处理。不过，在这片区域或更远一些的新石器时代遗址中发现的大量雕塑，无疑都是女性形象。博物馆里有几十件这样的雕像，像芭芭拉·赫普沃思（Barbara Hepworth）风格黏土的微小版。其中一个雕像正面呈现的是孕妇的身体，背后则是肋骨突出的骷髅。不过，没有哪个雕像比"坐着的女人"更引人注目。

看到它时，我明白了其魅力。它的头部在发现时已经不见了，考古学家不得不对其进行复原，但这并不重要，因为身体的其他部分已经传达了许多信息。一些学者认为她象征着生育。不过至少在我看来,她并不像怀孕了,也没有特别挑逗的意味。她身材丰腴,裸露的脂肪堆叠,像瀑布一样倾泻。她的膝盖和肚脐上有深深的凹痕,这些都是长寿的标志,她也许是一位饱经风霜的年长女性。但真正引人注目的是她的姿态,她的背挺得笔直。在臀部的两侧、两只手的下面,两只动物直视着前方,它们似乎是大猫,也可能是豹子。

换言之,这座雕像最让人感兴趣的不是她丰满的身体,而是她指挥两只大型生物的姿势。在一个明显沉迷于动物、狩猎和死亡的社会中,她显得格外有权威,甚至有着母权制家长的那种威严。

◇◇◇

20 世纪 60 年代的发掘开始后不久,加泰土丘便成为新时代信徒和女神崇拜者的朝圣地,女神像令他们趋之若鹜。美国和欧洲的游客拥向遗址,他们相信自己找到了证明古代平等社会存在的证据,这些社会崇尚女性特质,崇拜各种他们所说的"伟大女神"。至少在他们看来,自己发现了通往一个似乎把女性放在首位的史前城市的窗口。19 世纪,关于共同的母系社会的神话正在复兴。

第三章 起 源

加泰土丘仍然是安纳托利亚"女神之旅"必不可少的一站。如今,许多此类活动都是由土耳其的经济学教授雷希特·埃尔盖内尔(Reşit Ergener)组织的,他还写了《女神的故乡安纳托利亚》(*Anatolia, Land of Mother Goddess*)一书,探讨关于数千年前这些地区就崇拜的母神西布莉(Cybele)等的传说。埃尔盖内尔从1990年开始组织"女神之旅"。"我被迷住了,"他解释道,"为什么我对它如此感兴趣?我认为这与我个人的经历和生活有关。我从小就和强势的女性生活在一起。我的祖母、母亲和姐姐都是非常坚强的女性。"

毫无疑问,该地区有崇拜女神的传统,西布莉出现在古希腊和古罗马的文学作品中。但更重要的问题是,这些神灵是否能反映现实、日常的社会关系。这正是有争议的地方。一个社会崇拜女神或制作了大量女性雕像,并不意味着这个社会曾经由女性主导,也不意味着女性得到了与男性同等的待遇。

已故英国考古学家詹姆斯·梅拉特(James Mellaart)第一个提出了至今仍在加泰土丘流传的母系社会传说。当他和他的团队在20世纪60年代初的早期发掘中发现了女性雕像时,梅拉特立即围绕这些雕像构建了一个叙事,巩固了巴霍芬和恩格斯宣扬的旧神话。在他看来,加泰土丘为他们的理论提供了确凿的考古学证据,即最早的人类社会以女性为中心,崇拜女神并遵循母系继承制度。

梅拉特的职业生涯硕果累累，在他去世时，讣告上写着："加泰土丘是他最重要的发现。"这个定居点既古老又成熟。它几乎在一夜之间推翻了此前关于新石器时代的人们过着相对简单、基本的生活的假设。梅拉特更进一步，认为加泰土丘太庞大、太复杂，不可能只是一个农民的村落。他认定加泰土丘是一座城市，这立即提高了它的国际地位和重要性。

人类学家特林厄姆告诉我，在20世纪60年代，似乎每本关于建筑的书籍都会在开篇提到，加泰土丘是世界上第一座城市。在将其提高到这个地位后，梅拉特认为，有些建筑的装饰过于精致，不像日常住宅，更像是寺庙或圣殿。特林厄姆补充说："这些能让他名垂后世。这些材料令他非常兴奋。"梅拉特将一幅艺术作品解读为女神正生下公牛或公羊，另一幅则解读为女神与秃鹫。总而言之，他得出结论："至高神是伟大的女神。"

梅拉特为该遗址披上了神圣的外衣，这进一步增加了它的历史价值。特林厄姆解释说："你马上会想到'圣殿''神庙''女神'等激动人心的词语，所有的这些都用在了这里。它们成了这个多少被视为宗教中心之地的流行语。"消息一传开，便吸引了全球各地的人们的极大兴趣。"大家认为这里是女神的圣地……非常出名，因女神而出名。"特林厄姆说，直到20世纪90年代，她的团队还在加泰土丘工作时，仍然不时有崇拜者前来朝拜和冥想。

第三章 起 源

络绎不绝的游客并不令人意外，因为梅拉特的研究成果很迷人。1964 年，他在为《科学美国人》（*Scientific American*）撰写的一篇文章中，自豪地回忆了最初在这里工作的情况："（发掘工作开始）10 天后，我们第一次发现了在人工砌成的墙壁上的新石器时代绘画，加泰土丘显然不是普通遗址。"梅拉特形容它是一个"经济发达、手工业精湛、宗教生活丰富、艺术成就卓越、社会组织令人惊叹的社区"。这篇文章还附带了一张"坐着的女人"雕像的照片，并用大写字母清楚地将其标注为"女神雕像"。

新发现迅速涌现，梅拉特在短短 3 个季度里发掘了 100 多幢建筑。相比之下，20 世纪 90 年代，特林厄姆及其同事们在加泰土丘发掘一座房屋就需要 7 年时间。特林厄姆说："他的挖掘速度非常快。"梅拉特的目的并不是了解细节，而是了解全局。"他只想知道定居点的布局。"为此，他需要尽可能地总览遗址。

这段考古热潮很快就过去了。梅拉特的发掘工作在 1965 年结束，他因受伪造和丢失文物的指控，被土耳其禁止进入该遗址。2012 年他去世后，关于他可能夸大了某些发现，甚至捏造证据来支持其理论的传言愈演愈烈。但是，无论梅拉特最后的声誉如何，他在加泰土丘的工作确实揭示了众多具有重大历史意义的发现，这些发现改变了我们对过去的理解。该遗址彻底改变了研究人员对新石器时代人类的看法：这样丰富而复杂的石器时代定居点意味着，我们再也不能把当时的人看作文化上的简单群体。

不过，这位考古学家的影响远不止于此。梅拉特根据加泰土丘的发现提出了一套关于女性历史的完整叙事。他对史前时代母系社会理论的支持，影响了20世纪后半期人们对早期人类社会中的性别和权力的看法。

◇◇◇

1978年，美国历史学家安妮·卢埃林·巴斯托（Anne Llewellyn Barstow）在《女性主义研究》（*Feminist Studies*）上发表的一篇文章，使梅拉特的工作受到了考古学以外的作家和思想家的注意。巴斯托在这篇文章中引用了她与梅拉特谈话的片段。她解释说，他的发现将制度性宗教和城市文明的起源往前推了3000年。在这段新的历史时期里，女性居于前沿及中心位置。她写道："梅拉特证明了女性在这个新石器时代社会中的重要地位。"至少从目前已经发掘的部分来看，没有迹象表明加泰土丘曾遭受过攻击，也没有证据表明当地的人们曾被大规模屠杀或死于暴力。巴斯托认为，这意味着这些拥有"女性崇拜"的新石器社区，比后来的社会要和平得多。

虽然有这么多激动人心的发现，但其他专家却感到一种愈发

第三章 起 源

强烈的不安。过于简洁的叙事发展得过快了。19世纪的母系社会神话已经被认为站不住脚,加泰土丘的发现是否足以让其复活,则仍然存疑。

没有人知道这个名为"坐着的女人"的雕像到底是女神、生育的象征,是真实人物的写照,还是其他什么。当我问导游雷希特·埃尔盖内尔,他认为这座雕像是什么时,他笑着回答说:"就我个人而言,我觉得像我的祖母!"——这大概和其他解释一样好。即使是专家,也无法确定加泰土丘的居民为什么有时会挖出死者,拿出头骨并传递给其他人;他们可能也永远无法理解,为什么牛角会被嵌在居民房屋的墙壁和长凳里。研究人员充其量只能根据过去的艺术作品或丧葬习俗,对加泰土丘居民的想法做合理猜测。特林厄姆警告说:"我们很少能对考古材料做出绝对的解释。"学者们必须对自己不知道的事情保持谦逊。"越往史前追溯,情况就越复杂。在我研究的领域中,没有文字记录;即便有,也是模棱两可的。"

在证据有限的情况下,解读的权力掌握在最深入了解遗址的人手中,也就是考古学家的手中。这个案例中的考古学家就是梅拉特。一旦他的视角锁定在女神上,其他的一切都被期待纳入同一套叙事中,使女神的故事更加连贯。母系社会神话于是变得有血有肉。

怀疑的声音从未断绝,但也有许多人渴望为梅拉特的历史叙事注入更多活力。20世纪70年代和80年代的一系列畅销书,将以女性为中心、崇拜女神的史前时代的信仰,转变成了一场规模更大的运动。在那时,女性主义者和学者们都为之投入了太多的心血,以至于再也不能相信它可能是错误的。

◇◇◇

据说,在诸神之前,还有女神。

1976年,艺术史学家、雕塑家默林·斯通(Merlin Stone)出版了畅销书《天堂论文》(The Paradise Papers),追溯了过去对女性"仪式"(Rites)的暴力镇压与当代女性"权利"(Rights)的丧失之间的相似之处。她写道,"伟大的女神——神圣的祖先"从公元前7000年的新石器时代开始一直受崇拜,直到公元500年左右……最后一座女神庙被关闭"。"苏美尔、巴比伦、埃及、非洲、澳大利亚和中国都有关于这类女神的记载。"1987年,社会学家理安·艾斯勒(Riane Eisler)出版了畅销书《圣杯与剑》(The Chalice and the Blade),同样从遥远的历史中寻找标志着"灾难性转折点"的证据,这个转折点用恩格斯的话来说,就是"女性遭受的具有世界历史意义的失败"。

20世纪后半期,母系社会的信仰在一些女性主义者的圈子中盛行,就像19世纪后半期一样。斯通和艾斯勒等作家非同寻常

第三章 起　源

（有时有些过了头）的叙述，吸引了为争取平等权利而在历史中寻找先例的女性。美国社会活动家格洛丽亚·斯泰纳姆（Gloria Steinem）是迅速推广这个神话的人物之一。她写道："很久以前，世界上的许多文化都经历过女性统治时代。"斯泰纳姆同意民族学家摩尔根的观点，并补充说，男性之所以在这些社会中处于边缘地位，是因为父系的关系尚未被发现。女性因其生育能力而受到崇拜，并被认为更加优越。

通过对考古学和人类学的深入研究，筛选出关于人类过去的各种证据碎片，斯通、艾斯勒和斯泰纳姆等一批具有知名度的思想家宣扬一种观点，即普遍的女性权力并非幻想，它在人类的史前时代确实存在过。她们的著作强调古代女性雕像的重要性，这些雕像包括加泰土丘的"坐着的女人"和来自古克里特、古埃及和古希腊的引人注目的雕像。19世纪的争论重燃，西方女性主义者再次试图弄清男性在其文化中的统治地位是如何，以及为什么产生的。

答案藏在远古时代。最后，似乎出现了确凿的科学证据。另一位著名考古学家即将加入这场争论。

◇◇◇

梅拉特发现了不同寻常的加泰土丘遗址，而将一切串联为一个更广阔叙事的是玛丽亚·金布塔斯，她同样标新立异，争议重重。

金布塔斯于1921年出生在立陶宛，后来移居美国加利福尼亚州（该地区后来成为西方新时代思想的中心）。她花了几十年时间研究公元前6000年左右东南欧多瑙河流域的新石器时代文化。这一时期的此处被她称为"古欧洲"，她将自己的考古发现与欧洲神话和语言证据结合在一起，揭示了在她看来以母亲和女神崇拜为中心的文化模式。

金布塔斯是听着立陶宛丰富的民间传说，以及关于女性拥有超自然力量的奇幻故事长大的。例如，芭芭雅嘎（Baba Yaga）在俄罗斯民间传说中被认为是女巫，而金布塔斯却将其称为斯拉夫人的死亡和重生女神。她写道，在凯尔特文化中，女性享有相对较高的地位，并以英勇作战而闻名。在她收集的许多故事中，女神、女巫和其他具有超自然力量的女性能够变成秃鹫、乌鸦或山羊等动物。巴斯克民间传说中被视为女先知的安德烈·玛丽（Andre Mari），则通常会变成一只鸟出现。

遥远过去的遗迹在她眼前逐渐成形。她的书中有大量圆底女性雕像的插图，上面刻着螺旋形和锯齿形花纹，她认为这些形状是女性的象征。神话和物质证据似乎都说明，史前时代的女性生活与现在截然不同，残忍的父权制在当时还不存在。这使金布塔斯成为新兴女神运动的知识源泉。

第三章 起　源

2001年，金布塔斯的最后一本书《活着的女神》（*The Living Goddesses*）出版，而她已经在7年前去世。该作品最终由其好友米丽娅姆·罗宾斯·德克斯特（Miriam Robbins Dexter）完成，后者是一名对考古学和神话学有着浓厚兴趣的语言学家，当时正在加利福尼亚大学洛杉矶分校任教。这本书总结了金布塔斯在职业生涯中取得的考古学和神话学成果，因为她坚信，这些成果展现了欧洲最初的母系社会。

"她过去常说自己不是女性主义者。"德克斯特说，她仍然是玛丽亚·金布塔斯最坚定的支持者之一。"直到20世纪70年代，玛丽亚一直从事着非常传统的考古工作。"德克斯特告诉我，除了证据，她并没受其他任何因素的干扰。"她的工作是逐步积累的，就像我的一样，她只是发现了那些让自己感到惊讶的东西。"

金布塔斯认为，"古欧洲"崇拜女神的社会可能是以母系的方式组织起来的。她写道："古欧洲各地都有母亲和母女的形象，而后世盛行的父亲形象却未见踪影。"她认为当时的社会未必是母系社会，但肯定是以"女性"为核心的平等主义社会，是一个"女性力量无处不在的社会"。这些诠释很容易被他人接受并宣传。艾斯勒在《圣杯与剑》中写道："女性雕像的发现和其他考古记录证明，新石器时代存在以女性（或女神）为中心的宗教，仅仅是将这些证据编目，就需要好几本书。"

这正是能吸引女性运动家的历史。但是正如德克斯特所说，金布塔斯从不认为这与政治有关，而只是她所看到的事实。引起了如此多女性的共鸣几乎让她感到意外。德克斯特回忆说："我的一个朋友组织了一场签售会。她租下了一座两层的教堂，结果里面挤满了人，连过道里都坐着人。玛丽亚不知道自己的作品为什么这么受欢迎，因为她只专注于自己的工作，而非人们喜欢什么或不喜欢什么。"

1990年，当金布塔斯被诊断出患有癌症时，她的观点已经变得非常流行，《纽约时报》（The New York Times）甚至以"田园牧歌般的女神理论掀起风暴"（Idyllic Theory of Goddesses Creates Storm）为题刊登了一篇文章，将这位68岁的考古学家称为女性运动家们心目中的女英雄，宣称是她使那些过去未经证实的神话和抽象理论获得了"科学的印证和历史的保障"。她的出版商告诉《纽约时报》，她向世人证明了"女性主义者希望的事实是真实的"。

◇◇◇

在女性历史的新宏大叙事中，女神只是一部分。如果说古欧洲是平等、和平、以神圣女性为中心的，那这一切是何时改变的？我们如何来到了如今的父权制？

第三章 起　源

在这里，作为考古学家的金布塔斯回应了恩格斯的理论，以及他关于女性在历史上早已失败的说法。金布塔斯说，确实有一个"灾难性的转折点"，她认为这个转折点出现在3000到6000年前，当时古欧洲的和平社会遭到了来自黑海以北俄罗斯大草原入侵者的暴力征服。金布塔斯认为，入侵者将战争和战斗看得至高无上。他们的到来无异于一次文化更替。这就是恩格斯所说的重要时刻，标志着男性统治的伊始。

金布塔斯将这些来自大草原的移民归于"库尔干"（Kurgan）文化，这个词来自俄语，用来称呼将死者与其武器一同埋葬在其中的土丘状坟墓。考古证据表明，库尔干人是游牧民族，骑马，后来驾驶战车，还饲养牲畜。金布塔斯写道，古欧洲的社会是和平的，人们花时间制作精美的陶器，而库尔干人则形成了一个破坏性的"战士的统治种姓"。母系继承和家族崇拜的模式被父系继承取代，女性沦为从属角色。

金布塔斯的理论认为库尔干人一直向东扩张到印度和伊朗，向西则经欧洲大陆延伸至英格兰和爱尔兰。这些地区语言的共同根源可以追溯其存在。语言学家们最晚于18世纪末便认识到，这片广袤土地上的数十亿人使用的语言，包括西班牙语、法语、英语、波斯语、印地语和德语等，确实在词汇和语法上存在共同之处。这些语言被归入"印欧语系"。德克斯特解释说，它们被认为来自单一源头——一种在印度古梵语、古老的安纳托利亚语和日耳曼语中都能发现蛛丝马迹的失传语言。

金布塔斯认为，库尔干人不仅将他们的语言从草原传播了到欧洲和亚洲，也传播了他们的父权文化，吸收或摧毁了他们途经的其他文化。她在文化繁荣于公元前1600年左右的古希腊早期迈锡尼文明中看到了这种转变的证据。金布塔斯写道，迈锡尼人有一系列女神，他们制作了数以千计的女性雕像，但也面临着社会转型的压力。她认为，这种转变由来自欧亚大草原的印欧语使用者引起。到公元前500年左右，也就是我们经文学和艺术所认知的希腊古典时代，这场灾难性的转变已经完成。其结果在古希腊神话中可见一斑。朱庇特（Jupiter）和宙斯（Zeus）等男性神祇成为天界诸神的首领。金布塔斯解释说："宙斯这位主要的男性神祇，是典型的印欧战士神的'后裔'。"

女神并没有完全消失，而是变得更具父权制的特征。金布塔斯写道："希腊女神……现在侍奉男性神祇"，以妻子和女儿的身份。古希腊文化保留了这些女神，但她们已经褪去了往日的光辉。金布塔斯认为，此时的她们屈从于强大的男性神祇，被情色化，有时变得更加柔弱。德克斯特告诉我："印欧人的女性雕像非常自然朴实，缺乏个性。"相比之下，"原住民的雕像常常是伟大的女神。阿芙洛狄忒（Aphrodite）、阿耳忒弥斯（Artemis）、雅典娜（Athena）都是伟大的女神。印欧文化中的每一位伟大的女神都属于原住民，并且拥有强大的力量，而随着

第三章 起源

时间的推移,她们的力量逐渐被削弱了"。

神界的故事反映的是人间的现实。随着古希腊神话中的女神被迫让位于男神,普通女性失去了权威。在古雅典,上层阶级的希腊女性被禁锢在家中,几乎从公共生活和知识生活中被驱逐。金布塔斯写道:"在希腊神话中,宙斯强奸了数百位女神和仙女,波塞冬(Poseidon)强奸了得墨忒耳(Demeter),哈迪斯(Hades)强奸了珀耳塞福涅(Persephone)。"这些发生在神界的强奸可能反映了在从母权制过渡到父权制的过程中,古欧洲普通女性所遭受的残酷待遇。

畅销书作家斯通在《天堂论文》中探讨了这一宗教主题,认为随着犹太教、基督教等一神教信仰的发展,女神逐渐被谴责为异教偶像,与自然崇拜、巫术和性放纵联系在了一起。在一些历史学家认为创作于公元前 900 年左右的《圣经·创世记》(The Bible's Book of Genesis)中,斯通读到了一则寓言。当夏娃因在伊甸园的过错而受到惩罚时,神告诉她:"你必恋慕你丈夫,他必管辖你。"这句话揭示了在父权制扎根社会的过程中,女性是如何被粗暴对待的。

从这个角度来看,金布塔斯等人提供的历史叙述似乎有一定道理,有一些事实是与之吻合的。如果说有什么问题,那就是这让人感觉太简化了。我们从自己的时代就可以了解到,社会变革很少会如此简单。在金布塔斯、艾斯勒和斯通讲述的故事中,几乎看不到反抗或反击，譬如 19 世纪到 20 世纪亚洲母系社会对殖民者强加给他们的性别规范的反抗。暴力真的是父权制传播的唯一工具吗？如果父权制是靠暴力入侵突然实现的，那这为什么还要花费数千年的时间？控制难道不是通过其他更精妙的方式发生的吗？而女性在其中有没有扮演任何角色？难道她们永远只是受害者，男性永远只是加害者吗？

关于女性历史性的失败，即使是小说家也写不出比这更戏剧性的宏大叙事：温柔、爱好艺术、崇拜女神的群体被崇尚军国主义、由父权统治、崇拜男性神祇的群体取代。许多人对此公开提出了质疑，曾在加泰土丘工作过的人类学家特林厄姆便是其中一位。她批评梅拉特和金布塔斯的故事建立在（在她看来）充其量都只是模棱两可的证据上。特林厄姆告诉我，她已经几乎不再使用或引用金布塔斯的作品了。

但是，特林厄姆也不认为金布塔斯在故意误导读者。"她是真的相信。"金布塔斯提出的不仅仅是一个考古学理论，更是一部完整的历史。她试图用最宏大的术语来解释父权制是如何在欧洲出现并扩散的。特林厄姆说："她重新解读了加泰土丘的材料。她的工作比梅拉特的更有力量，她将古欧洲社会定位为母系的、以女神为中心的社会，并表明它不仅发生了变化，而且被取代了。"

第三章 起　源

◇◇◇

已故文学教授、神话学家约瑟夫·坎贝尔（Joseph Campbell）曾说："我发现用神话的术语来思考对人们很有帮助。神话和梦境来自同一个地方；它们来自某种现实，然后在象征中找到表达。"

加利福尼亚州克莱蒙特研究生大学的宗教学者辛西娅·埃勒（Cynthia Eller）指出，不应该因为神话缺乏科学或物质方面的证据就认为它毫无价值。神话仍然可以作为我们看待希望和梦想的一个视角。她在《史前时代的母权神话》（*The Myth of Matriarchal Prehistory*）中探讨了西方女性在以基督教为主的国家里的现代女神崇拜现象。

虽然埃勒并不认为新石器时代存在母系社会和崇拜女神的社会，但是她承认，想象一个以女性为中心的过去是有意义的，无论其存在的可能性有多小。她说："我认为这是对厌女的一种回应，这一点我不想抛弃。我认为，对于在男性主导的或父权制社会中长大的女性来说，光是想象另一种充满活力的生活就很令人兴奋。"它帮助我们为可能性画下新的边界，正如宗教提供了同样缺乏事实根据，却具有启发性的寓言一样。我们重视这些寓言的教训及其激发的感受，尽管我们知道它们可能并不是真实的。

母权神话是一则现代神话。其起源能被追溯，因此它也比其他神话更容易被揭穿，但它仍然具有启发力量。埃勒说："有人接受这个故事，是因为它能鼓舞人心，而我真的觉得这样很棒。从这个角度来说，这很好，尤其是当你处在一个狭小的父权制框架之中时，它向你表明，选择可以如此广泛且如此不同。事实证明，它对许多女性主义者都有巨大意义，让她们感到有先例可循。"

这种对历史先例的需求，对建立另一种社会信仰的物质证据的需求，可能是共同的母系社会神话能够延续至今的原因之一。也许这恰恰反映了对一些人来说，想象一个更加公平的未来有多难。如果这段历史是真实的，那么它将直接反驳那些认为女性不能成为领导者，或性别平等不可能实现的性别歧视者。这也是玛蒂尔达·乔斯琳·盖奇等19世纪的女性运动家对母系社会如此感兴趣的原因之一。不过，在埃勒看来，虽然这个神话可能会令人感到欣慰，但是在它的证据含糊不清，或者像一些学者在谈到金布塔斯的作品时所认为的根本不存在的情况下，还是不能将其视为绝对真实的。

埃勒说："我的问题是，你不能假装这就是历史，然后根据这段有缺陷的历史来制订应如何改变世界的计划。"她又说，那些坚持认为史前社会以女性为中心、崇拜女神的女性有她们自己的理由。虽然一些人乐于接受这可能并不是基于事实的，但是"那些想以某种方式改造世界，因而出于政治原因接受了这种叙事的人，更难以放弃它真实存在过的想法。如果你剥夺了它的历

第三章 起 源

史真实性，就等于剥夺了她们的核心"。如果母系社会在史前时代并未存在过，那么她们对女性可以在未来真正掌握权力的信心就会动摇。

神话令人不安的另一点在于，它与一种特定的性别信仰相联系的方式。埃勒解释说，西方很多关于女神崇拜的文学作品喜欢强调女性与自然有更紧密的联系，而男性则是自然的破坏者，进而也是女性的破坏者。男性和女性被构建为对立的双方，或者可能互补的彼此，但从未被认为是可能拥有重叠特征的多样个体。西方的女神崇拜神话几乎没有提到过嗜血、暴力的女神，如印度教的迦梨女神，她可是被描绘为杀死恶魔并将其头颅挂在脖子上的形象。相反，女性主导社会的力量源于女性拥有男性没有的美德，而男性则拥有女性没有的暴力天性。

例如，艾斯勒在《圣杯与剑》中将女性的"圣杯"与男性的"剑"对立起来，女性被比作象征丰饶的杯子，是"生命之源，拥有自然的生育、养育与创造的力量"。她将史前时代崇拜女神的社会描述为爱好和平的、反对战争的、和谐的，暗示当今社会由女性主导将更好，因为女性天生能促进和平与平等。艾斯勒甚至一度认为，金布塔斯所描述的以男性为主的、讲着印欧语的入侵者，既奴役女性，也奴役"更温和、更'女性化'的男性"。她的解释基于某种性别刻板印象。

埃勒说："我的确认为这极大地影响了西方女性主义者所钟

爱的那种神话和故事，它们基本上是很僵化的二元对立。"19世纪的美国女性运动家，如盖奇和斯坦顿，也"以女性和男性的差异为依据进行分析"，认为女性特质"只会比男性特质更好。在建立新的社会秩序时，女性统治是道德上更好的选择"。

美国性别理论家朱迪斯·巴特勒（Judith Butler）认为，史前时代存在母系社会的信念往往忽视了性别差异的真实复杂性，而倾向于以过度简化的方式描述女性及其经历。这些信念将全世界的女性都压缩进一种狭隘的女性定义，当发现个体并不总是符合这种定义时，一种令人不适的紧张感便由是产生。其他女性主义学者同样不厌其烦地指出，这种性别本质论忽视了女性也可以残忍、威逼和暴虐，男性同样可以有养育与创造的力量。巴特勒认为，"女性主义者需要谨慎地对待想象的过去"。我们所定义的"男性气质"或"女性气质"是由社会和文化力量塑造的。我们没有理由认为，生活在几千年前完全不同的社会中的人们的性别观念，与19世纪的性别观念相似。

但是，埃勒指出，每一波女性主义浪潮都会制造自己的"女性特殊性"的观念。这在女性价值被低估的社会中是很好理解的，它是一种重新获得自豪感和自信心的方式。对于某些人来说，它已经成为一种为女性赋权的语言工具。但当"女性特殊性"的观念被证明是另一种束缚——以严格的、武断的方式定义"女性特质"，使女性远离那些被视为"男性特质"的品质，问

第三章 起　源

题就出现了。毕竟，"母神"背后的原型是辛苦养育后代的无私女性，她们的主要职责是生育和照顾他人，而这份期望并不适合所有女性，对许多女性来说是一种负担。

◇◇◇

对金布塔斯的怀疑在不断增加。她的作品在女性运动家、女神崇拜者和新时代信徒中越流行，她在学术界的声誉就越低。

有人怀疑金布塔斯的研究建立在愿望而非现实的基础上。美国斯坦福大学的考古与人类学家林恩·梅斯克尔（Lynn Meskell）在研究过加泰土丘的女性雕像后指出，金布塔斯的理论是围绕着读者的期望构建的。它们"反映了当代人对追求乌托邦社会的理想化创造"，透露了人们的内心希望找到一个不存在父权制的过去。梅斯克尔认为，人们之所以对史前时代的女神感兴趣，不仅仅是出于学术原因，还源自"渴望纠正数千年的厌女症和女性边缘化造成的后果"。

不过，梅斯克尔对金布塔斯的态度比其他一些人更为宽容。在金布塔斯生命的最后几年及她去世后，越来越多的批评家加入批评她的行列，认为她的理论不过是女性主义者的童话。德克斯特说："许多完全不了解情况的人也跟风批评金布塔斯。许多人至今还在写文章批评她、嘲笑她，嘲笑我们这些仍在书写古代女性形象的人。"

金布塔斯最大的问题在于,她对考古和神话证据的解读过于宽泛。她写道,女神"象征着生命、死亡与复活的每个阶段"。她从水的符号中发现了水分与女神赋予生命的力量之间的联系,从废墟中出土的谷物种子中看到了子宫里孕育的新生命,从牛头和牛角中看到了子宫和输卵管,从三角形的标记中看到了女性的外阴,还从阴茎形状的石头中看到了女神,并将其解释为男性力量与女神的结合。女性主义历史学家卡萝尔·帕特里斯·克赖斯特(Carol Patrice Christ)曾经评论道,金布塔斯将女神视为"鸟和 V 形图案,字母 V、水和蜿蜒的溪流,字母 M,曲线和水鸟,乳房和眼睛,嘴和喙,纺纱者、金属工匠和作乐者,公羊,网,'三'的力量,外阴和生育者,鹿和熊,蛇"。她还可以继续。

虽然一些人为此而钦佩金布塔斯,但这只会让其他人更难以认真地对待她的研究。一名美国男性考古学家告诉我,他认为金布塔斯的作品是一系列为大众消费设计的"快餐书",而不是真正的学术著作。导游兼作家埃尔盖内尔承认,虽然金布塔斯对安纳托利亚女神的描述让他着迷,但他也觉得这种描述有局限性。他说,"确实有很多女神",但是,有些人"认为一切事物,一切古老的、有历史意义的东西都跟女神有关系"。

一些人愈发尖锐地反对金布塔斯。1999 年,加利福尼亚州立大学古典学教授布鲁斯·桑顿(Bruce Thornton)发表了一篇尖

第三章 起　源

酸刻薄的文章，称金布塔斯的研究充满了"异想天开的解释和缺乏证据的过度推测……是一座由预设的立场、牵强的辩护、未经仔细验证的假设和自圆其说构成的摇摇欲坠的大厦"。他不仅将矛头对准女神崇拜者，也对准了女性主义者和女性研究学者，因为她们信奉的理论"充其量是宗教性的，最坏则是反理性的"。桑顿最后说，在他看来，自由主义和理性主义的启蒙传统改善了女性的生活，而转向支持史前时代女神神话，或声称神话中的过去对女性更好，则是"虚伪和忘恩负义"。

因此，金布塔斯不仅是错误的，还"不知感恩"。

人们很容易忘记，金布塔斯并不是第一个对母系社会的历史进行推测的学者。梅拉特在20世纪60年代有意识地重启了母系社会的神话。而在他之前，巴霍芬、摩尔根和恩格斯已经讨论过这个主题。在考古学和人类学的历史上，男性学者曾无数次假设史前时代的社会是严格的父权制社会，其中一些假设同样没有被证实。但是，他们可没有像金布塔斯那样轻易地沦为被嘲笑的对象。

我问德克斯特，是什么刺激了金布塔斯的众多批评者。她回答说，其中一小部分人纯粹是因为对她所写内容的含义感到不安。德克斯特说："是恐惧，对神圣女性的恐惧。他们不相信世界上存在着不以男性为中心的宗教。"金布塔斯提出的挑战，远非一件古老陶器上的V形标记是否真的指向女性的外阴。她迫使

父　权：男性统治的伊始与终结

学者们认真思考一种可能性，即欧洲社会可能同时崇拜女性和男性，男性统治可能并不是人类社会一开始就存在的事实。

加利福尼亚整合研究学院的宗教与女性灵性教授玛拉·林恩·凯勒（Mara Lynn Keller）写道，学术界一直理所当然地认为，男性从一开始就比女性拥有更多的权力。"金布塔斯从根本上挑战了既定观念，包括欧洲文化始终由男性主导，'历史'是文明的，'史前史'则不是。"凯勒认为，从艺术、美学和性别平衡的标准来看，"古欧洲"实际上可以被认为是"一个真正的文明"，如金布塔斯认为的，它某些方面或许比今天的社会更加文明。但西方思想家并没有受过这样理解进步与现代性的训练。传统观点会认为现代要比过去好。

金布塔斯的遗产仍然争议重重。但是，今天的考古学家们都认可她看待证据时试图采用的女性视角，而在她之前的考古学领域，性别通常是被忽视的。无论她研究的女性雕像究竟是什么（即使它们并不是女神，而是普通人），这些物件都要求我们思考史前时代的性别问题。只要加泰土丘的"坐着的女人"雕像不耻于自己的年龄和身体，自信地坐在安卡拉的安纳托利亚文明博物馆的玻璃柜里，双手稳稳地放在身旁的两只动物身上，那么女性就不能被视为被动或没有权力。

我们将永远追问，那个女人是谁。

第三章 起源

◇◇◇

像许多参观加泰土丘的游客一样,我也想在那里找到意义,让遗迹对我讲述。这是一种挣扎。我像其他人一样,首先把自己看到的,同已经了解的文化联系起来。墙上的牛角是狩猎的战利品吗?这些人是否也像印度的帕西人(Parsi)一样,会将死者留在外面,让猛禽吃掉?他们祭祀祖先的传统方式是否与墨西哥人相同?过了一会儿,我意识到,试图破译一个社会——比我所知道的其他任何一个社会都早数千年——有多么困难。我可能会发现一些偶然的相似之处,但它们之间应该没有任何关系。

当我以这种方式体验历史,当我走在房屋的废墟中,看着居民破碎的物品时,宏大叙事消解了。我们只知道,住在这里的是普通人,他们和我们一样,试图为这个世界赋予意义;我甚至可以大胆地想象,他们的梦想是什么。

女性主义考古学是 20 世纪 80 年代兴起的一种研究方法,在当时,考古学家已经意识到,有必要更细致地思考性别问题。这成为人类学家特林厄姆职业生涯的转折点。在那之前,她认为史前时代的人类只是"面目模糊地行事的一群人",他们没有故事,没有背景,没有个性,考古学被宏大的历史叙事主导。但是,随着一些女性主义者开始追问这些人究竟是谁,开始研究他们的生活轨迹,思考过去的新方式逐渐明朗了。特林厄姆对梅拉特和金布塔斯勾画的大图景越来越不感兴趣，从而转向了更细微的个人生活。

特林厄姆解释说："正是女性主义的视角使从微小尺度思考考古学和史前史变得真正合理了。就我而言，这意味着能把史前时代的人们，把我挖掘的建筑中的居民，当作真实的和活生生的人，当作有思想、有情感的人。"也就是说，要设身处地地站在他们的角度思考。"他们可以是任何性别、任何年龄，人人都是不同的。这些家庭是由真实的人，或者说想象中的真实的人组成的，他们形形色色。"

于是，简单的物品和住所可以有多种解读方式。特林厄姆告诉我："考古学不会给你一幅真实的图画，它提供的是一幅需要你去解读的图画。解读的方式实际上取决于你的想象力有多宽广……你的想象力从何而来？你用什么搭建一个场景？"譬如，你看到的是一个用来储存食物的罐子，还是一个重要的骨灰瓮？"一旦涉及人、社会行为、社会关系等，你就必须能够同时考虑不同类型的场景和不同类型的解释。"

我们越深入过去，就越需要保持开放的头脑。纽约市立大学的历史学家埃伦·贝尔彻（Ellen Belcher）在分析公元前5000年左右安纳托利亚的哈拉夫文化和美索不达米亚北部的雕像时，曾质疑这些女性雕像是否真的旨在表现女性特征。哈拉夫的雕像最引人注目的地方是其夸张的身体部位，尤其是臀部、乳房和生殖

第三章 起 源

器。但贝尔彻指出，这些雕像上的乳腺和阴毛是人类共有的，并不仅存在于女性身上。它们可能根本不是为了表示性别，而只是为了在一个与动物有紧密联系的社会中标记出人类。

贝尔彻发现，她分析的雕像中有一半以上性别特征暧昧或完全不存在。她写道："这些雕像提供了更微妙地表现性别差异的视角，它们有时表现为双性特征，如男性雕像和女性雕像都有乳房，有时差异又表现得过于明显，如夸张的乳房或阴部。"显然，"性别的表现形式在模糊和明显之间游移"。

千差万别的女性雕像都被贴上"女神"或"生育象征"的标签，仿佛所有雕像都是出于同样的原因制作的。但实际上，我们对这些雕像在新石器时代的用途或制作者知之甚少。它们可能是玩具、装饰品，也可能是身份或地位的标志。它们或许同时具有多种功能。贝尔彻注意到，雕像有时会被粗暴处理，然后可能会和垃圾一起被丢弃。它们并不总是珍贵或神圣的。

人类学家凯利·海斯-吉尔平（Kelley Hays-Gilpin）写道："最近的研究表明，过去的性别意识形态要复杂和多样得多，有多种表现女性力量的模式，不仅有养育和母性的，也包括破坏性的，或者只是模棱两可的表达。"她认为，人们在研究历史时，全盘接受了关于性和性别的二元思维。"在许多时期（如欧洲冰河时期），很多地方发现的大多数雕像，没有任何性别特征（当然其中一些肯定是男性），这样的事实表明，基于这些数据，将当代女性的本质或理想形象投射到过去是错误的。"

  在科尼亚和安卡拉的考古博物馆中，我们可以看到这些现代观念是如何被投射到过去的。模糊的人形雕像被明确标注为"男性"或"女性"。我们很难知道这些判断是如何做出的，也不知道为什么策展人觉得有必要把这样的信息写在第一行。在一间展厅里，我看到了新石器时代的男人冶炼矿石、提取金属的雕像。在另一间展厅里，我看到一个展现女人把谷物磨成面粉的模型。但是没有证据证明，像这样的劳动密集型工作是按性别划分的。学术文献也存在明显的偏见，不止一名男性学者用"肥胖"来形容加泰土丘的"坐着的女人"雕像。干扰我们对史前史理解的不仅仅有母权神话，还有现代的刻板印象。

  完全抛开我们的假设几乎是不可能的，我们都被自己的偏见束缚。女性主义考古学的工作进展可能很慢，但比起专家们过去采用的一刀切的方法，它更细致入微。它要求考古学家放弃确定性，接受模糊性。它承认这样的事实——即使在一个为强势文化主导的村庄，个体也可能以不同的方式生活，就像现在的人们一样。它迫使我们思考，我们今天认为的理所当然的社会规范在1万年前是否也是如此。

第三章 起　源

◇◇◇

具有讽刺意味的是，尽管考古学家梅拉特凭直觉认为加泰土丘是一个以女性为中心、崇拜女神的社区，但当20世纪60年代他开始在这里发掘时，其首先注意到的是，加泰土丘的人们在饮食、健康和墓葬方面缺乏性别化的模式。这一点非常重要，因为这类证据通常可以表明，男性和女性在生活方式或社会待遇方面存在不同。如果一个群体的地位高于另一个群体，你便能想象前者吃得更好、更多，身体更强壮，墓葬也更精致。但在加泰土丘，考古学家并没有看到这样的情况。

一个合理的结论是，这个定居点既不是女性主导的，也不是男性主导的。对于生活在这里的人们来说，性别可能并不是一个大问题。

斯坦福大学的考古学家伊恩·霍德说："确凿的科学证据是，如果你检查从骨骼和坟墓中获取的关于男女饮食习惯的信息，你会发现基本上是相同的。"霍德是加泰土丘研究项目的负责人，他与包括特林厄姆在内的其他研究人员一起工作到了2018年。他或许比任何人都更了解这个定居点。他在2004年为《科学美国人》撰写的一篇文章中指出，"几乎没有迹象表明有专门的性别分工，也没有迹象表明日常生活是高度性别化的"。在他看来，这表明性别对社会角色的影响并不大。霍德在大约10年后发表的另一篇论文中更加肯定地说，加泰土丘的社会是一个"相当平等的社会"，至少在某些时段内是这样的。

霍德说："在考古学家挖掘的大部分遗址中，你会发现男性和女性因为生活方式不同，食物不同，最终形成了不同的饮食习惯。但是在加泰土丘，则完全看不到这样的情况。他们有着相同的饮食习惯。"对人类遗骸进行的其他生物学测量结果同样显示没有差异。例如，霍德的研究小组发现，男性和女性的肋骨上都有烟灰，这很可能是室内烤炉和盒状房屋通风不良造成的。这表明男性在室外的时间并不比女性多。此外，虽然男性的平均身高高于女性，但是他们之间的体型差距很小。骨骼的磨损情况是另一个显示人们可能从事不同类型的工作的指标，但是加泰土丘的男性和女性的骨骼磨损程度几乎相同。

霍德还表示，研究人员注意到的一个差异是随葬的珠子数量不同，"女性随葬的珠子通常比男性多。但其他方面都是一样的"。

英国爱丁堡大学的考古学家黛安娜·博尔杰（Diane Bolger）认为，我们需要重新调整关于史前社会中男性角色和女性角色被明确区分的固有看法。加泰土丘的例子表明，"当展开调查，而不是根据先入为主的观念假设性别角色时，得到的结果很可能与简单的二元模式相矛盾"。在他们的社会中，性别角色可能并不像现代社会那样明确。

第三章 起　源

不过，这并不是该领域专家一贯的工作方式。英国布拉德福德大学研究死亡与墓葬的考古学家卡琳娜·克劳彻（Karina Croucher）解释说："分析墓葬和骨骼证据时，你总是要先考虑那是男性还是女性，或者不能确定。如果不这么做，而是从其他特征入手，我们会发现不同的模式吗？很难说，因为没有人这么做过。我们总是从男性和女性入手。"这是一个积重难返的习惯。"这在一定程度上与发掘者有关。在很多时候，这仍然是一种殖民追求。"而欧洲殖民者的观念基于一种根深蒂固的二元性别等级制度。"我们往往需要将事物简单归类。当摆脱这种限制时，考古的记录就会变得更有意义。"

研究人员在研究加泰土丘的人类遗骸的过程中，还意外地发现，住在同一间屋子里的人并不总是有血缘关系。霍德告诉我："实际上，父母抚养自己孩子的情况很少见。孩子们并不是和他们的亲生父母一起长大的，他们会被送给别人或寄养。因此，整个社区就是一个大家庭，所有的子女们都混住在一起。"一些专家认为，加泰土丘的人们对亲属关系的理解不仅仅局限于血缘关系，可能要更灵活。住宅可能是根据他们做的工作（如种植庄稼或照料动物），或宗教和文化的差异划分的。霍德说："这难以想象的复杂。作为个体，你如何定位其中，是非常多样化的。"

特林厄姆补充说，加泰土丘甚至可能并不像梅拉特最初认为的那样，是一座城市。证据表明，这里居住着数千名居民，他们作为农民和狩猎采集者独立活动。特林厄姆说:"梅拉特无法想象这是一座普通的村庄。他无法想象。在20世纪60年代,很少有人能够想到,狩猎采集者会有如此丰富的认知实践与社会关系,因此他们仓促地回到了最熟悉的结论上。"不过,这个定居点虽然规模很大,且结构复杂,但是在许多方面仍然与村庄相似。这或许证明了,复杂社会并非通过单一的模式形成。"即使只是小农,也会创造美丽的家园。"

然而,这也并不意味着人们生活在完美的和谐中。或许没有证据表明存在性别等级制度,但有证据显示,这里的居民之间存在着紧张关系和暴力行为。他们的社会是一个不断与自身对话的社会。霍德解释说:"我认为,我们在加泰土丘看到的是,变革的动机是内部出现了冲突、矛盾和问题。我们可以通过这个过程看到,压力逐渐积累,关系紧张程度逐渐加剧,人口密度逐渐增加,人们身体的损伤逐渐严重,坏事开始发生。这些最终促使人们寻找解决方案,使社会朝着稍微不同的方向发展。"

霍德开始认为,这个社区为居民的家庭生活提供了相当大的自由。没有什么是一成不变的。他补充说,到20年前,考古学家才开始重视这种巨大的社会多样性。

虽然在加泰土丘和安纳托利亚的一些古代遗址中出土了大量女性雕像,但是离得较近的其他新石器时代遗址中却没有这样的发现。我在参观加泰土丘以东、靠近叙利亚边境的格贝克利泰

第三章 起源

佩（Göbekli Tepe）时，看到巨大的石柱上雕刻着美丽的动物图案，其中只有一个是明显的女性形象，而且就连这唯一的一个也像是涂鸦。一些专家认为，这些石头的形状与男性生殖器相仿，因此说明这里可能是成年男人和男孩们聚集的地方。格贝克利泰佩比加泰土丘早大约2000年。如果说这证明了什么的话，那就是在史前时代，人类的生活方式没有明显的规则。

在霍德看来，加泰土丘著名的"坐着的女人"雕像并不是女神。他和我一样，看到的是"一个产后妇女的强大的形象。她有下垂的乳房、腹部和臀部。我的意思是，这是一位非常骄傲的成熟女性"。这个雕像看起来也不像其他象征生殖的雕像。"它与生殖和性无关。其中没有母性，也没有'女神的特质'。女神不会有这样的待遇。"

加泰土丘的新房子建在旧房子房顶，考古学家于是能够看到随时间发生的变化。霍德补充说，这确实暗示，该定居点可能已经从一个无性别的社会，转变为一个年长女性作为家庭的象征或代表而具有重要地位的社会。如果这是真的，那么这位"坐着的女人"可能是她家庭中一个备受尊敬的人物。在更大的社区中，她可能也是如此。

"坐着的女人"是否真的是一位女神，首先取决于新石器时代加泰土丘的居民如何看待神明。这是一个复杂的问题。埃勒说："这涉及西方基督教对宗教功能的理解。"在严格的男性一神教传统中长大的人可能会认为，唯一可能的替代选项是一位一神教的女神。"他们想象，如果你拥有一座女性塑像，那她就是一位女神，女神控制着一切，她威严、仁慈，孕育了整个宇宙。"但实际上，这"与我们所知的崇拜女神的宗教，也就是大多数宗教相去甚远"。

例如，印度教有许多神明和女神。但许多印度教徒也崇拜物品和真实的人，后者包括政治家和电影明星。信仰可以变化，而且与其他传统相比，神圣与世俗的区分并没有那么严格。我的中间名"Devi"意为"女神"，经常被女性使用，有时代替她们的家族姓氏，以示尊敬。即使"坐着的女人"不是女神，她也很可能是一位"Devi"。

但是，我再次发现，我把自己的文化经历投射到了我所看到的事物上。

关于加泰土丘，只有几个事情是没有争议的。这个定居点可能不是严格的父系社会，但也不是明显的母系社会。在一座坟墓里，一名被埋葬的女性紧紧抱着另一个人的头骨。考古学家认为，被以这种特殊方式处理的头骨很可能来自社区中的某个重要人物。迄今为止所发掘出的这样的头骨，既有男性的，也有女性的。霍德告诉我："因此，女性被排除在政治进程之外的说法是毫无依据的。"墓葬的发掘结果也显示，没有明确的证据表明，祖先的血统只能通过一种性别来传承。这意味着加泰土丘可能既

第三章 起　源

不是母系社会，也不是父系社会。

霍德总结说："我认为，他们基本上不关心性别，性别可能是非常灵活、多变和没有严格分类的。"他的用词或许也反映了当今的政治观念。"大多数时候，他们一起工作，一起做饭，一起在田间劳作，一起制作工具。我们没有发现明显的分类差异。"

◇◇◇

2003年，人类学家凯瑟琳·朗特里（Kathryn Rountree）在恰塔霍裕金（Çatalhöyükin）工作时，发现了一件有趣的事情。

一个团队刚刚发现了一个用浅绿色石头雕刻而成的小巧的女性雕像。当时，至少在公开场合，专家们普遍将新石器时代的社会是母系社会，或当时的人一定崇拜女神的理论视作无稽之谈。严肃的学者自认为很理性，不会被这些神话迷惑。不过，朗特里注意到，当研究人员发现这个珍贵的雕像时，他们立刻开始称呼其为"母神"。一位专家在用显微镜观察这个雕像时，真挚地感叹道："我触摸到了女神！"

神话或许总是先于真相。不管考古学家们是否承认，正是女神的传说吸引了他们中的一些人来到这个定居点。

当我准备离开干燥平坦的科尼亚平原时，我又想到了金布塔斯。她在1994年去世之前，做了一件女性考古学家很少能做到的事情。她毫无歉意地写下了自己的宏大叙事。通过搜集女性雕像、民间传说和语言学证据并加以分析，她构建了一部大胆而全面的历史叙事。直到最后，她都坚持自己的信念，即欧洲和亚洲的部分地区曾经是以女性为中心、崇拜女神的文化的故乡，直到大约5000年到6000年前，来自欧亚草原的暴力战士文化涌入并颠覆了这一切。她和她的追随者认为，这些"库尔干人"，或者说古印欧入侵者，就是父权制的始祖。

金布塔斯的理论或许曾遭到她以前的同事们的嘲弄，并且其本人也被排挤到考古研究的边缘，但当我问德克斯特，金布塔斯如何看待针对她的批评时，德克斯特说："玛丽亚并没有太在意……她说20年后，他们会改变看法的。她只说了这么多。"

站在加泰土丘尚未发掘的部分，我知道脚下还有很多东西等待着被发现。这令人沮丧，也令人兴奋。世界上很少有哪个地方能够像这里一样，挑战我们对人性的信念。这个定居点的组织方式迫使我们重新思考早期社会是如何演变的。新石器时代的社会关系似乎没有单一的模式。男性统治和女性统治似乎都没有成为常态。

因此，关于父权制之谜的拼图仍然有一块是缺失的。无论9000年前这里的人们过着什么样的生活，我们都知道，几千年后这个地区的社会进入了青铜时代，它逐渐被有权势的精英男性主

第三章 起源

宰。针对各阶层女性的规则变得更加严格。工作逐渐开始按性别划分。社会不平等和阶级出现了。父系继承和随父而居最终成为常态。但我们仍然不知道，是怎样的情况导致了这些剧烈变化的发生。

不过，最近出现的新证据有可能解开这个谜团。故事正是在这里发生了惊人的转折。这些新发现与金布塔斯最初提出的宏大理论的部分内容相吻合。在金布塔斯去世大约20年后，以往一些批评她的人不得不重新审视她的工作。虽然目前仍无法证明，史前时代的社会是母权的或崇拜女神的，但一些人不得不承认，在关于父权制的习俗和社会结构如何扩散的问题上，金布塔斯确实触及了关键点。

人们的想法确实改变了，正如金布塔斯预料的那样。

第四章
毁 灭

为了精通，拆解与组装同样重要。

——《建筑师的学徒》（*The Architect's Apprentice*），2013年

艾丽芙·沙法克（Elif Shafak）

"这起谋杀是在整个社会的眼皮底下发生的。"土耳其女性运动家菲丹·阿塔塞利姆（Fidan Ataselim）告诉我。她是妇女权益保护组织"我们将阻止谋杀女性"平台的创始人之一。

阿塔塞利姆提到的谋杀发生在距离土耳其首都安卡拉大约50千米的地方。2019年8月，38岁的埃米内·布卢特（Emine Bulut）去咖啡馆见她的前夫。双方发生争吵，后者刺伤了她的脖子，然后乘出租车逃走。接下来发生的事情被摄像头拍了下来，并通过社交媒体广泛传播，引发了土耳其全国的震动。这一次，人们无法移开视线。从摄像头拍下的视频中可以看到，布卢特10岁的女儿摇摇晃晃地祈求着母亲活下来。布卢特则哭喊道："我

父　权：男性统治的伊始与终结

不想死！"

据"我们将阻止谋杀女性"平台估计，2019年截至布卢特遇害时，土耳其已有245名妇女被杀，其中大多数是被伴侣或其他亲属杀害的。到年底，受害者的数字上升到474。布卢特的前夫在庭审中被判无期徒刑，抗议者们则在法院外高喊布卢特的临终遗言："我们不想死！"

与大多数国家一样，土耳其的自由派与保守派之间的对抗也很激烈。20世纪，土耳其共和国为打破奥斯曼帝国的旧传统，推行了一系列改革，其中便包括妇女解放。1884年出生的土耳其著名小说家哈莉黛·埃迪布（Halide Edib），是土耳其独立运动的关键人物，她为提高女性地位而斗争。1934年，土耳其女性获得了选举权，比法国、意大利和瑞士还早。伊斯坦布尔的一座机场以1913年出生的萨比哈·格克琴（Sabiha Gökçen）命名，她是世界上第一位女性战斗机飞行员。但是，阻力始终存在。阿塔塞利姆解释说，如今，随着越来越多的女性工作、离婚，突破传统的性别角色，男性发现"他们所有的特权和统治手段都消失了"。

2016年，土耳其总统雷杰普·塔伊普·埃尔多安（Recep Tayyip Erdoğan）宣布，将事业置于母职和家务之上的女性是"残缺"和"不完整"的。他此前曾评论说："你不能把女人和男人放在平等的地位上。这是违背自然规律的。"在布卢特被谋杀后

第四章 毁 灭

的第二年，埃尔多安政府警告说，土耳其可能会退出反家庭暴力和性别歧视的《伊斯坦布尔公约》（The Istanbul Convention）。又过了一年，土耳其就成为第一个退出该公约的国家。

阿塔塞利姆继续说道："土耳其与世界其他国家一样，是一个父权社会。父权制作为一种根深蒂固的制度维系着自身。"她的同事梅莱克·恩代尔（Melek Önder）也跟我说了相同的话："也许我们还有很长的路要走，但历史一直如此。"

当针对女性的暴力普遍存在，来之不易的权利岌岌可危，男权的控制似乎难以动摇时，情况看起来会让人感到绝望。政治领袖在打压女性权利时通常会援引"传统"和"自然"，声称情况一直是这样的，所以也应该继续保持。但是，历史讲述了一个不同的故事。毕竟，加泰土丘就在这个国家的疆域里，数千年前，那里的人们很可能不分性别地共同生活和工作。一个社会遵循的规范是被构建出来的，是人为的。

在远古时期，女性并没有失去权利和自由。就像在当今社会一样，它必然是被剥夺的。

◇◇◇

已故美国历史学家大卫·洛温塔尔（David Lowenthal）写道："历史是千变万化的。它是什么，人们认为它应该是什么，以及它如何被讲述和倾听，都因时间、地点和人物而有所不同。"

对我们现在所说的父权制之起源的解释，往往是粗枝大叶的概括。每个人都想要明确的答案。洛温塔尔说："历史和记忆一样，会被混淆、夸大、删减。"所谓"关键或独特的事物是被强调和放大的"。例如，一些评论家认为，出现性别不平等的单一转折点是农业。许多人认为性别不平等出现在人类开始拥有财产的时候。还有人把责任完全归于宗教。即使到了今天，仍有少数人固执地认为，男性是天生就拥有主导地位的。这些宏大、笼统的叙述就像岩石的缝隙一样，深深渗透于世界上一些最著名的历史学家、哲学家和科学家的著作中。

金布塔斯也不例外。她的追随者被她的宏大叙事吸引，她描述了古欧洲以女性为中心的、崇拜女神的和平社会的衰亡，取而代之的是来自里海和黑海以北广袤草原（从今天的乌克兰一直到蒙古高原）的暴力的父权部落。

她的批评者们不这么认为，至少有一段时间是这样的。有影响力的英国考古学家科林·伦弗鲁（Colin Renfrew）最初对金布塔斯的论点持怀疑态度，但后来改变了看法。他说："我认为，她的许多观点最近都得到了很好的证明。"这并不是说她的宏大叙事在方方面面都是正确的，但其中的一些片段经得起检验。"总体而言，我认为她的观点现在看来相当有说服力，许多看法是合理的。"随着支持她部分理论的有力证据浮出水面，一些人

第四章 毁 灭

开始怀疑，金布塔斯是否真的像人们认为的那样，是一位边缘思想家。

这种转变并非源自令人兴奋的考古新发现，而是由于生物学上的一系列突破。1984年，加利福尼亚大学伯克利分校的科学家成功地从一家博物馆的一件保存了140年的伯切尔氏斑马样本中，提取并复制了DNA片段，这是南非的一种已经灭绝的马，其身体前半部分有像斑马一样的条纹。他们的成果表明，从逻辑上讲，只要付出足够多的努力，研究死亡已久的生物的标本的完整基因组是可行的。

在研究了其他已灭绝生物的遗骸后不久，科学家转向研究人类。20世纪90年代中期，科学家开始研究大约4万年前消失的尼安德特人。2005年，包括科林·伦弗鲁在内的一个研究小组报告说，他们从生活在7500年前的新石器时代的农民身上提取到了遗传物质。

瑞典哥德堡大学的考古学家克里斯蒂安·克里斯蒂安森（Kristian Kristiansen）告诉我："这彻底颠覆了史前史。"他解释说，生物学世界和考古学世界发生了碰撞。"这是一场革命"，会给历史研究带来深刻的新见解。克里斯蒂安森是最早投身于这个趋势的人之一，他立即与遗传学家合作，发表了相关论文。

基因听起来似乎是确凿的证据，但犯错的空间仍然很大。研究人员需要在历史学、考古学和其他来源之已有知识的基础上，对基因数据进行有技巧的解读。不过,克里斯蒂安森认为,科学家们可以利用古 DNA 来描绘人类从史前时代到现代的迁徙图景。具体的方法是比较不同时间点的骸骨的 DNA,再将这些样本与现代人群的 DNA 进行比较。通过这种方式,他们可以着手判断,如几千年前生活在欧洲新石器时代的农民是否与现代的一些欧洲人有血缘关系,就像 DNA 检测可以判断家庭成员是否有血缘关系一样。

伦弗鲁说:"DNA 当然不会透露语言形式的信息,但是它确实能说明人口、变化和迁徙。我非常信任 DNA 证据。"

这种生物学方法让人们重新对金布塔斯和她的父权制兴起理论产生了兴趣。金布塔斯追随 20 世纪初澳大利亚考古学家维尔·戈登·蔡尔德(Vere Gordon Childe)的思想,指出库尔干文化的古印欧人可能从欧亚大草原迁移到了"古欧洲",这标志着该地区文化上向男性统治的重要转变。问题在于,没有人能够确定她说的迁徙是否真的发生过。几十年来,这一直是考古学家激烈争论的话题。

现在,古 DNA 的残余物表明,迁徙很可能真的发生过。在大约 4500 年前,也就是新石器时代末期到青铜时代早期,大群被认为起源于大草原、讲某种早期印欧语的人可能迁移到了欧洲部分地区。这大致是英国巨石阵建造的最后阶段。这个时间并不像金布塔斯预测的那么早,但确实支持她的理论框架。

第四章 毁 灭

伦弗鲁说:"我认为,目前的DNA证据确实指向了来自东方的大迁徙。虽然这次迁移的确切起源地尚待讨论,但是我认为,很明显有一次自东向西的大迁徙将印欧语带入欧洲(东部地区),然后又带到了西欧。"

基因证据还表明,这些来自东方的迁徙者与沿途遇到的农民和狩猎采集者混居在一起,并最终在数量上超过了本地人口。根据2015年发表在《自然》(Nature)的一篇论文,一项大型研究发现,现今许多拥有欧洲血统的人,尤其是家族起源于德国和英国的人,与这些早期迁徙者有一些共同的祖先。遗传学家在拥有印度血统的现代人身上也发现了类似的联系,不过据估计,向南亚的迁徙可能发生得更晚,大约在公元前1500年到前1200年间。伦弗鲁说:"总的来说,这在很大程度上支持了金布塔斯所提出的观点。"

专家们开始扪心自问,她还有什么可能是对的。美国哈佛大学遗传学家大卫·赖克(David Reich)是古DNA研究领域的名人,他在2018年出版的《人类起源的故事:我们是谁,我们从哪里来》(Who We Are and How We Got Here: Ancient DNA and the New Science of the Human Past)一书中写道,来自欧亚草原的移民拥有"明显以男性为中心的、崇尚暴力的文化",这与金布塔斯的理论几乎完全一致。赖克认为,他们可能为放牧牲畜而在欧洲北部砍伐了大片森林,以使这里的景观与他们离开的草原相似。他认为，就本质而言，他们试图将欧洲重塑为自己熟悉的草原。其他遗传学家将这场迁徙称为"大迁徙"（Massive Migration）。

伦弗鲁则更加谨慎。他说："或许把它看作一个过程而不是一次迁徙要更合适，我会说这个过程可能持续了几个世纪。我认为，并不是许多人突然间拥入，它更像是经济上的变化。"不过，数据揭示的人口迁徙的规模让他感到惊讶。他补充说："这不是融合，而是取代。"他甚至认为，金布塔斯所认为的"古欧洲"社会在这次"取代"发生前，以女性为中心并崇拜女神的观点可能一直是正确的。伦弗鲁告诉我："我们很难知道当时人们的想法，但毫无疑问，在公元前3500年之前的古欧洲时期，东南欧文化中确实存在着大量男神和女神，而且主要是女神。玛丽亚在强调即将到来的新社会的父权性质时，强调的就是这个。"

对维护了金布塔斯几十年的德克斯特来说，这正是她等待已久的证据。她告诉我："我不得不说，几年前DNA证据的出现令我非常高兴。这太重要了。对于我来说，它非常重要，因为我们真的知道了印欧人是谁，他们在扩张之前居住在哪里，什么人进行了扩张，他们有什么特征，有怎样的世界观。"在德克斯特看来，这些人无疑就是金布塔斯所说的奉行父权的入侵者。她说："印欧人是战士。"

不过，我不禁想起历史学家洛温塔尔的警告——人们谈及历

第四章 毁 灭

史时，难免会简化和夸大。越是距离我们遥远的时代，我们掌握的证据越少，就越难以抵抗将人们戏剧化和简化的诱惑。洛温塔尔写道："历史已经过去，因此它可以被安排、驯化，被赋予一种与混乱且不断变化的当下截然不同的连贯性。"近两个世纪以来，西方思想家为史前时代的母权神话着迷，即使他们几乎找不到任何依据。21世纪的科学真的能证明恩格斯所说的"女性遭受的具有世界历史意义的失败"吗？这些来自大草原的"入侵者"真的是世界上最早的父权统治者吗？

还是说，真相就像往常一样，更加复杂？

◇◇◇

关于印欧人历史的学术研究，有一个更为黑暗的现实是，这个领域之所以在19世纪流行，是因为有人试图证明存在一个被认为是原始"雅利安人"的种族。该理论建立在种族优越学说的基础上，后来被纳粹采纳。纳粹认为，德国人是雅利安人的真正后裔，但是生活在他们中的其他民族"玷污"了他们所谓的"种族纯洁性"。他们传说中的光辉过去（一个一切都更美好，移民和文化融合尚未发生的时代）的政治吸引力在于，它提供了一个令人感到安慰的历史版本，有助于挽回德国人在第一次世界大战战败后的民族自豪感。这种毁灭性的叙事一旦被编造出来，就会为大屠杀提供扭曲的辩护。

70年后的今天，极右翼民族主义者和白人至上主义者仍然格外关注古印欧人研究，他们从未真正放弃这个神话。对于世界各地的民粹主义者来说，历史依然应当被操纵以服务于政治目的。认为文化在某种程度上与种族联系在一起，认为某个族群天生与其他族群不同的信念从未消失。许多人仍然怀着旧有的偏见，认为移民有能力破坏一个国家的文化及其"本真"。

这就是对古代的迁徙进行基因研究的政治背景。

斯坦福大学考古学家霍德在2018年前是加泰土丘考古发掘工作的主导者，他认为数千年前一定发生过源自欧亚大草原的人群的迁徙，正如金布塔斯一直声称的那样。"证据明确，她是对的。"但是他建议，不要陷入觉得一具骸骨或几个人的骸骨就能代表整个群体或其文化的误区——一些科学家正是这样暗示的。如我们所知，真正的社会是多元的。

霍德告诉我："如果你看地图，就会发现到处都零散分布着几个古DNA样本。"我们很容易据此匆忙得出结论。在这个例子里，我们假设新石器时代的人天生爱好和平，以女性为中心，而外来者则天生暴力，以男性为中心。这种叙述暗示，只有大量外来者的到来，才能改变社会的组织方式。他说："我的意思是，这太糟糕了，真的糟糕，太糟糕了。"

今天，这种带有种族色彩的猜测尤其令人担忧，因为来自亚

第四章 毁 灭

洲和非洲的男性移民的形象被用以煽动欧洲本土主义者对外来人口的恐惧。2019 年,英国剑桥大学的考古学家苏珊娜·哈肯贝克(Susanne Hakenbeck)在一篇文章中尖锐地批评道:"这些学者描绘了一幅画面——一群游荡的、掠夺成性的年轻男性,出现在所有的印欧社会中。呈现给我们的是一个简单动人的叙事,即一段强壮的年轻人征服大陆的历史,科学方法则为这种叙事赋予了表面上的合法性。"这个故事基于最狭隘的种族和性别刻板印象:外国男性是掠夺者,本土女人是猎物。

让哈肯贝克感到特别不安的是,她还发现这个版本的历史在极右翼民族主义者和白人至上主义者的网络论坛里被广泛传播,其中的用户喜欢将自己看作具有超男性气质的战斗群体的后裔。

显然,大规模移民从来不是文化变革的唯一催化剂。我们知道,即使是少量人口在世界各地的流动,也会引发思想、技术、宗教和生活习惯的改变。18 世纪和 19 世纪欧洲殖民活动的例子说明,无须"取代"所有人口,就可以剧烈地改变社会的性别规范。考虑到涉及的时间跨度很长,我们很难相信,欧亚大草原的移民突然以军事力量占领了已经在欧洲定居的新石器时代的社区。更有可能的情况是,生活习惯和习俗随着时间的推移缓慢扩散,而移民只是其中的一部分因素。

霍德告诉我:"我非常怀疑那种认为基因的传播必然导致文化传播的假设。我认为那是不对的。我们需要重新仔细研究那些文化，重新评估证据，以了解迁移究竟是如何发生的。"

挪威奥斯陆大学考古学家、研究史前社区社会组织的马丁·福霍尔特（Martin Furholt）警告说，在思考重大社会变革时，不要忽略人们日常所面对的多样且复杂的现实。例如，生活在今日欧洲的史前人类，并不是快速地放弃了狩猎和采集，转而接受农业和家畜驯化的。这个过程花费了数百年，而且即使如此缓慢，人们也会根据他们具体所处的环境做出不同的改变。同样地，任何所谓的"大迁徙"，很可能只是人们在几个世纪的时间里相互借鉴习俗，融合文化，做出战略选择，尽管有时也可能会发生谋杀和俘虏。社会和个人一样，在面对不同压力时，会做出相当不同的各种行为。

我们知道这一点。但是，福霍尔特写道，不管证据多么模糊，故事似乎总是会回到文化的"持续冲突"上——一个族群的男性剥削另一族群的女性。

这套说法有许多漏洞。首先，即使草原上的"库尔干"土墩墓葬群表明其是一个战士社会，也没有理由认为女性不参加战斗。美国军事历史学家帕梅拉·托勒（Pamela Toler）指出，"欧亚草原上骑马的游牧部落可能是最早（也最一致）允许女性公开与男性并肩作战的文化"。托勒写道，关于女战士的一些最早的考古证据，来自格鲁吉亚第比利斯附近的一座墓穴。据推测，它约有3000年的历史，墓中有3名全副武装的女性，其中一人的

第四章 毁 灭

头骨上还插着一支箭。

学术界有一种陈旧的习惯，认为只有一种性别才真正具有暴力的能力。2018年，考古学家在秘鲁的安第斯山脉发掘了一具人类骸骨，据推测，这是一名生活在大约9000年前的猎人。与这具遗体埋葬在一起的还有24件石器，包括投掷用的尖头武器和一把刀。人们合理地认为，这套工具可能是用来狩猎大型猎物的。但当确认这名猎人竟然是女性时，人们毫不掩饰地大吃一惊。美国亚利桑那州立大学人类学家金·希尔（Kim Hill）在为《美国国家地理》（*National Geographic*）撰写的评论中就暴露了他的偏见。他告诉记者："你不能在追踪鹿的过程中停下来哺乳一个哭闹的婴儿。"他显然忘记了并非所有女性都要怀孕、哺乳或照顾孩子。

希尔认为，这套狩猎工具可能是象征性或宗教性的，而不是由墓主人使用的。

考古学家在瑞典自维京时代存留至今的小镇比尔卡发现了一座10世纪中期的高级战士墓，墓主人也是女性。这再次让人们感到难以置信。2017年的基因证据推翻了长期以来认为该墓一定属于男性战士的假设。研究人员写道："中世纪早期，存在关于武勇的女性维京战士与男性并肩作战的记述……虽然女战士不断出现在艺术和诗歌中，但它们通常被轻视为神话。现在有确凿的证据表明，这些故事可能并不是神话。"

即使确定了战士的性别,也还是有学者表示怀疑。有人质疑,陪葬品或许只是祖传的物品。领导这项研究的考古学家、瑞典乌普萨拉大学的夏洛特·赫登斯特纳-琼森(Charlotte hedenstierna-Jonson)不得不向记者保证,她确实是"一位真实的军事领袖,只不过碰巧是女性……她要制定战略战术,也能够指挥军队作战"。至于她为何能够担任如此高级别的领导职务,可能是因为她属于社会的精英阶层。正如考古学家博尔杰和丽塔·赖特(Rita Wright)所记载的那样,许多社会都有"阶级和等级优先于性别"的例子。另一种可能是,当时的战争和领导权并没有像现在这样被性别化。

瑞典遗传学家蓬图斯·斯科格隆(Pontus Skoglund)是伦敦弗朗西斯·克里克研究所的古DNA专家,他承认遗传学家在性别问题上往往缺乏批判性视角,这主要是因为该领域由男性主导。但是他补充说,一些考古学家遇到了同样的问题。斯科格隆告诉我:"随着古DNA研究逐渐兴起,第一批加入该领域的考古学家对生物学抱有相当实证的态度,因此他们可能决定了解释的方向。"一些人可能发现了利用这项新技术引起轰动的机会。"我并不是说遗传学家都是单纯的人,但这是其中一个因素。"

各方都有一些大胆的解释。2017年,斯坦福大学和乌普萨拉大学的研究人员发表了一篇论文,研究了生活在欧洲的史前人类的DNA。他们认为,那些在新石器时代晚期和青铜时代早期

第四章 毁 灭

从草原进入欧洲并向其他地区扩散的移民，其迁徙模式有一些不同寻常之处。论文中写道："我们估计，男性的比例显著高于女性。"他们认为，移民的男女比例可能是 5∶1 到 14∶1。换句话说，这次迁徙中的大多数人似乎是成年和未成年男性。考古学家克里斯蒂安森直截了当地告诉我，他们是"男性，男性，年轻男性"。

克里斯蒂安森认为，如果这种不平衡的性别比例确实存在，就可能会促使他们采取原本可能不会做出的行为。2017 年发表那篇研究的作者写道："这种特定性别的迁徙模式差异表明，入侵人口与本地人口之间存在着截然不同的互动类型。"他们的意思是，移民没有足够的女性来结婚生子，因此只能在自己所在的社区之外寻求女性。克里斯蒂安森认为，这导致了一种残酷的做法，即他们在新土地定居时，在某些情况下会使用暴力强娶本地的新石器时代女性为妻。由于这种解释，一篇文章在介绍他的研究成果时采用了挑衅的、近乎小报式的标题——《石器时代的农妇驯服草原移民暴徒》。

同样是在 2017 年，克里斯蒂安森和他的同事在《古代》（*Antiquity*）上发表了一篇论文，将来自欧亚大草原的移民描述为一种"社会和人口力量"。他们认为，驱使这些人离开家乡，前往新牧场的原因可能是，他们不是长子，无法像哥哥那样继承父辈的遗产，因而没有什么可失去的。这篇论文继续写道，他们

"选择战斧作为最突出的男性标志"。他们更是带着推测提问，这些"年轻的战士是否由一名年长的男性领导"，在加入组织的仪式上，是不是可能被赋予了"黑小子"之类的名字，或者是狗和狼的名字。

美国人类学家大卫·安东尼（David Anthony）研究了古印欧语使用者在草原及其他地区的社会生活，他认为这些成年和未成年男性佩戴狗牙作为坠饰。他们不仅"重塑"了青铜时代欧洲的基因构成，可能还"重塑"了"欧洲的语言、社会和经济结构"。在安东尼的描述中，他们是游牧民族，但不是普通的游牧民族。他们是世界上最早使用马和马车来迁徙的民族之一。他补充说，仅仅是坐在马上、身体处于更高的位置这一点，就已经使他们产生了一种凌驾于地面上其他人的权力感。

他们靠养牛维持生计。安东尼写道，牲畜不仅是肉类和奶制品的来源，"还形成了新的社会分化，地位高的人和普通人之间的社会等级区别明显，这并不见于靠捕鱼和狩猎维持日常生计的社会中"。拥有更多牛马的人可能社会地位更高。安东尼根据从早期印欧语词汇中获得的信息，认为他们也承认首领的权威，并且崇拜一位男性神，即"天父"。他们似乎同样着迷于二元结构，譬如，他们的起源故事认为人类始于一对双胞胎兄弟。安东尼总结说，他们的世界观以牛和儿子为中心。

克里斯蒂安森告诉我："金布塔斯的主要论点被证明是正确

第四章 毁 灭

的。"他基本同意金布塔斯的观点,即新石器时代早期社会的组织结构与草原社会截然不同。他说:"金布塔斯的描述过于黑白分明,对其中的细微差别涉及太少,对整个过程了解太少。但是在某种程度上,她是一位先驱者。作为先驱者,你在一开始自然会把问题简化得比较极端。"

克里斯蒂安森和安东尼使金布塔斯描绘的父权制入侵者形象变得更加鲜活。他们描绘了一个围绕着男性权力运转的外来社会的恐怖图景。他们的研究里充满了暴力、殖民主义、军事化和性别刻板印象。听上去,似乎这些人在征服过程中几乎是协调一致的。确实,克里斯蒂安森告诉我,他怀疑这些挥舞着战斧的男性属于世界上最早的战士社会之一。他说,他们将战争当作一种制度。难怪 2019 年《新科学家》(*New Scientist*)杂志上一篇关于克里斯蒂安森的研究的文章提出了这样的问题:他们是否可能是"历史上最凶残的民族"?

当我问克里斯蒂安森,现代父权制是否是这段历史时期的产物时,他毫不犹豫地给出了肯定的回答。"我确实是这么认为的。"在他看来,古代和现代被一条明显的线联系在一起。"我认为这是一个漫长的过程。"

父　　权：男性统治的伊始与终结

◇◇◇

我不得不再次提醒自己，不要被那些与我交谈的人所讲的历史戏剧性演绎迷惑。过去，普通人的日常生活不太可能像宏大叙事想象的那样单一。毕竟，普通人的日常生活才是真实的生活。

一些关于新石器时代和早期青铜时代的学术文献存在的问题是，我们从自身的经验中了解到，社会变革很少是突然发生或不遭遇任何阻力的。人与人之间的接触有时是强行发生的或暴力的，但难道就不会有一定程度的抵抗或谈判吗？人们至少也会尝试坚持自己的传统，并为维护自己的家庭纽带而战。一些女性会不会因为新移民承诺给她们提供比在原来社区中更好的生活方式或更高的地位，而选择与新移民生活在一起呢？那些与儿子、父亲、兄弟、伴侣一起从大草原迁徙而来的女性呢？她们扮演了怎样的角色？她们也挥舞战斧吗？

当我追问克里斯蒂安森这些问题时，他承认，事情也许并不像他的一些叙述描述得那么简单或线性。他告诉我："不平等可以以不同的方式展开。反对不平等的力量和支持不平等的力量是并存的，因此这条线蜿蜒曲折。我们的进化路径并非直线，而是有起伏的。"一些人可能会为自己争取更多的权力，希望社会结构以对他们或他们的意识形态有利的方式构筑。"但也存在着制衡机制。"

第四章 毁 灭

克里斯蒂安森说，例如，如果你了解一下他研究的公元前3000年中期左右的德国墓葬，会发现"女性与男性的待遇完全平等"。这表明她们的社会地位并不一定低于与她们同葬的男性。他和安东尼都补充说，虽然有时女性会从远方被带来，作为妻子嫁给当地家庭，但是她们的一些孩子（尤其是小儿子）会被送回她们原先的家庭生活。这种做法称为"寄养"，只有在家庭之间保持紧密联系的情况下才有可能发生。克里斯蒂安森告诉我："与妻子家人的关系仍然很重要，因为这是盟友、友谊、借款等的来源。"这引发了一个问题，社区之间是不是真的发生过非常残酷或灾难性的冲突？

在那些宏大的、本质化的历史叙事中，我们很容易忽略制衡的力量。社会组织方式在改变时必然受到挑战，就像现在一样。但这种抵抗或缓慢的谈判在考古记录中很难被发现。只有在主流叙事之外，我们才能看到它可能采取的形式，这表明向父权制转变的过程可能更加零散，甚至可能是反复的、不稳定的。

英国考古学家克劳彻也认为："其中存在着许多细微之处。"历史表明，人类会不断尝试不同的生活方式，并根据他们面临的环境或社会压力改变优先事项。有时，性别似乎很重要。而在其他时候，克劳彻认为，"没有太多证据表明，性别像今天我们理解的那样，是一个重要问题"。在战争或资源短缺的情况下，人们的行为可能会有所不同。

不可否认的是,欧洲和亚洲部分地区的社会变革,早在来自大草原的古印欧语使用者大量迁入前就已经发生了。在 4500 年前的"大迁徙"之前,新石器时代的社区可能已经在减少,因为存在环境的压力,如气候变化和疾病。我们还知道,欧洲的新石器社会并不总是像金布塔斯认为的那样和平,其中确实发生过大屠杀。20 世纪 80 年代,在德国和奥地利分别发现了一处新石器时代的乱葬岗,里面有 100 多具遗骸。2015 年,在德国又发现了一个大约 7000 年前的乱葬岗,骸骨的头骨和胫骨断裂,受害者几乎一半是儿童。

最有说服力的证据之一是基因数据。Y 染色体存在于男性 DNA 中,是追踪男性基因遗传的可靠方法。遗传学家赖克通过对 Y 染色体的分析发现,"20% 到 40% 的印度男性和 30% 到 50% 的东欧男性",可能都是某个生活在 4800 年到 6800 年前的男人的后裔。这种父系遗传极不均衡。如今,至少 10% 的男性是他的后裔,其家族血统覆盖从南亚到斯堪的纳维亚群岛的广大地区。

这些时间显示,这种一边倒的父系遗传模式不可能始于 4500 年前欧亚草原移民的后代。它开始的时间要早得多。遗传分析表明,在许多个世纪之前,男性 Y 染色体的多样性就已经大幅减少——不仅在欧洲,在亚洲和非洲的部分地区也是如此。科学估计,这一萎缩发生在 5000 年到 7000 年前。

第四章 毁灭

而研究通过母系遗传的线粒体DNA，遗传学家发现，今天的人们在女性祖先方面共享的遗传多样性要远大于男性祖先。2018年，斯坦福大学的研究人员提出了一个可能的解释，即这或许是因为社会结构发生了广泛的变化。例如，氏族之间的战争可能会杀死大量男性，能够存活下来并生育后代的男性只是少数。研究人员暗示，战败氏族的女性没有被杀死，而是以妻、妾或奴隶的身份被留下来。另一种合理的解释是，一小部分精英男性有许多女性性伴侣，而大多数其他男性则很少有或没有性伴侣。这也许就是为什么我们没有看到女性遗传基因多样性缺失的现象。在这些社会中，参与生育后代的女性更多，并将她们的基因传到了今天。

如果这种说法属实，那就意味着来自欧亚大草原的人口大规模迁移之前，权力格局已经发生了变化。无论出于何种原因，新石器时代的社会可能已经显现出关系紧张和不平等的症状。一小部分男性比大多数男性拥有更多的孩子，或者至少拥有更多存活下来的孩子，保证血脉世代不绝。到大约4500年前，所谓的"入侵者"从草原迁入时，这一阶层的男性变得更少。同样地，造成这种情况的原因有很多。克里斯蒂安森认为，其中一个原因或许是新石器时代的人体格更弱。他说："新石器时代的人吃得更多的是谷物和面包。"相比之下，养牛的入侵者"身材高大，相当健康，因为他们吃肉和奶制品"。

仅凭目前发现的零星证据，没人能准确说出到底发生了什么，但仍然可以肯定的是，少数男性比其他大多数男性生育了更多的孩子。因此，克里斯蒂安森说："新石器时代的男性血统在几百年内就断绝了。"不过，这种不均衡的模式延续了数千年，此前和此后都是如此。对于今天的我们来说，问题在于，这是否能够帮助我们理解，男性统治是如何兴起的？

◇◇◇

他们"夷平了进行交易的帐篷，掠走高帽女人"。 这是从《蒙古秘史》中翻译过来的文字，该书是已知最早的蒙古文学作品，写于1227年成吉思汗去世后不久。

我们对史前时代的个人生活细节、人们经历的社会变革或他们对世界的感受知之甚少。我们不了解他们的家庭，他们如何为生存挣扎，以及他们的成功或失败。为数不多的填补这一空白的方法，就是在我们后来所掌握的文字记录中，寻找更古老文化的微弱回声。《蒙古秘史》就是这样一部文献。在刻意制造的神话和英雄崇拜之间，我们看到的是一个冷酷无情、强大无比的帝国，男人、女人、儿童都被视为战争和战略联盟中的棋子。这本书的叙述中，在成吉思汗从出生到死亡的一生里，成千上万的人被杀害、俘虏，沦为奴隶，或被当作礼物赠送给他人。

第四章　毁　灭

和从欧亚草原迁出的古印欧语使用者一样，蒙古人也是游牧民族，从草原向外扩张。2015 年，英国历史学家弗兰克·麦克林（Frank Mclynn）出版了成吉思汗的传记。他在书中写道，蒙古人饲养牦牛和骆驼，可能是最早骑战马的民族。不过，与生活在石器时代的人不同，我们可以通过多种资料来了解蒙古社会、家庭和首领的生动细节。在成吉思汗的统治下，蒙古帝国成为世界上有史以来领土面积最庞大的帝国。麦克林表示，蒙古军队可以在 9 天内骑行近 1000 千米，这为他们带来了直接的优势。蒙古帝国的领土横跨亚洲，一直延伸到亚得里亚海。

根据一些科学家的说法，蒙古帝国的后代如今几乎遍布世界各地。2003 年，一个由中国、蒙古国和欧洲各国的生物学家组成的国际研究团队发现，8% 的亚洲男性拥有相同的 Y 染色体片段，这 8% 的亚洲男性约占全世界男性总人口的 0.5%。通过追溯基因信息的源头，科学家们推断，他们的共同祖先可能是一位生活在大约 1000 年前的蒙古的男性。他们推测这个人最有可能是成吉思汗。毕竟，根据麦克林的统计，他有 23 位皇后、16 位妃子和数百名"未受封的侍妾"。

成吉思汗的儿子们很可能也比普通人生育了更多的孩子。例如，成吉思汗在击败一个敌对部落后，娶了该部落首领的一个侄女为妻，并把另一个侄女嫁给了自己的儿子。将俘虏当作奴隶、劳力或妾侍是司空见惯的。成吉思汗的儿子们、孙辈们很快便继承了他的社会声望和基因，成为强大的领袖，而且每代人都拥有更多的女人。

有权势的男性并不总是有更多的孩子（独身的宗教领袖就是一个例子）。但是，如果说生育更多的孩子反映了男性精英的某种权威，那么基因分析至少提供了一种方法，来追踪历史上那些对他人拥有不成比例的控制权的人——这些男性在当时可能被认为是族长。例如，2006年，爱尔兰都柏林圣三一大学的研究人员在数百万名男性身上发现了一段相同的Y染色体片段，该片段可以追溯到一个生活在公元500年左右的爱尔兰的人。研究员们写道，在中世纪的爱尔兰，"生育后代与权力和声望有关"。他们认为，这个庞大族系的始祖之一可能是特洛·奥唐纳（Turlough O'Donnell）勋爵，此人在1423年去世，与10名女性生了至少18个儿子，一共有59个孙子。

如果一个社会倾向于父系制度，那么权力和财富就会通过儿子传递。这意味着基因数据也可以用来推测父系制度可以追溯到多久以前。克里斯蒂安森认为，父系制度的证据不仅存在于欧洲的遗传记录中，也存在于至少可以追溯到新石器时代末期的考古记录中。2019年，他与别人合作撰写了一份研究报告，研究了公元前3000年中期德国南部两座相距约17千米的墓葬的主人之间的遗传关系。结果表明，埋葬在那里的女性与社区中的其他人没有血缘关系，但男性彼此之间有密切的血缘关系。他解释

第四章 毁灭

说:"我们可以证明,对于家庭中的男性来说,存在着父系和随父居的亲属关系,即男性会留在家中,至少家中的长者和首领会如此。"

人类学家安东尼补充说,语言学家在重建早期印欧语词汇时发现,描述家庭中父亲和丈夫一方关系的词语很多,描述母亲或妻子的词语却寥寥无几。女性出生的家庭似乎并不那么重要。他告诉我:"这是一个典型的男性主导的社会结构。它是父系的。因此,你的责任、权利和义务都是通过父亲继承的。"女儿在结婚后通常会离开家,加入丈夫的社会群体。

《梨俱吠陀》(*Rig Veda*)是现存最重要的印欧语书面证据之一,这部印度教圣典被认为编纂于公元前1500年到前1000年间,与印欧语使用者从北方进入印度的时期大致相同。从古代经典文献中解读家庭的日常生活是非常困难的,尤其是它们通常描述理想而非现实。但在安东尼看来,《梨俱吠陀》确实显示了对男性的关注。他说:"这是一部引人注目的文献,它高度集中在男性身上。"例如,其中的一篇祈祷文祈求有好的牛、马和男孩。

不过,也不能因为一个社会重视儿子,就认为它一定具有我们今天所理解的"父权制"的所有特征。例如,蒙古人是父系社会,重视儿子,但在性别观念上有很大的自由度。麦克林写道:"蒙古妇女尤其吸引外国观察者的注意。"他说她们被描述为肥胖、"丑陋",与男性无异,甚至被认为是中性或雌雄同体的。不过,她们也得到了不情愿的尊重,"尤其佩服她们能够站着生孩子,然后若无其事地继续工作"。男性和女性都必须能够从事各种工作,而且都很努力。麦克林补充说:"成年男女和孩子都要精通骑术。"外国人注意到,女性"可以骑得不逊色于男性,她们是驾驭马车的能手和出色的弓箭手"。

因此,蒙古帝国的性别和权力规则与其他父系社会并不相同,无论是在其之前还是之后。蒙古社会没有严格的劳动分工,没有将女性限制在家庭领域,女性也没有被认为必定比男性弱或低人一等。正如麦克林所指出的那样,在草原上,如果新娘家太穷,女婿有时会和新娘的家人住在一起。儿子和女儿都可能被父母用来与更富有的家庭联姻。麦克林写道:"甚至有人说,成吉思汗的法律比拿破仑的更自由,因为法国皇帝禁止女性离婚。"在成吉思汗的统治下,男女双方都可以提出协议离婚。

因此,从来没有一种单一的"父权社会"形式,在新石器时代末期传入欧洲和亚洲,然后再席卷世界其他地区。与其说有一个一切都发生改变的时刻,或者是恩格斯所说的"女性遭受的具有世界历史意义的失败"的时刻,不如说是这样的一幅画面:即使在权力平衡逐渐向某一性别倾斜的地方,其性别化的方式也可能呈现出截然不同的形式。父系社会的规则是长期形成的,这个过程有时长达几千年。

第四章 毁 灭

文化史学家布鲁诺·德·尼古拉（Bruno De Nicola）指出，蒙古帝国不仅重视儿子，也重视生育儿子的贵族妇女。女性的财产权和经济地位会在婚后提高，并会在她生了儿子和继承人后进一步提高。在《蒙古秘史》中，成吉思汗的母亲对他的一生影响巨大，她拥有相当大的权力，而且备受尊重。统治者和皇室男性成员的妻子们管理着财产、牲畜和人口。等级最高的女性可以管理数千人。她们会驾着马车从一个地方到另一个地方。对个人生活而言，社会地位可能比性别更重要。

婚姻作为政治联盟的一种手段，也提升了女性的重要性，因为她们实际上体现了蒙古诸汗国之间的联系。随着成吉思汗的帝国不断壮大，一些地位较高的女性愈发参与到政治中，在条件偶尔允许的情况下，如丈夫过世、儿子太小时，她们甚至会完全掌握权力。尼古拉写道："蒙古王室中这种政治活跃并敢于直言的女性模式，不仅存在于前帝国时期的蒙古，也传入了蒙古帝国。"他接着表示："马可·波罗（Marco Polo）观察到，女性经常参与贸易活动，买卖她们及其家庭成员所需的一切。"

还有关于女性参加军事行动的记载。在一个传奇故事里，成吉思汗的一个曾孙女"战胜了所有敢挑战她的男人"。

父　权：男性统治的伊始与终结

◇◇◇

至少从 19 世纪开始，西方学者就将历史视为一系列无情的二元对立。男性是暴力的、残忍的，而女性是温顺的、平和的。人们要么崇拜女神，要么崇拜男神。社会要么以女性为中心，要么则必然以男性为中心。民族要么天生具有创造性，要么天生具有破坏性。

这种思维方式一直体现在那些试图解释父权制起源的人的叙述中。直到今天，它仍然根植于科学家和历史学家的想象中。但是，我们对过去人们的真实生活状况了解得越细致，就越容易打破这些二元对立的观点。金布塔斯对米诺斯文明和迈锡尼文明的描述就是一个例子。在她看来，这两种文化正处于欧洲向男性统治转变的前夜。

大约从公元前 3000 年到前 1100 年，生活在克里特岛上的米诺斯人拥有以陶器和青铜器为代表的艺术文化，他们建造了宏伟的宫殿和城市，并发明了欧洲大陆最古老的文字系统之一。在目前出土的一些最著名的米诺斯艺术品中，女性形象占据了重要地位，其中包括一尊被称为"持蛇女神"的雕像。这是一位非常有气势的女性，胸部裸露，衣着华丽，两臂伸展，双手各抓着一条蛇。与米诺斯人相反，生活在希腊本土的迈锡尼人父权色彩更浓，更加好战。他们的死者有时会与剑和矛葬在一起。迈锡尼人

第四章 毁 灭

讲一种与印欧语系有关的早期希腊语。他们的文化繁荣期稍晚，大约在公元前1600年到前1100年间，与米诺斯人的文化有一段时间的重叠。

根据金布塔斯对这两种相邻文化的分析，她认为米诺斯人一定是该地区以女性为中心、崇拜女神的社会之一。她在最后一部著作《活着的女神》中写道："米诺斯的女神延续了古欧洲的传统。"相比之下，金布塔斯认为迈锡尼人是古欧洲文化和印欧文化的混合体，在"颂扬战争"的同时又"生产了成千上万的女神雕像"。因此在她看来，迈锡尼人社会是一个正在迈入父权制的社会，处于从一种二元社会状态过渡到另一种二元社会状态的过程中。最终，"男性因素几乎完全占据了主导地位"。金布塔斯认为，两个文明之间的差异并非偶然。在她看来，这是两个完全不同的群体，迈锡尼人可能是那些接纳了从东方传来的欧亚草原文化的部落的后裔。

在这一点上，她被证明是错误的。包括哈佛大学的遗传学家在内的一个国际研究团队，对该地区的古人类遗骸进行了DNA分析，并于2017年公布了他们的研究结果。他们发现，"米诺斯人和迈锡尼人在基因上很相似"。虽然他们语言不通，文化不通，但在基因上关系密切，有相当近的共同祖先。事实上，他们的体貌应该是相似的，大多数人拥有深色头发和黑色眼睛。

不过，研究人员在2017年的研究中确实有所发现，能证明迈锡尼人与东欧和西伯利亚的狩猎采集者拥有少部分相同的血统。虽然很难确定这种关系是何时或如何出现的，但有可能是来自东方的移民向迈锡尼人传播了他们讲的语言，或者迈锡尼人在旅行或对外交往过程中接触到了这种语言，然后这种语言被广泛采用。因此，米诺斯人和迈锡尼人之间的文化差异并不完全是遗传因素造成的。新的社会和政治观念可能会通过人们相互接触和学习新方法的方式被引入，这种情况经常发生。

金布塔斯分析，从新石器时代到青铜时代，该地区的性别关系发生了深刻的变化，这是正确的。古希腊社会变得明显偏向男性。它的文学、哲学、科学和艺术体现的是一种前所未有、等级分明的文明。无论是文化交流、信仰改变、武力胁迫、环境变化、少数人引发的社会动乱，还是多重因素共同作用并导致了这种社会转变，一种特定形式的性别压迫逐渐在欧洲和亚洲部分地区扎根。

已经拥有权力的人将进一步巩固他们的权力。年长的、富有的自由民最终将统治他们的家庭，精英男性将统治他们的国家，强大的神祇将统治这一切，就像17世纪菲尔默在《父权制》中描述的那样。公元前800年左右，西方进入古典时代之后，男性统治将成为社会规范。它深入人心，扭曲了人们对自身和人性的看法。

第五章
限　制

我们活着，不是按照我们想要的方式，而是按照我们能做到的方式。

——雅典剧作家米南德（Menander），约公元前 4 世纪

"性别何时变得显著？"

这是我向霍德提出的最后一个问题。他领导了最近一次对加泰土丘新石器时代定居点的发掘工作。我想知道的是，历史上是否真的有那么一个时刻，一个"转折点"，使女性的一切都发生了改变。我发现，答案并不简单。

在那不勒斯南部明媚的阳光下参观庞贝废墟时，我一直在思考这个问题。公元 79 年，维苏威火山爆发后，这座古罗马城市被掩埋在火山灰和浮石之下，保存得如此完好，我几乎可以想象自己现在就生活在这里。昔日生活的窃窃私语在考古发掘的墙壁上回荡。一处古老的涂鸦，内容是某人在这里和他的女朋友厮

混。还有人不厌其烦地记下自己在这里排便。安纳托利亚的废墟像一座迷宫,让我感到一头雾水。但走在庞贝的街道上,整齐的人行道、商店和房屋,给我带来了一种令人安心的亲切感。庞贝所处的时代更像我自己的时代。

霍德在评估过加泰土丘的证据后认为,9000多年前该定居点的居民几乎没什么性别意识,男性和女性的生活及墓葬没有太大区别。至少从目前的发掘情况来看,似乎没有多少证据显示存在严格的等级制度。但我们都知道,即使性别在当时相对来说不重要,后来肯定也变得很重要了。大约6000年后,也就是古典时代之初,地中海周边地区的一些社会变得非常不同。

之后,到庞贝城鼎盛时期,各种深刻的社会不平等已经根深蒂固。罗马和雅典是这一时期地中海世界的权力与知识中心,它们依赖奴隶劳动。一个人的生存状态取决于他是否自由、他的出生地、他的家族,以及他的阶级和财富。性别也是一个影响因素,因为统治阶层就男性和女性的天性形成了一套极其狭隘的文化观念。

我很不舒服地意识到,庞贝城那许多让我感到熟悉的事物中,性别不平等正是其中之一。与严格区分性别,性别歧视严重的古典时代相比,加泰土丘相对不重视性别的平等主义离我们今天的现实生活更加遥远。

这种令人不安的相似性并非偶然。这不仅仅是因为庞贝城距

第五章 限 制

今只有2000年而非9000年，栩栩如生的雕像、诗歌和戏剧、讲八卦的私人信件、法庭文件和判决书使我们很容易与古罗马人和古希腊人产生共鸣，还因为今天的欧洲人围绕着这个特定的时间和地域构建了"西方文明"的根源。几个世纪以来，他们将古典时代置于神坛之上，崇拜其剧作家和哲学家，从他们的著作中学习人生教训，效仿他们的风格，兴建新古典主义建筑。

在我参观时，加泰土丘遗址几乎空无一人，庞贝古城的游客却摩肩接踵。这两处遗址都是联合国教科文组织世界遗产，但人们似乎对庞贝古城非常着迷。这在很大程度上是因为我们中的许多人从小就被教育，古罗马是先进的现代西方社会的源头。我们生活在古人的阴影之下。他们的世界仍在我们的世界中被重塑。

美国纽约州汉密尔顿学院研究古希腊文学与交叉女性主义的学者南希·索金·拉宾诺维茨（Nancy Sorkin Rabinowitz）写道："在英国，从事古典文学研究是殖民统治阶级的象征。"事实上，我就是这类学生中的一员。20世纪90年代，在我就读的伦敦公立重点中学，每个人都在学习拉丁语。美国康涅狄格州卫斯理大学古典系荣休教授玛丽莲·卡茨（Marilyn Katz）写道："从很早以前开始，古希腊语和拉丁语的教学就与培养年轻（白人）男性的品德和社交能力息息相关，这是为将他们打造为美国的经济和政治精英而做的准备。"但研究古典文学不仅仅是为了"了解"历史。卡茨说："古典文学不仅致力于研究过去，还致力于保护过去。"

当掌权者仰慕古希腊和古罗马时，他们也在为自己选择建立的不平等社会寻求正当性。他们不仅借鉴古典时代的艺术和建筑，也有意承袭那个时代的偏见。拉宾诺维茨解释说，在18世纪晚期和19世纪，西欧人回望古代，以此强化自己的种族和性别观念。她写道："这些人并不是简单地发现了一个早已存在的希腊……他们是为了满足自己的需求而发明了希腊。"

历史学家洛温塔尔说，美国人去欧洲是为了"在时间中找到家的归属感"。欧洲人去的是庞贝、罗马和雅典。奇怪的是，我们知道，这些城市曾存在极度的社会不平等，会区别对待不同类别的人。伟大的哲学家柏拉图（Plato）、亚里士多德（Aristotle）和苏格拉底（Socrates）生活的古雅典，甚至可以说是人类历史上对女性最糟糕的地方。

◇◇◇

古典学家休·布伦德尔（Sue Blundell）在她的《古希腊的妇女》（Women in Ancient Greece）一书中指出："雅典在许多方面都是一座与众不同的城市。"

如果文字记录可信，那么古雅典就是一个岌岌可危地维系着扭曲的社会秩序的城邦国家，而构建这个秩序的基础是父系继承

第五章 限 制

制度和关于男性优越性的神话。雅典公民身份可以带来许多好处，但归化的代价是遵守规则。雅典女性不可拥有财产，要获得法律保护也必须通过父亲、丈夫或其他男性亲属。将公共领域和私人领域分开的观念正是源自这一时期，分别对应着希腊语的"城邦"（Polis）和"家庭"（Oikos）两个词。两个领域之间的分界线决定了日后女性的位置。

我们从古希腊文学中了解到，理想的、受人尊敬的女性要闭门不出、沉默寡言，并且顺从。公元前4世纪，哲学家亚里士多德在其著作中将某些人注定成为奴隶，而另一些人注定为自由人视为自然的事实。在性别方面，他也有类似的观点："男性与女性的关系在本质上是优势与劣势，统治与被统治。"对于城邦而言，女性的首要价值在于生育新的公民，以维持和捍卫人口。但是，男性在与家庭以外的女性交往时，也被期望遵守一些习俗。他们需要表现出一定的勇气和克制。

亚里士多德在性别歧视问题上的态度还算温和。其他一些古希腊文本则充斥着强烈的厌女情绪，他们咒骂时的唾沫简直能横飞到你脸上。生活在公元前700年左右的诗人赫西俄德在《神谱》中讲述了潘多拉的神话，潘多拉是希腊诸神创造的第一个人类女性。他写道："……从此产生了女性这个种族。这个致命的种族和部落……天生就会作恶。"仇视女性是他反复表现的一个主题。

我们认为，这就是古人的想法。

不过我们总是把历史扁平化，从中选取我们需要的。掌权者只选择对他们有利的部分。真实的情况是，古希腊和古罗马的文化跨度极其漫长，就像我们的文化一样，它们不可能是静态不变的。女性的地位一直在变化。

斯坦福大学的考古学家伊恩·莫里斯（Ian Morris）研究了公元前800年到前480年希腊古风时期的房屋遗迹。他认为，当时的性别意识形态并不像后来那样固定。早期的房屋通常是一室的，位于开放的定居点中，因此男女不可能分居，更不用说将女性藏起来了。莫里斯解释说，大约从公元前750年开始，房屋逐渐被划分成多个房间，但即使在那时，这也仅限于能够负担得起更大房屋的富人家庭，他们还可以使用奴隶帮被关在室内的女性分担户外劳动。古雅典就像19世纪的美国一样，家庭主妇是一种只有最富有的人才能追求的理想。

虽然现在我们对家庭主妇抱有某些假设，但在当时，待在家里的含义可能与现在许多人理解的不同。在希腊历史上，雅典男性公民的贵族妻子可以通过管理自己的家务事来行使相当大的权力。于1975年出版了《女神、妓女、妻子和奴隶》（*Goddesses, Whores, Wives, and Slaves*）一书的纽约市立大学古典文学教授莎拉·波默罗伊（Sarah Pomeroy）告诉我："她管理着家庭内部发生的一切。"古雅典的"家庭"可以成为繁忙的，几乎像工业中

第五章 限 制

心的生产场所，因此这绝非小事。这些女性管理着她们的奴隶，责打女奴。在家庭内部，下人制作纺织品、生产食物，必要时要负责从田间到餐桌的所有环节。家庭和城邦并不是两个分离的世界，它们相互依存。

随着时间的推移，政治权力的天平逐渐从对家庭有利倾斜向对城邦有利。讽刺的是，在古雅典，公元前5世纪左右引入的民主制度（该制度是许多个世纪以后我们的民主制度的典范）是推动这一转变的一个重要因素。波默罗伊说："当民主在雅典蓬勃发展时，女性受到的压迫最为严重。"只有成年男性公民能参与政治（被现代民主政体吸收的另一个特征），这对下层阶级的男性公民有利，却损害了待在家中的上层阶级女性的利益。波默罗伊补充说："民主制度不仅压迫女性，也压迫奴隶和非公民。它只是将男性公民的地位提升到其他所有雅典人之上。"

虽然古雅典一度令人窒息，但这座城市并非一直如此。后来，随着希腊世界的扩张，雅典人接触到更多拥有不同价值观的文化。研究古代女性问题的专家斯蒂芬妮·布丁（Stephanie Budin）告诉我："此时，希腊人与亚述人、波斯人和埃及人有了更深入的交往，而其中许多文化对女性的态度都要宽容得多。"这种接触减轻了古雅典部分女性承受的压力。"接下来你会发现，女性在社会上的地位和自由得到了提升。"

当我们知道了人们的日常生活如何随时间而变化时，我们就会明白性别规范是多么不稳定。在不同的阶级之间,在奴隶和自由人之间,在外来者和本地人之间,在老人和年轻人之间,这些规范存在着巨大差异。它们是逐渐形成的,有时会摇摆不定,而且可能会朝任何方向发展。

例如,古希腊作家可能厌恶女性,但至少从文学作品中能看出,他们反感丈夫对妻子进行身体虐待。美国芝加哥洛约拉大学的历史学家莱斯莉·多西(Leslie Dossey)发现,即使在古典时代晚期,"希腊作家仍然认为,丈夫殴打妻子是一种可耻的行为"。哲学家普鲁塔克认为,这种行为暴露了男性缺乏应有的自制力,因此蒙羞的是丈夫,而不是妻子。多西写道:"当一个希腊男人失控至这种程度时,外部社会必然会代表他的妻子进行干预。"妻子可以因此将丈夫告上法庭。

另一方面,在古罗马,女性拥有相对更多的权利和自由,并且更容易被看到和听到,但丈夫殴打妻子是社会可以接受的行为。古罗马社会期待妻子像奴隶和儿童一样,在犯错时能接受体罚以纠正其行为。多西解释说,妻子被建议"以适度的顺从来缓解丈夫的怒火",以避免自己受辱。与古雅典不同,古罗马社会认为羞辱属于妻子,而不属于丈夫。在罗马共和国早期,丈夫甚至有权杀死通奸的妻子。

如果说古代历史被压缩成简单的叙述,这些细微差别被忽视,至少部分原因是我们自己的偏见。古典学家卡茨指出,她所

第五章 限 制

在领域的学者一直对古希腊的性别歧视表现出一种近乎同情的宽容态度。她写道,直到20世纪70年代,男性学者还在使用诸如"健康的厌女症""一种相当正常的丈夫的嫉妒"之类的说法。女性的从属地位和男性的主导地位被视为生物学上的规则,这意味着古代的性别歧视被普遍接受。即使到了现在,我们也很难知道,我们看到的究竟是当时的真实情况,还是专家们几十年来用自己的偏见过滤后的结果。例如,历史学家们直到最近才开始质疑,性别划分对古人和对现代人的意义是否相同。他们也只是在不久前才开始摆脱种族主义的视角,不再说古希腊女性处于"东方式"的幽禁状态中。

不过,对过去的解读一向带有政治色彩。在从经典中寻找能为当下所用之物的过程中,掌权者不会在任何可能挑战其等级制度的东西上费心力。对于那些想要定义人性的人来说,历史是一个强大的工具。1762年,哲学家让-雅克·卢梭(Jean-Jacques Rousseau)称,古希腊女性远离公共生活,专注家庭,是历史上最睿智、最美丽、最迷人的女性。他写道:"这是自然和理性都认为适合女性的生活方式。"

正如卢梭的例子所示,试图通过古代世界来理解性别关系会陷入一个巨大的陷阱,即它会让人误以为自己看到了最根本的人性——仅仅因为那是很久以前的事情。按照这种逻辑,如果女性在2000前受男性支配,而现在仍然受男性支配,那这一定是事物的常态了。

然而,古代雅典的社会不平等并非源于生物学差异,精英男性的权力也并非轻而易举获得的。一个群体不会自动占据统治地位,另一个群体也不会简单地屈服。这个过程是缓慢的,是通过消耗,通过不断的、深思熟虑的努力逐渐形成的。有时它会诉诸暴力或暴力威胁,但更多的时候是通过层出不穷的社会规范、法律和法令来实现的。赫西俄德对女性的谩骂恰恰证明了,要付出相当大的努力,才能说服人们认为女性可能不如男性。

荣誉与耻辱,期望与内疚,爱国主义与忠诚,这些都必须围绕着国家对民众行为的期望而展开。性别界限必须被明确和维护。如果没有"辛勤的汗水",这一切都不可能实现。

◇◇◇

人类的历史就是一部持续变化的历史,我们可以从迁移模式中看到这一点——来回往复,传播新思想、新文化和新技术。但人类的历史也是压力和胁迫的故事,是人们试图让其他人按照自己的意愿行事的故事。

在今天的人看来,最早的国家相当稳定,但它们当初是从无到有建立起来的。美国人类学家詹姆斯·斯科特(James Scott)毕生致力于研究早期国家的出现,以及哪些因素促使其成长。他

第五章 限 制

指出，这些国家面临着一个基本问题，它们需要说服人们留在自己的地理边界内，不要因为对当地条件不满就离开。没有人口，国家就没有权力。因此，人是当时最宝贵的资源。

斯科特的部分研究聚焦于美索不达米亚，该地区位于幼发拉底河和底格里斯河之间，是新月沃地的一部分，历史学家经常将这里称为"人类文明的摇篮"。它包括今天的土耳其、叙利亚、伊拉克和科威特的一部分。在"雅典的黄金时代"之前约3000年，苏美尔人在这里建造了世界上最早的"真正的"城市。他们发明了目前世界上已知最早的书面文字——楔形文字。在苏美尔之后，阿卡德、巴比伦、赫梯和亚述相继崛起，最终与古希腊有一段时间的重叠。

就像斯科特解释的那样，在国家里生活可能比在国家外生活更安全、更稳定。但在其他方面，生活可能更糟糕。与相对松散的狩猎采集社区相比，这些国家的饮食可能更加单一，更依赖可以大量储存并按固定份额分配的谷物。年轻男性可能随时会被要求上战场，有可能丧命。年轻女性则可能面临着尽可能多生孩子的压力。斯科特说："早期国家的问题是人口，是如何在不自由的条件下聚集人口，留下他们，并让他们生产精英阶层、祭司、工匠、贵族和王室所需的剩余产品。"

人口问题——维持人口规模并加以控制，是理解不平等和父权制兴起的关键。

不过，讨论的焦点通常是财产。恩格斯和其他19世纪哲学家认为，人类开始从事农业生产的同时，男性就确立了对女性的权力。这时，人们开始积累土地、牲畜和其他可以拥有的财产。精英和上层阶级开始掌握更多财富。恩格斯认为，正是财富的积累促使男性想方设法确保他们的孩子是自己的，这样他们的财富才能传给合法继承人。这反过来又促使男性控制女性的性自由。根据这个版本的历史，当男性开始从事农业劳动时，女性的工作也变得越来越局限于家庭。公共领域和私人领域的性别划分就这样出现了。

不过，今天的考古学家和人类学家并不认为农业是性别关系的关键转折点。考古学家霍德说："旧观点认为，有了农业，就有了财产，女性进而被当作财产来控制，我认为这种观念……是错误的，显然是错误的。我认为我们必须承认，在早期农业出现后的很长一段时期里，这些社会都是平等而不太区分性别的。"

霍德解释说，转向农耕是一个长期、缓慢的过程，在这个过程中，人们与野生动植物有着密切的关系，他们照料了这些野生动植物，但不一定是种植、播种或驯化它们。一些社区根据季节、环境或气候来决定是否继续狩猎采集的生活方式。还有一些社区可能尝试过一段时间的驯化，成果甚微时他们就会放弃。从这个角度来看，加泰土丘著名的"坐着的女人"雕像两侧的动物似乎正舒服地休憩，这可以被解读为人类与自然界关系不断演变

第五章 限 制

的一个象征——一些人对环境施加的控制越来越强。

女性无疑在动植物驯化过程中发挥了重要作用——假设她们没有参与其中是没有意义的。斯坦福大学研究古代社会和经济史的学者沃尔特·沙伊德尔（Walter Scheidel）指出，古埃及法老统治时期有多幅描绘女性在田间劳作、收割玉米须的画，而在赫梯、波斯和印度等文化中，也有关于女性负责饲养和照料动物的记录。美国俄亥俄州丹尼森大学古典学副教授丽贝卡·福托·肯尼迪（Rebecca Futo Kennedy）告诉我，在古希腊和古罗马文学中，有许多关于年轻女性牧羊的故事。

历史上，贫困女性和被奴役的女性（和儿童）一直被要求从事户外工作，这个传统延续至今。在过去10年的记者生涯中，我曾采访过印度和肯尼亚的女性农民和体力劳动者，她们有时会用背带将婴儿绑在背上劳作。联合国数据显示，如今女性几乎占全球农业劳动力的一半，在低收入国家中，近半数小规模养殖户为女性。女性在体力上无法胜任农业劳动的观点明显与事实不符。美国社会活动家和学者安吉拉·戴维斯（Angela Davis）在谈到美国奴隶制时写道："由于女性和男性一样被视为有利可图的劳动力单位，因此奴隶主几乎不会在意她们与男性的性别差异。"孕妇和带着婴儿的女性仍然被要求工作。戴维斯解释说，在奴隶制下，女性的社会地位与男性平等。沙伊德尔还补充说，女性奴隶从事着繁重的农业劳动，如拉木头和用骡子、牛等家畜犁地。

　　对此，一些学者认为，改变女性地位的或许不是一般的农业，而是一种特殊的农业——使用犁的农业。一些研究显示，用锄头耕作的社区往往更加平等，而用犁耕作的农业因为要用到家畜，要求更强的上肢力量，因此常见于男性主导的社区。不过要再一次申明，这并非铁律。而且，鉴于并非所有男性都比女性强壮，且人的体力在一生中会发生变化，因此这种观点也不是普遍的。事实上，在一些使用犁的社会中，女性也从事户外工作。沙伊德尔引用了一位 19 世纪的旅行者的见闻，这名旅行者在欧洲的巴斯克地区看到那里的女性"在田间劳作，表现得和男人一样出色；她们给牛套上挽具，牵引它们……她们驾着马车去集市，或沿着犁沟犁地"。沙伊德尔认为，农村地区普通人的生活与城市富裕阶层的文化理想或假设大相径庭。

　　因此，很难将性别不平等归因于农业或财产所有权的出现。如果说是这些因素改变了史前时期的权力平衡，那么这些变化必定是细微的，因为它们没有在考古记录中留下明显的痕迹。最早的国家崛起时，我们才真正看到性别关系发生转变，男性权威初露端倪。当性别成为一种组织原则，当庞大的人口会被以刻意忽视他们日常现实的方式进行分类，并迫使他们以并非出于自身选择的方式生活时，性别问题才变得突出了。

第五章 限 制

◇◇◇

人类学家斯科特写道,近5000年前苏美尔城市乌鲁克的行政泥板就是"清单、清单、清单"。

在古代美索不达米亚出土的文物中,最引人注目的是统治阶层对人口、商品和财产的细致记录。乌鲁克及其周边地区是《吉尔伽美什史诗》(*Epic of Gilgamesh*,作于约公元前2100年)的诞生地,这里鼎盛时期可能居住着9万人。少数精英和行政人员统治着这个复杂、等级森严的国家,他们需要严密地控制人口,因此保存记录至关重要。清单是他们的控制工具之一。斯科特说:"个人权力是整体权力的关键。你需要建立一系列组织单位、纪律单位和税收单位。"

对于国家来说,保持人口增长的最好办法是创造条件,让尽可能多的女性生育尽可能多的孩子,并把这些孩子抚养成对国家有用的饲养员、工匠和战士。古代美索不达米亚的城市开始进行人口普查——包括将性别作为年龄和地点之外的一个分类,以便评估城市的人力资源,更高效地征税。分类是等级制度运作的基础,统治者需要知道国家的人口,以及如何在其间分配工作和口粮。人们必须遵守社会规范,这样国家才能高效运转而不至于分崩离析。在许多方面,国家就像一台机器,每个部件都是为特定功能而设计的。

规则不是自动产生的。性别的意义和重要性是随着时间的推移而逐渐发展的,而且并非始终如一。阿卡德神话表明,当时的人们并没有区分男孩和女孩的优劣。苏美尔文本用不同的词语表示生命的不同阶段,其中大部分没有性别色彩。但也有迹象表明,年轻人的"男子气概"(Masculinity)开始与战争和战斗联系在一起。不过,这个描述并不局限于男性,也可以用来形容女神。

荷兰莱顿大学的语言学家阿尔温·克吕克豪尔斯特(Alwin Kloekhorst)解释说,我们掌握的最早的印欧语书面样本属于古代安纳托利亚地区语言的一个分支(包括赫梯语),这种语言在语法上似乎没有独立的阴性词(即在语法上可能没有专门的词来指示女性)。指示女性的词或许是后来加入其他印欧语的。他继续说,从公元前3300年开始,这些语言肯定有了指示女性的词,但在公元前4000年之前还没出现。

这并不意味着性或性别在6000多年前无关紧要,只是说语法稍晚才反映出女性和男性的区别,这种区别在当时一定是很重要的。许多个世纪以后,赫梯王国的统治者主要是男性。克吕克豪尔斯特表示:"王后永远在国王之下。这显然是一个性别化的社会。"他还补充说,他们确实有性别化的名词,但仍然用同一个代词来同时指代"他"和"她",这个代词是一个非二元的"他们"。

第五章 限 制

一旦制定了规则并为各种类别赋予了意义，就必须对其进行监督，以防出现违规行为。这是历史上司空见惯的现象。随着时间的推移，美索不达米亚有关结婚、离婚和通奸的法律对女性越来越严苛，她们的自由和权利逐渐被剥夺。与此同时，几个世纪过去，历史记录中的劳动妇女也逐渐消失了。人们对女性活动的关注，越来越集中在她们是否忠于妻子、母亲和公民的职责。

已故历史学家和女性主义者勒纳花费了 8 年时间，研究在美索不达米亚漫长的历史上，女性的地位是如何恶化的。1986 年，她出版了《父权制的创造》（The Creation of Patriarchy）一书，系统性地介绍了她的研究成果。她的结论是，正是在这里，在这个时期，"女性在家庭中的从属地位被制度化并写入法律"。勒纳说，神庙中负责行政和记录工作的祭司组成了"神庙精英"，与这些"神庙精英"同时出现的还有"军事精英"，后者成为酋长，并最终将祭司推向政治生活的边缘。这些酋长成为国王。最强大的国王将他们的领土整合为王国和民族国家。她写道，每个阶段"都在朝着加强男性在公共生活中的主导地位的方向发展。"

不过，这种说法还需要解决一个问题，那就是如果随着时间的推移，权力可以逐渐积累，那么为什么总是男性获得了这些权力呢？最初的神庙精英、军事精英、酋长和国王全都是男性吗？为什么任何一个阶段都没有女性夺取权力？

最简单的解释可能是，这些社会本身就存在男性占主导地位，女性居于从属地位的自然现象，这种情况在之后的几个世代里表现得愈发明显。勒纳在某种程度上也依赖于这一推理。她援引了男性更渴望权力、身体更强壮、更加专横，而女性更加柔弱、需要保护的刻板印象。她认为，女性接受从属地位，作为保障自己和孩子的安全而付出的代价。有一句话尤其令人不安，她写道，男性逐渐意识到"女人会忍受奴役"。像她之前的许多人一样，其历史叙述背后隐藏着一种怀疑，即女性受压迫可能源于我们的天性，早在国家出现并将女性受压迫制度化之前就是如此。

但是我们知道，那个时代确实存在着掌握权力的女性。勒纳也观察到，古代美索不达米亚的上层阶级女性享有"重要的经济、法律和司法权力"。一份苏美尔北部城市的王室文件显示，女性拥有财产，参与商业活动，并担任书记官。在古代苏美尔，男性国王很常见，但至少出现过一位著名的独立女性国王。据记载，库巴巴在公元前2500年左右建立了基什第三王朝，而此前，她是一家酒馆的老板。据我们所知，她的地位并非缘于她是某个有权势的男性的姐妹、妻子或女儿，她是独自统治着国家的。她非常成功，相传她的统治持续了整整一个世纪。

很明显，妇女既不是没有权力，也不是对权力不感兴趣。在追求或捍卫自己信仰的事业时，她们会毫不犹豫地使用暴力。

第五章 限 制

历史学家托勒在写作《女战士》(*Women Warriors*)一书时,收集了关于女性参与战争的故事。她回忆说:"当我用跨文化的视角研究女战士,而不是孤立地看待她们时,其中最让我吃惊的是,即使有这么多例子,但在我们的集体意识中,它们也是如此的微不足道。"统率军队的女性并不罕见,从1世纪的英格兰女王布狄卡(Boudica)到7世纪中国的平阳公主,几千年来,几乎各大洲都有著名的女性军事领袖。根据传说,16世纪扎佐(位于今尼日利亚)的豪萨女王阿米娜(Amina)曾率军征战30余年。她为保护自己治下的城市而修建的城墙,至今仍有一些屹立不倒,并以她的名字命名。

同样重要的是,女战士不仅仅来自社会精英阶层。当普通女性有机会参加战斗时,许多人也都抓住了这个机会。托勒指出,在20世纪,成千上万的女性加入了非洲、亚洲和拉丁美洲的革命游击队,"这些部队中女性的比例可能高达30%"。她补充说,从2014年开始,有7000到1万名库尔德女性加入了在中东对抗恐怖组织"伊斯兰国"的战斗。为了能与男性并肩作战,有些女性还曾伪装成男性。其中最有名的例子之一是德博拉·桑普森(Deborah Sampson),18世纪时,她化名罗伯特·舒特莱夫(Robert Shurtleff)参加了美国独立战争。桑普森被视为英雄,即使其性别在负伤后暴露,她也仍然获得了全额退伍金。

父　权：男性统治的伊始与终结

◇◇◇

我们从自己的社会中了解到人类的多样性——人有不同的身高和体型，有各种个性和兴趣，性别也有多种表现形式。然而，我们对历史和考古记录却抱有不切实际的期待，希望它能呈现出一个整齐划一的世界，里面的每个人都严格遵守明确的社会模式，从不偏离。

在这个想象的世界里，每个人都很容易被归类。每一个女性都无法上战场，也不能成为统治者，每一个男性都天生是战士。过去的人物都被扁平化为雷同的漫画式形象。我们同样难辞其咎，因为我们也无意识地接受了早期国家掌权者竭力自然化的性别规范和等级制度。

1998年，亚述学家朱莉娅·阿桑特（Julia Assante）展示了现代研究人员构建这种漫画式形象有多么容易。她对美索不达米亚语中"圣职妓女"（Harimtu，复数形式为 Harimatu）一词的翻译提出质疑。从19世纪起，学者们一直认为这个词指隶属于神庙的妓女。他们认为，古代的女性都可分为两类，二者都由其之于男性的性可得（Sexual Availability）程度来定义——要么是忠诚、贞洁的女儿或妻子，要么是与任何特定男性都无关的妓女。这些"圣职妓女"自然而然地被归入第二类。但阿桑特注意到，在美索不达米亚的文本中，没有任何表明她们卖淫的证据。

第五章 限 制

阿桑特想，或许她们根本不是妓女。

研究古代女性问题的布丁赞同阿桑特的推理和证据，她在《古代圣职妓女的神话》（*The Myth of Sacred Prostitution in Antiquity*）一书中梳理了类似的被误解的历史。但她补充说，史学界同仁们一直在强烈抵制修正"Harimtu"的含义，"其中涉及大量的性别歧视"。

布丁解释说，如果不带先入为主的假设，更客观地阅读文学作品，"Harimtu"听起来更像单身、独立的女性。"她们没有父亲，没有丈夫，基本上可以凭自己的心意行事。"这些女性碰巧摆脱了社会的父权束缚。她指出，这个时期的女性还可以从事酒馆老板、医生、厨师和艺人等职业。公元前 1900 年左右，一些纺织女工从今土耳其东部一个亚述贸易殖民地给家中男性寄信，其中一封信里，一名女性责备她的丈夫没有为她运过去的纺织品收回全部款项。

性工作不应被羞辱。但是我们同样很难相信，不管是在古代美索不达米亚文明时期还是其他任何时代，每个离开家庭来养活自己或家人的女性都是性工作者。古典学家肯尼迪写道："就好像除了成为富裕的公民妻子，和成为靠出卖色相换取经济支持的女性之外，女性就没有其他栖身之所了。"肯尼迪一直在努力让她的研究能更全面地理解古代劳动妇女的真实生活，这来自她自己家庭的影响。肯尼迪的祖母是一名工人阶级移民，丈夫去世后，她成了一名酒吧女招待，独自抚养3个孩子。

美索不达米亚的女性经常担任酒馆经营者（有时被翻译为"Alewife"），但是这项工作在当时的含义肯定与我们今天大多数人理解的不同。当时的男性和女性都饮用啤酒之类的发酵饮料。阿桑特的配给清单研究显示，女性和男性每天都要喝啤酒，平均每日摄入量为4到5升。她补充说，妻子们既会独自去酒馆，也会与丈夫们一起去。因此，酒馆不可能只是娱乐或冶游的场所，它肯定是人人都会去的地方。

布丁说："通常情况下，我们会发现女性拥有的权利乃至特权，比大众文化普遍认为的要多。如今，女性拥有自己的财产，经营自己的生意或参与家族企业的能力，比以前得到更加充分的证明。"经过了数百年，女性的生活才变得更加狭窄，慢慢被更严苛的性别规范和法律束缚。随着时间的推移，不同阶层的男性和女性的生活轨迹逐渐分离，渐行渐远。

有迹象表明，这些规则在实施时并不总是那么顺利。国家可以强制推行法律，但这并不意味着人们愿意遵守。在美索不达米亚的部分地区，人们认识到，有时可能需要绕过性别分类，因为这种分类满足不了人们的需求。布丁告诉我，在某些城市，男性会把女儿或妻子的性别指定为"男性"，以便让她们获得继承权。她说："父亲临终前可以在遗嘱中声明，我指定你的母亲成为家庭的'父亲'，或者我认定自己的女儿为'儿子'，这样她

第五章 限 制

们就可以像儿子一样继承遗产。"为了赋予女性在家庭中不同的地位,女性的法律性别被改变了。这不仅证明了性别分类在实践中的局限性,也证明了人们愿意打破性别分类。

奇怪的是,即使到了今天,仍有许多学者竭力否定古代记录中关于劳动女性,独立女性或强大的女性统治者、女战士的证据。对他们来说,女性必须无权无势或者默默无闻,历史才有意义。

2008年,加利福尼亚大学伯克利分校古代近东研究系的研究生凯瑟琳·麦卡弗里(Kathleen Mccaffrey)注意到,专家们很难解释,为什么在古代苏美尔城市乌尔发现的女性遗骸会与王室物品或武器埋葬在一起。麦卡弗里解释说,有时,一些确凿的考古信息会受到质疑,仅仅因为它不符合性别预期。学者们似乎更愿意相信出问题的是他们的考古信息,而不是他们的假设。当他们发现证据能够强化他们的性别预期时,他们则会毫无疑问地接受这些证据。麦卡弗里解释说,在男性坟墓中发现的王室物品不需要同样严格的论证,因为"常识"不要求这样做。

麦卡弗里的结论是,在解释古代的性别问题时,"常识"并不是一个可靠的指引。她写道:"常识认为,女性坟墓中的王室印章是男性的财产,因此直觉将举证的责任完全推给了认为印章属于女性的一方。"她补充说,如果苏美尔女性像国王一样被埋葬,那么简单说来,她们就是国王。问题或许不在于被埋葬的女性，而在于现代考古学家和历史学家对"国王"一词的解释。她总结说，这种偏见的结果是排挤了"非妻子的女性和非战士的男性"。

如果暂且抛开所有男性都天生支配女性的陈旧观念，还有什么可以解释像古代美索不达米亚这样的地区的性别关系变化呢？一个可能的答案是，所有女性的权利都被彻底剥夺了——国家将女性分类，并系统性地剥夺她们的权利。通过逐步引入广泛的规则和法律，由复杂个体组成的一整个群体实际上被推向边缘化，并受到压制。历史上有许多类似的例子，如美国南方的种族隔离、印度的种姓制度和欧洲的贵族制度。性别规则不仅迫使人们扮演狭隘的社会角色以更好地为国家服务，还允许精英男性从女性手中夺取之前与她们共享的权力、权利和财产。

美国心理学家卡萝尔·吉利根（Carol Gilligan）和精神分析学家纳奥米·斯奈德（Naomi Snider）认为，性别是父权制的基础。分类使刻板印象定型。它抹杀了差异，用少数几种共同的特质或者可能的用途来定义人。人们被这种近乎随意的方式划分为不同的群体，但即使如此，它也会促使我们去寻找群体之间的差异。这正是分类成为一种强大的心理工具的原因。分类很快便会带有社会意义。吉利根和斯奈德解释说，等级二元命令告诉人们："男人要想成为男人，就不能是女人或像女人一样，反之亦然。"

第五章 限 制

斯科特同样提到，统治群体的成员在意识到自己的统治地位后，是如何学会带着权威和自信行事的。他写道："对于世袭统治集团来说，训练通常从出生就开始了；贵族学习贵族的举止，婆罗门学习婆罗门的风范，男人学着成为男人。"

例如，军事国家可能会把所有年轻男性集中在一起，因为他们拥有集体作战能力，而不管每个人实际的能力如何。在古希腊诗人荷马（Homer）的《伊利亚特》（*Iliad*）中，特洛伊王子赫克托耳（Hector）对妻子安德洛玛克（Andromache）说："战争是所有男人的事。"不是某些男人，而是所有男人。年轻女性的角色被视为生育和抚养，她们要诞育婴儿并培养忠诚的公民参与劳动和战斗。又或许，根据文化或阶级的不同，女性的角色还可能是某种特定的职业。斯科特指出，在美索不达米亚，最早有文字记载的奴隶制机构之一，就是一个拥有数千名女性的纺织作坊。纺织业在古希腊也非常重要，而且通常被视为女性的行业。

在现实生活中，并非所有女性都愿意织布或在家生孩子，也并非所有男性都渴望冒着生命危险上战场。但精英们并不关心个人。让每个人都在被期望的范围内生活，符合这些早期国家的利益。整个国家机器的运转都仰赖于此。

公元前17年，罗马第一位皇帝奥古斯都（Augustus）在一次演讲中暴露了这种不可避免的紧张关系。他认为自己看到的是罗马的道德沦丧，担心这个城邦可能会瓦解。他对元老院说："罗马的公民们如果能在没有妻子的情况下生存，我们每个人都会避免这个麻烦事。但是，既然自然的规则让我们注定有妻子则不得安宁，无妻子则无法生存，那么我们必须为自己长远的存续筹划，而不是沉溺于短暂的欢愉。"奥古斯都推行了鼓励人们结婚，保持忠诚并生育更多孩子的法律。他的话表明，他这样做是为了顺应自然。但是，为什么有人要为自然而然的事情立法呢？

法律无疑是为国家利益服务的。

◇◇◇

从最基本的角度来看，古希腊的"家庭"可以被视作一种让人们处于"不自由"状态的制度。

进入古典时代，统治者已经将他们的规则和法律调整到每个人都本能地知道自己在社会中位置的程度。从社会底层的奴隶，到从夫从父的妻与子，每个人都被纳入国家的社会规范中。普通女性公民的使命是生育和抚养更多的公民，普通男性公民的职责是保卫国家。古代雅典实现服从的一个方法是给人们灌输对城市的忠诚感。个人需要被融入更大的群体中，为更远大的理想做出牺牲。

我们可以在后来的历史，甚至今天的世界中看到这种做法的回响。根据历史学家麦克林的研究，1206年之后，成吉思汗开

第五章 限 制

始实施普遍征兵制,"家有男子,十五以上,七十以下,无众寡尽签为兵"。他将包括妇女和儿童在内的民众组织成政治和军事单位,每个人都必须效忠蒙古帝国。满15岁的儿童可以被征召入伍,被灌输这些社会规范,并被有意抹去他们可能拥有的其他价值观或民俗习惯。如今,许多国家仍然实行战时强制征兵制。2015年,朝鲜在拥有全球男性服兵役最长时间的基础上,将义务兵役制扩大到女性。

在古雅典,家庭价值观无异于一种心理控制手段。人们被灌输的一种观念是,女性的自由会威胁国家的完整性。布丁说,女孩受到的控制最终严格到"十三四岁就嫁人,以确保她们没有机会体验任何自由或做出任何不当行为。哪怕一百个女人中只有一个为了情人离开丈夫,或被发现有外遇,也会激起严重的猜疑和巨大的恐慌。整个家庭都会陷入灾难"。

过早将女孩嫁给年长男性的后果是,妻子和丈夫在行为和性情上似乎完全不同。一个女孩可能要为一个比她大10岁或15岁的成年男性做繁重的家务。这种家长式的关系助长了认为女性愚蠢而不成熟、男性理性睿智的观念,但事实上,这只是年龄差异造成的。

性别还逐渐与荣誉、礼貌和忠诚等美德联系在一起。人们为那些不遵守规则或无视这些价值观的人感到焦虑。古希腊作家经常敲打"不守规矩"的女性,尤其是那些积极争取个人利益、拒绝坐以待毙、拒绝自我牺牲或效忠国家的女性。诗人赫西俄德曾写过一名魅力四射的女性图谋一名男性的财产的事情,他告诫道:"她盯上了你的谷仓。"6世纪的诗人麦加拉的忒奥格尼斯(Theognis of Megara)写道,女人也不会拒绝嫁给一个富有的坏男人,"因为她宁愿富有而非善良"。

肯尼迪说,外邦女性(Metics,向城市纳税,但没有公民身份的外籍居民)经常成为诉讼和诽谤的目标。她们通常更加独立,更可能通过劳动谋生。她写道:"在雅典,用来诋毁外邦女性的最严重的刻板印象之一,就是她们爱钱、爱财甚于爱雅典。她们被描述为性行为放荡,会对国家构成威胁。她们的利己行为被认为动摇了社会和谐。"

从古希腊这些记录的字里行间,我们看到的是一个绝望地维系秩序,唯恐一切分崩离析的社会。莎拉·波默罗伊在《女神、妓女、妻子和奴隶》一书中解释说,即使是最厌女的古代雅典作家也会流露出一种担忧,担心男女之间的权力不平等可能并不稳固。在古希腊神话传说中,阿伽门农(Agamemnon)的妻子克吕泰涅斯特拉(Clytemnestra)与情人私通并杀死了自己的丈夫,最终被儿子刺死作为报复。亚马孙女战士的传说中,一个强大的女战士部落在战场上与男人旗鼓相当,但最终落败。希腊文学学者弗罗马·蔡特林(Froma Zeitlin)用"亚马孙情结"(Amazon Complex)这个术语,来描述社会对女性可能拒绝屈从地位并试

第五章 限 制

图成为主导性别的恐慌。

这种复杂的、明显偏执的妄想在文学作品中屡见不鲜。希腊戏剧虚构了大量试图颠覆父权制秩序的女性形象。在阿里斯托芬（Aristophanes）的讽刺剧《妇女大会》（Assemblywomen）中，女性接管了雅典政府。这位剧作家曾以类似的主题创作过多部戏剧。波默罗伊写道："在他现存的11部喜剧中，有3部表现了女性成功对抗男性的情节——像菲德拉（Phaedra）这样大门不出的妻子可能渴望通奸；像克瑞乌萨（Creusa）这样的妻子在婚前可能生过私生子；像得伊阿尼拉（Deianira）这样的贤妻则会谋杀丈夫。"

"这些都是胜利者的噩梦——总有一天，被征服者会起身反抗，对她们的旧主人以牙还牙，以眼还眼。"

这类噩梦在许多拥有不平等社会秩序的文化中都有所体现。与种姓和等级制度相关的仪式可以非常繁复。欧洲君主奢华的排场和仪式恰恰展示了他们的不安。在印度，关于不同种姓的人应该如何相处的规定数不胜数。民族学家和性别问题专家德夫·内森（Dev Nathan）、戈文德·凯尔卡尔（Govind Kelkar）和于晓刚指出，在亚洲的一些父权制更加根深蒂固的社区，人们认为女性是女巫或邪恶之源。他们写道："认为女性曾经拥有某种力量，后来被男性窃取，并由男性小心翼翼地守护的观念相当普遍。"在泰国东北部的一个地区，人们用木制阴茎作为压制邪灵的武器。

在与自身的不安全感对抗的过程中,古雅典发现自己始终处于被动之中。虽然古希腊诗人和剧作家竭力将女性的劣等和从属地位描述为自然,并坚持认为雅典的社会秩序完全正常,但最能有效削弱他们主张的是这样的事实:雅典以外的社会并不总是遵循同样的规则。

例如,古埃及对性别和权力的看法完全不同。肯尼迪说:"我们有大量莎草纸文献,其中许多是女性写的信件或签订的合同,包括财产合同、遗嘱等。"她说的文献可以追溯到公元前4世纪亚历山大大帝(Alexander the Great)征服埃及后的希腊化时代。"女性实际上掌握了我们所说的金融权和其他合法的权力。"肯尼迪解释道,女性在家庭中拥有权威的传统,可能向上延伸到了统治阶层,人们于是能够想象并接受女性掌权。虽然男性法老很常见,但也有著名的女性统治者,包括克利奥帕特拉(Cleopatra)和涅菲尔娣蒂(Nefertiti)。

埃及的开罗美国大学埃及学家、国际埃及学家协会首位女主席法伊扎·海卡尔(Fayza Haikal)告诉我:"在地中海世界,古埃及女性的地位可能是最高的,肯定比古希腊或古罗马女性的地位更高,因为古埃及女性非常独立。她们可以工作,可以收养任何人,可以继承遗产,可以经营自己的生意……她们几乎拥有和男性一样的权利。"当然还有受过教育的女性,有从事医生、

第五章 限 制

助产士、音乐家和祭司等工作的女性。

德国海德堡大学埃及学和考古学博士贝萨妮·赫克斯（Bethany Hucks）同样认为，"在古代世界，女性有多种存在方式。"埃及女神伊西丝（Isis）是古代世界最受欢迎的神祇之一，而且她的形象复杂而丰富。古代的宗教崇拜通常会给女性，包括地位较低的女性提供在公开场合露面、享受真正的权威、超越社会规范的机会。从 21 世纪的角度来看，我们可能会觉得父权制从古代到现代的发展是线性的，但正如赫克斯解释的："在古代地中海世界，事情有可能变得更加公平。"

◇◇◇

英国伯明翰大学历史学家、斯巴达问题专家安德鲁·贝利斯（Andrew Bayliss）告诉我："她们锻炼身体，她们做严格意义上属于男性的活动，她们跑步、跳跃、投掷。"斯巴达是一个因为女性过于显眼而恶名昭著的古希腊城邦，它的女性与在邻邦雅典过着相对封闭生活的上层阶级女性形成了鲜明对比。

斯巴达让我们思考性别行为的自然界限究竟在哪里。雅典人注意到斯巴达女性与雅典女性的身体差异，认为前者因为户外运动而更加强壮，肤色更深。贝利斯指出，斯巴达女性的食量远大于其他希腊女性。在剧作家阿里斯托芬创作的雅典喜剧《吕西斯忒拉忒》(*Lysistrata*,又译"利西翠妲")中,妇女们组织了一场性罢工,以阻止雅典和斯巴达之间的伯罗奔尼撒战争。斯巴达妇女拉姆皮托(Lampito)在其中的一幕登场。贝利斯说:"雅典人开始评论她的外貌。他们说她晒得多黑,肌肉多发达,她则表示自己强壮到可以杀死一头公牛。"古希腊哲学家亚里士多德对斯巴达人的敌意尤其明显。他抱怨斯巴达男人太听他们女人的话,认为斯巴达是"女性当政"。在雅典的文学作品中,斯巴达通常是怪异或不寻常的。

贝利斯说,古怪的是,最近还有学者把斯巴达称为"东方",把雅典称为"西方"。他们几乎是在呼应亚里士多德的说法,暗示斯巴达更加陌生。但事实上,只有从雅典人的角度去看,斯巴达才是陌生的。对于世界上的其他地方来说,雅典肯定同样不同寻常。贝利斯解释说:"我们认为雅典人的做事方式是正常的,因为他们将斯巴达人塑造成他们的对立面,这才产生了斯巴达女性完全不正常的印象。"但实际上,"雅典可能是一个极端,斯巴达则是另一个"。

与其他社会相比,斯巴达社会更注重战争,这意味着当男性外出打仗时,女性要管理财产。这种特定的社会环境可能催生了对女性和男性行为方式的不同期望。斯巴达历史上曾有一个阶段,女性拥有五分之二的土地。年长的寡妇可以积累大量个人财富,因此在丈夫去世后可能不需要再婚。贝利斯写道:"富裕的

第五章 限　制

斯巴达女性还能够为贫穷的男性亲属提供经济援助，这可能会使一些女性对她们的男人拥有更大的影响力。"

这并不是说斯巴达对自己的社会规范没有限制性观念，只是说它认为的得体行为与雅典不同。

斯巴达年轻人的日常生活仍然受到希腊父系价值观的约束，但也受到其社会尚武风气的影响。贝利斯解释说，这也是一个不畏惧坚持自己道路的社会。斯巴达人认为，女性必须健康强壮，才能生育对未来有用的公民；同样地，男性也必须体魄强健，这样他们才能打仗。贝利斯补充说："斯巴达女性结婚的年龄相对较晚。雅典女孩可能十四岁便已嫁人，而斯巴达女性更可能在十八九岁结婚。"未婚女孩不需要包起头发，可以穿更短的裙子，这些裙子虽然更暴露，但便于她们活动和锻炼。

雅典和斯巴达体现在历史记载中的另一个明显区别是，斯巴达女性不仅能被看见，其言辞也受重视。在描述斯巴达人生活的希腊文学中，最为人称道的是"简洁的"（Laconic）谚语。它们诙谐深刻，又凝练隽永。"Laconic"一词源于斯巴达所在的希腊拉科尼亚（Laconia）地区。比如，当一个斯巴达人被告知敌军的箭矢将遮天蔽日时，他会回答说："很好，那我们就在阴凉里战斗。"这些妙语并不是男性的专利。根据现有记录，大约40条这样的短语被认为出自女性之口。

贝利斯说："有些颇为精彩。"一个常见的主题是女性批评她们的男性亲属不够勇敢。女性期望丈夫和儿子勇敢上阵，哪怕冒着死亡的危险，这表明她们对国家的军事目标十分关注。最生动的一个故事是，当一位母亲看到儿子在战场上表现软弱时，她掀起裙子说道："你打算爬回你出来的地方吗？"此外还有女孩嘲笑男孩软弱，女儿和妻子指导父亲和丈夫如何行事的故事。

美国圣地亚哥州立大学研究古代世界性别与性行为的历史学家沃尔特·彭罗斯（Walter Penrose）告诉我，如果这类故事并非杜撰，而是真实地反映了当时人们的言行，那么斯巴达女性似乎认为自己很勇敢。这一点很重要，因为邻邦的雅典人认为勇气是一种坚定的男性特质，只有在男性身上才是值得称赞的。"勇敢的女性做出的行为被归为'Tolma'（鲁莽），而非'Andreia'（勇气）。"

在雅典，一个懦弱的男人可能会被形容为"女人气"。在斯巴达，勇气并没有按性别划分。彭罗斯解释说："斯巴达的懦夫不会被比作或称作女人，因为斯巴达女性并不被认为缺乏勇气。"事实上，在斯巴达和伯罗奔尼撒半岛的阿尔戈斯城，女性的勇气受到褒扬。他写道："那些被雅典人视作'男性化的'和'鲁莽的'，因而'不自然的'女性勇敢行为，却得到其他希腊人的称赞。"

这并不是因为勇敢的女性不常见，而是因为每种文化都自有一套处理性别的方式。彭罗斯说，在古代欧亚大陆，考古证据显

第五章 限 制

示"古代斯基泰人、萨尔马提亚人和色雷斯人中,有将武器作为陪葬品的女性"。这些真正的女战士(如果她们的确是)可能是希腊传说中亚马孙女战士的故事原型。彭罗斯补充说:"这些社会中的女性显然战斗过。希腊人通过贸易和殖民接触了不同民族的女战士,但似乎把她们全部或大部分地归入了'亚马孙'的概念里。这或许是因为古希腊人无法理解一个女性可以战斗或掌权的社会。"

因此,雅典人关于性别的根深蒂固的信念,"并不完全符合他们所掌握的一系列事实"。

从刚开始研究古代的性别多样性时起,彭罗斯就注意到了文献中的矛盾和悖论。例如,一些古希腊哲学家认为智慧是男性特质,但在历史和神话中,也存在着明显很聪慧的女性。所有的规则都有例外,但人们以一种持久且近乎绝望的态度坚信这些规则是自然的。彭罗斯得出结论,男性和女性的二元对立观念——根据流传下来的文献,这似乎是希腊社会不可动摇的一部分——被夸大了。他说:"我认为其中存在着一种张力,这就是我为什么对二元对立观念持谨慎态度,因为实际情况要复杂得多。"

美国普林斯顿大学的古典学者布鲁克·霍姆斯(Brooke Holmes)也写道:"我们不应该忽视这样一个事实,即在古代文本和生活中,性别往往是高度简化的,这巩固了对立的思想,并限制了个人对自己兴趣、才能、欲望、恐惧和希望的表达,以及看待彼此的方式。"但是，我们可以从字里行间里透露的焦虑和妄想中看到，想要将人们束缚在人为僵化的分类里，是多么困难的事情。

◇◇◇

古希腊医书《养生论》（*On Regimen*），据说是由公元前5世纪的医生希波克拉底（Hippocrates）撰写（如今，医生们在宣读希波克拉底誓言时都会铭记他），书中主张，婴儿的性格是在子宫内由母亲的种子和父亲的种子之间的斗争决定的。彭罗斯解释说，每一颗种子，无论来自哪一方，都可以偏向女性或男性，这意味着母亲可以产生偏向男性的种子，父亲也可以产生偏向女性的种子。因此，举例来说，一个"男性化"的女婴可能是父亲的女性倾向种子战胜了母亲的男性倾向种子，但仍与之结合的结果。当然，其他组合也会导致其他复杂的情况。

这证明古希腊人不得不承认，每个人并非一出生就自动符合社会的性别期望。不符合刻板印象的"女性化"的男人和"男性化"的女人，其存在必须得到解释。这正是《养生论》试图做的事情。作者不仅在试图解释现实，也在为必须生活在一个严格性别化的社会中的读者写作。

彭罗斯告诉我："我花了很长时间才得出结论，这是一部政

第五章 限 制

治文本,里面涉及政治因素。他(希波克拉底)之所以把这些都写出来,是为了使父母们能够调整自己的生活习惯、饮食和锻炼,以免生出一个不符合性别期望的孩子。"雅典人以对不符合社会规范的人极度不宽容而闻名。古希腊和古罗马都有关于双性人被杀的记载,有时,双性人在婴儿时期就会被杀害,因为人们担心他们会威胁宇宙的稳定或带来不祥。因此,《养生论》反映了人们渴望符合严格的性别规范,但同时又不安地认识到,并非人人都能如此。

彭罗斯说:"这是意识形态与现实之间的张力。"

这条评论是更广泛的学术研究的一部分,该研究几十年来一直在质疑我们看待古典时期女性和男性的方式。古典学家马克·戈登(Mark Golden)和彼得·图希(Peter Toohey)在他们的论文集《古希腊和古罗马的性与差异》(*Sex and Difference in Ancient Greece and Rome*)中叙述了这个问题的复杂性。受法国哲学家米歇尔·福柯(Michel Foucault)在20世纪70年代出版的关于性的著作的启发,一些专家提出,插入式性行为是否可以被视为"定义性别的主要手段?男性插入,女性被插入"。因此,戈登和图希写道:"并非所有男性都是男性。"对于被插入的、处于从属地位的男性(包括奴隶和男孩)而言,他们的男性身份可能会发生变化。

拉宾诺维茨写道:"'女性'一词也不是没有问题的。"她解释说:"古人不仅有不同的词语来形容女性,他们对这些词的使用方式也各不相同。"例如,罗马人认为,在性方面更主动(而不是被动)的女性更有"男子气概"。

这些不确定性从未得到完全解决。不同社会对男性和女性的定义仍然存在文化差异。一个典型的例子是罗马天主教会和伊朗对待跨性别者进行变性手术的不同方式。此二者都严格遵循父权制,并且认为男性和女性有明确的社会角色。但是,天主教会将跨性别特征视为一种需要心理治疗的精神不稳定状态,而伊朗则认为这是一个应该通过手术矫正的生理问题。伊朗政府甚至为变性手术提供补贴,因为这将使一个人的身体和心灵达到"正确的对齐"。伊朗的跨性别者在接受手术后,需要履行与其术后性别相符的道德和社会义务,跨性别女性要在公共场合戴面纱。而在天主教会看来,接受过手术的跨性别男性仍然是女性。

纽约州立大学石溪分校的社会学教授奥耶隆克·奥尤沃米(Oyeronke Oyewumi)特别提到了古希腊哲学家亚里士多德,他写道:"几个世纪以来,生物性决定命运,或者更准确地说,命运即生物性的观点,一直是西方思想的主流。"这种理念为全世界投下了长久的阴影,尤其是被欧洲人殖民过的国家。奥尤沃米解释说,在尼日利亚的约鲁巴语中,传统上没有区分男性和女性的人称代词,因为"性别不是一种组织社会的原则"。在大英帝国扩张到尼日利亚之前,年龄和资历被认为是决定一个人地位的

第五章 限 制

最重要的因素。奥尤沃米写道，正因如此，从历史记录中很难分辨哪些统治者是男性，哪些是女性。在约鲁巴社会，"社会关系的合法性来自社会事实，而不是生物因素"。

但是，即使在西方思想史上（包括古希腊在内），关于男女之间社会关系的正当基础也一直存在着模糊地带。公元前380年左右，柏拉图在《理想国》（The Republic）中写道，一个理想的社会应该让有能力的女性和男性共同担任统治者。他认为，人人都应该接受同样的教育和训练，即便男性看到"赤身裸体、满脸皱纹的年迈女性在体操房里展示其敏捷"会不自在。柏拉图评论说："一切都是习惯。我们可以习惯任何事。"

甚至在此之前，希腊神话中的男神和女神就已经打破了男性特质和女性特质的规范，有时还玩起了两性同体、跨性别和间性别的概念。一个故事的主人公是赫耳墨斯（Hermes）和阿芙洛狄忒英俊的儿子赫马弗洛狄特（Hermaphroditus），他与山林仙女合为一体，成为雌雄同体者。女神雅典娜则拥有雅典人视为男性特质的英勇和聪慧，她是战争女神，因其军事力量和智慧而受到崇拜。酒神狄俄尼索斯（Dionysus）有时被描绘为一个胡须苍苍的老人，有时则显得很年轻，有着长发和足不出户的上层女性才有的苍白皮肤。印度教的神祇中，也有一些类似的复杂情况。湿婆（Shiva）的化身之一，阿尔达纳里什瓦拉（Ardhanarishvara）的身体从中间一分为二，一半是湿婆的男性形象，一半是湿婆配偶帕尔瓦蒂（Parvati）的女性形象。

古典学家艾莉森·瑟蒂斯（Alison Surtees）和研究性别问题的学者詹妮弗·戴尔（Jennifer Dyer）写道："雅典娜和狄俄尼索斯不仅仅象征着那些可能无法完美匹配社会结构的人仍然能够得到认可，更代表着隐藏在被不断颂扬，被反复确认为神圣的、自然的、理想的和正常的稳定表象下的流动性。"

虽然古希腊人显然对超越性别规范的生活抱有好奇，但与此同时，他们也意识到，国家的社会、经济和政治稳定仰赖于消除这种现象。朱迪斯·弗莱彻（Judith Fletcher）是加拿大安大略省威尔弗里德·劳里埃大学的历史学家，她的研究重点是古典时期雅典的文化。她写道，即将成年的、介于处女和妻子之间的年轻女性被认为拥有一种未驯化的、强大的"野性"，"如果国家要延续下去，就必须融合这种潜在的力量"。国家的运作离不开一套极其狭隘的社会规则，这些规则确保公民的行为能够维持人口、生产力，以及精英阶层的统治地位。

只有在天界，人们才能摆脱社会期望的束缚而生活。只有神才有做自己的自由。

第六章
异　化

> 我虽活着，
>
> 却屈身为奴，
>
> 被迫西行，远离亚细亚，
>
> 迈入死亡般的婚姻！
>
> ——《赫卡柏》（*Hecuba*），约公元前424年
>
> 欧里庇得斯（Euripides）

有些童年经历令人终生难忘。我十几岁的时候，有一次听到母亲压着声音，和她一位在印度的老朋友的女儿打电话。

特丽莎（Trisha，为了保护她的身份，我用了化名，并更改了一些个人信息）经过包办婚姻嫁给了一个印度裔英国人，丈夫和他年迈的父母住在伦敦。他们住的是一栋毫无特色的小排屋。但是，自信美丽、家境相对普通、从未离开过印度的特丽莎，对英国的生活充满向往——就像我父母当初一样。

综合我听到的信息，特丽莎的婚姻生活似乎令她失望。她的丈夫很严厉，但真正让她难以忍受的是，当丈夫外出工作时，她的婆婆和公公把她当作女佣使唤，规定她可以去哪些地方，不可以去哪些地方。她的处境非常糟糕。特丽莎本不应该给我母亲打这些电话——她只能趁无人注意的时候偷着打，或者在知道家人会外出时提前计划好。我母亲安慰她，语气平静地告诉她先忍耐一阵子，如果情况恶化，就再打电话过来。

几个月后，特丽莎生了一个孩子。她丈夫的父母后来过世了。她给我们家打电话的频率越来越低。她的生活逐渐安稳，变成让她感到幸福的样子。

几十年过去，我仍然不明白，为什么母亲从不劝她离开。

也许她劝过。不过，即使我在当时那个年纪，也知道劝说未必有用。妻子离开丈夫被视为一种极大的羞耻。邻居们对家暴视而不见，政府也是如此。直到2015年，英国才将强迫或控制行为定为违法。这种虐待形式因萨莉·查林（Sally Challen）一案而被广泛知晓。这位英国女性在忍受了丈夫40年的羞辱后，用锤子杀死了他。她在2011年被判终身监禁，但9年后经复审获释。

特丽莎的故事并不是我小时候听到的唯一一个这样的故事。我的家人和朋友中，以及报纸和电视上，有许多类似的故事。这些事带给我一种宿命论的想法：女性一旦结婚，就归属于丈夫及

第六章 异 化

其家庭。印度部分地区有一种说法:"照顾女儿就像给邻居的花浇水。"

我还在学习这些规则。记得我结婚那天,长辈们取笑我,说笑得太多了,在这样的场合中,我那么开心显然不合时宜。印度的观念认为,结婚意味着新娘将失去童年时期亲人们提供的庇护,和某人进入一段充满不确定性的新生活——在包办婚姻中,这个人可能几乎是陌生人。就我而言,我嫁给了一个深爱多年的男人,他的家人热情、友善。但是,我在公开场合的行为举止仍然要遵循既定的剧本,无论这个角色对我来说是否有意义。

即使在我家这样开明的环境里,社会规范也让人一头雾水。霸道的婆婆是宝莱坞肥皂剧的主流,受欺负的妻子和儿媳司空见惯。直到今天,女性仍然很难摆脱对丈夫及其家人唯命是从的好妻子的刻板形象。在更糟糕的情况下,她们处于家庭等级制度的最底层,直到生下孩子,而且往往只有生下儿子时,她的处境才会有所改善。也许这就是为什么我没有质疑特丽莎的遭遇。我相信我的母亲也是出于这个原因,才只是用温柔的话语安慰她,而没有劝她离开丈夫。

我意识到,这个世界,已经教会了我们习惯特丽莎的痛苦。

父　权：男性统治的伊始与终结

◇◇◇

费尔鲁兹·乔杜里（Fairuz Choudhury）告诉我："这种情况在不同阶层中都普遍存在。"她在伦敦北部卡姆登的霍普斯科奇女性中心工作，该中心旨在帮助遭受家暴，或希望摆脱对伴侣的经济依赖的女性。许多工作人员都有过跟求助者类似的经历。

乔杜里解释说："给我们打电话的女性通常不会说英语。她们没有受过多少教育，经济不独立，婚姻是包办的。"大多数求助者是来自南亚的第一代移民，但也有一些人来自非洲、亚洲、南美洲和中美洲等地。一些人只是来学习英语的。少数人来自富裕的、有文化的、非包办婚姻的家庭。将她们的故事联系在一起的，不是她们的社会或种族背景，而是她们的孤立处境。这种孤立的状态加剧了她们的无助感。

乔杜里继续说道："我们发现，大多数女性希望有所作为。她们来到这个国家，看到了大量机会。她们想学习语言，想出门，想挣钱，但这一切都被剥夺了。"中心负责人贝奈弗·班达里（Benaifer Bhandari）补充道："那些遭受虐待的人与外部世界的接触渠道可能十分有限。幸运的人可能会走到学校门口，然后就得回家了。"

家务是无穷无尽的。班达里说："有些女人的工作非常繁重，无所不包，而且每个家庭成员都有特定的要求。因此，她

第六章 异 化

会按每个人的特殊要求为每个人洗衣服,为每个人做饭。她一个人,全权负责照顾孩子们和跟孩子有关的一切。没有人分担她的责任,同时她还要照顾其他所有人。她的每一天都非常漫长,更可怕的是,也许还有精神和肉体上的虐待等着她。"

家暴通常被定义为婚姻中一方对另一方的伤害,通常是男性对女性。但正如霍普斯科奇女性中心的工作人员向我解释的那样,责任归属会更广泛地涉及其他人。乔杜里告诉我:"我们处理的大多数案例中,家暴都不仅仅是男性的错。这是一种由家庭中的每个人共同完成的虐待。"丈夫有可能很残酷,或有强烈的控制欲,但他的父母、姐妹和兄弟可能同样如此。孩子们将被引导进入这些权力等级中。几乎所有的家庭成员都可以压迫嫁入他们家的新娘。

2020年,在印度北方邦进行的一项研究发现,与婆婆同住往往会限制农村年轻妇女的行动自由,有时她们甚至不能独自探望朋友或家人。婚后,她们与社会更加隔绝。这种循环一代代重复着,被训斥或虐待的媳妇熬成专横的婆婆。女性成了以前压迫她们的同一套父权系统的工具。

在一些最糟糕的情况下,女性毫无出路。她的原生家庭可能已经与她撇清关系。乔杜里说:"他们说你必须忍耐,因为名誉和耻辱,你不能回来。"如果一个女人与丈夫分居或离婚,她家庭的声誉可能会受损,之后兄弟姐妹们要结婚就难了。"家庭没有太多选择,因为他们知道情况只会更加糟糕,不仅对她,对其他兄弟姐妹也是如此。"

在 2008 年出版的小说《白虎》(*The White Tiger*)中,阿拉文德·阿迪加(Aravind Adiga)讲述了一个来自印度贫困村庄的男孩,给一个富裕家庭当司机时陷入致命陷阱的故事。他别无选择,只能忍受他们的剥削和虐待,因为如果他离开,他的家人会付出代价,他们会被追杀。他把自己比作一只在鸡舍里等待宰杀的公鸡。

阿迪加对贫穷在一个封建社会中令人窒息的影响的隐喻,同样适用于最为压抑的父权家庭。年轻人对老人的义务、女人对男人的服从错综地交织在一起,维持了整个系统的运转。越轨者不仅被视为打破了自身的束缚,更是被认为破坏了整个社区的契约。

如今,巴基斯坦是世界上家暴率较高的国家之一。研究人员发现,最能提升家暴发生率的因素是目睹家庭中或邻居的暴力行为,这使这些行为在家庭中变得正常化。这种影响十分隐蔽,根据海外发展研究所的一份报告,遭受过暴力的母亲会继续支持儿子暴力虐待他的妻子。家暴的想法变得可以忍受,甚至被认为是理所当然的。

霍普斯科奇女性中心的工作人员告诉我,他们接手的一些案例现在已经开始被官方归类为一种人身奴役形式。近年来,他们

第六章 异化

开始认识到,这些女性的遭遇与现代奴隶制现象惊人地相似,具有后者所有的标志性特征。

乔杜里告诉我:"女性必须炊煮、上菜,还被要求晚些时候再上桌。即使她可以和其他人一起用餐,她也不会觉得自己可以再吃一份食物。她们非常害怕公婆。"她继续说道:"她们没有报酬,无法获得生活必需品,甚至没有手机。我遇到过这样的案例,即使她们从娘家带来了手机,或者用父亲给的钱买了手机,手机也会被公婆或丈夫拿走并锁起来。她们不被允许给娘家打电话,也不能在没有其他家庭成员陪同的情况下外出。在某些情况下,当其他家庭成员外出时,她们会被锁在家里。"

◇◇◇

已故历史学家勒纳在其具有里程碑意义的著作《父权制的创造》中写道,女性一定是人类最早的奴隶,最初被男人占有以满足性欲和生育后代。我们经常听说,对女性的压迫早于其他所有形式的压迫。

事实上,很难找到确凿证据来支持这种说法。母系社会和更加平等的社会证明,世界各地的女性并不总是受到相同的对待。但是,哲学家和理论家早已将父权制婚姻中妻子的法律和社会地位与奴隶进行了比较。恩格斯将女性的屈从描述为一种屈辱的奴役或束缚形式。他说，在婚姻中，妻子成为丈夫"淫欲的奴隶"。法国哲学家西蒙娜·德·波伏娃（Simone de Beauvoir）在《第二性》（The Second Sex）一书中写道："女人如果不是男人的奴隶，至少始终是他的附庸。"19世纪初，发起反对寡妇殉夫和童婚运动的印度社会改革家拉姆·莫汉·罗伊（Ram Mohan Roy）认为，妻子"被雇来做家中奴隶的工作"。

显然，并不是每段婚姻都像被缠上了锁链，但奴隶制确实是现实存在的。不过在2017年，联合国国际劳工组织发布的统计数据首次将强迫婚姻认定为一种奴役形式。最新数据估计，全球有4000多万人生活在现代奴隶制中，其中至少有1500万人处于强迫婚姻中。这意味着，几乎每两秒就有一个人在违背自己意愿的情况下被迫结婚。

年轻的新娘面临的风险尤其大。虽然几乎没有关于生活在虐待或剥削家庭中的妻子的统计数据，但是根据联合国儿童基金会的统计，目前有6.5亿成年和未成年女性在未满18岁时结婚。这种情况在南亚正逐渐减少，但在非洲和亚洲的部分地区仍然普遍存在。在尼日尔，四分之三的女孩在18岁之前结婚。

对于这些成年和未成年女性来说，婚后从原生家庭剥离是她们遭受虐待的原因。与童年家庭疏远使她们变得脆弱，但这正是严格的父权社会对婚姻的要求。从历史上看，如果说父系制度和从父居制度有共同点的话，那就是新娘通常是被家庭，更准确地

第六章 异 化

说，是被父亲"赠送"给别人的。直到 2021 年，英格兰和威尔士的结婚证上才能出现母亲的名字，这得益于政府纠正了所谓的"历史异常"。这种"异常"源于这样一个原则：在婚姻中，女性实际上是被父亲传给丈夫的。根据习俗，新娘在婚后会冠夫姓。她的身份融入了丈夫的身份中。

对于今天的许多女性来说，改姓可能仅仅是象征性的，但这种交换行为暗示的仍然是所有权。

早在中世纪，英国普通法的庇护原则便规定，女性一旦结婚，在法律上就不再作为独立的个体存在。法律上，夫妻被视为一个人，这个人实际上是丈夫。妻子不能拥有财产，对自己的身体没有任何权利，孩子也不归她所有。17 世纪伟大的英国法律专家威廉·布莱克斯通称，21 岁以下的孩子牢牢地隶属于"父亲的帝国"。直到 1839 年，《婴幼儿监护权法案》(The Custody of Infants Act) 通过，英格兰的母亲才有权申请子女监护权，这得益于社会改革家卡罗琳·诺顿 (Caroline Norton) 的努力，她离开家暴的丈夫后曾被剥夺了探视儿子的权利。

这种庇护原则被英国人引入他们的殖民地，成为从印度到美国的一系列国家的婚姻法的基础。2022 年，为了推翻美国女性堕胎权，美国联邦最高法院的保守派大法官塞缪尔·阿利托 (Samuel Alito) 甚至援引了 17 世纪颇具影响力的法学家马修·黑尔 (Matthew Hale) 爵士的论文。黑尔生前推动过英格兰普通法的发展。

这些相似之处可能显示了,在某些父系社会和从父居社会中,婚姻规则和规范是如何逐渐演变的。难道说,最初并不是女性的从属地位为奴隶制和其他形式的压迫提供了模板,而是奴隶制的实践逐渐影响了婚姻制度?

◇◇◇

《旧约·申命记》中的一段话为在战斗中俘虏女人的男人提供了指导:

> 若在被掳的人中见有美貌的女子,恋慕她,要娶她为妻,就可以领她到你家里去;她便要剃头发,修指甲,脱去被掳时所穿的衣服,住在你家里哀哭父母一个整月,然后你可以与她同房。你做她的丈夫,她做你的妻子。

人类学家斯科特告诉我,战争史往往是掠夺的历史。发动战争的动机有很多,但最主要的还是掠夺财产,而财产往往是人。他说:"从某种意义上讲,为掠夺而发动的战争特指掠夺妇女儿童的战争。掠夺妇女不仅是因为她们可以为奴为婢,还因为她们

第六章 异 化

能够生育子女。她们有助于增加人口,这正是战争的目的……战争的目的是掠夺人口,而不是土地。"

追溯到史前时代,更强大、更富有的人总是掠夺成年男女和孩子作为奴隶劳工、仆人、士兵、人牲、交易物,或单纯作为荣誉和地位的象征。所有性别群体都以各种可能的方式被投入劳动之中。儿童最容易被掠夺和同化。在古代世界的宫廷里,男子被阉割,在皇室中充当太监,年轻女性则被掠为妻妾。

一些流传下来的故事表明,在某些情况下,被掠走的人会很快进入新生活,尤其是那些被掳到美洲原住民部落的人。他们主动选择新生活而不是原来的生活,可能是因为他们更喜欢新的社会,或者已经深深融入其中,无法再想象其他生活。然而,也有人发现自己被永久地边缘化,沦为底层,有的人甚至被杀。但无论形式如何,历史证据表明,世界各地都遍布着人员掠夺的现象,从小规模的狩猎采集社区一直到欧洲、非洲、亚洲和美洲的大帝国。

美国科罗拉多大学博尔德分校的考古学家凯瑟琳·卡梅伦(Catherine Cameron)说:"我认为最让自己吃惊的是,这种现象似乎是全球性的。"作为研究史前时代人口掠夺问题的专家,她解释说,奴隶和战俘是日常生活中十分常见的。对于一些古代国家来说,其社会经济完全仰赖于此。强迫劳动是维持大城市运转、发动战争,以及促进宗教和文化机构发展的基石。

父　权：男性统治的伊始与终结

卡梅伦估计，俘虏可能一度占古希腊人口的 30% 左右，古罗马意大利地区人口的 10% 到 20%，许多早期伊斯兰国家人口的 15% 到 20%，17 世纪之前朝鲜半岛国家人口的 50% 到 70%。她写道，在斯堪的纳维亚半岛，12 世纪的一个农场通常情况下可能有 3 名奴隶。根据 1086 年的一份调查了英格兰一些定居点人口的《末日审判书》（the Domesday Book）推算，奴隶可能占英格兰人口的 10%。1790 年美国第一次人口普查显示，在美国南方，每 100 个自由白人对应着 53 名奴隶。

历史学家亚当·霍赫希尔德（Adam Hochschild）认为，到 18 世纪末，世界上四分之三以上的人口可能都生活在某种形式的人身束缚之下，包括契约劳工、农奴和奴隶。在人类历史上，直到相对晚近的时期，大多数人仍然不是严格意义上的"自由人"，他们认为自己的生存依赖那些直接控制他们的人，无论对方是封建领主、国王，还是皇帝。

卡梅伦告诉我："我们认为权力就是拥有物品。"但在她研究过的多个小型社会中，掌权者追求的不是土地或财产，而是人，尤其是年轻的女性和儿童，因为年轻女性和儿童可能更容易通过从父居婚姻或胁迫被吸纳进来。"你拥有人，别人就尊重你。你每天带着一队奴隶四处走动，即可时刻彰显你的强大。"

古代国家的军队通常会根据社会或经济需求，杀死敌对的男性，掳走妇孺。2000 年，英国牛津大学、冰岛雷克雅未克大学、

第六章 异 化

都柏林大学和奥斯陆大学的研究人员在《美国人类遗传学杂志》（*American Journal of Human Genetics*）上发表了一篇论文，证实了历史学家过去的猜测，即1000多年前，维京人从不列颠群岛，尤其是爱尔兰，掳掠了大量成年和未成年女性到冰岛。生物学数据显示，维京男性及其俘虏组成的家庭后来持续促进了这个国家的人口增长。

直到今天，这种劫掠整群人，并强迫成年或未成年女性结婚的残暴行为仍然存在。自2014年以来，尼日利亚的恐怖组织"博科圣地"已经绑架了数千名女学生，许多人被强暴，之后被杀害或强迫嫁给绑架者。同样在2014年，"伊斯兰国"武装分子从伊拉克北部掳走了数千名雅兹迪人，包括成年男女和儿童，强迫其中一些人改变宗教信仰并结婚，许多人在之后的几年里被变卖为奴隶。

在吉尔吉斯斯坦、哈萨克斯坦、亚美尼亚、俄罗斯，以及埃塞俄比亚、索马里和印度尼西亚的部分地区，掳掠女性作为妻子的传统通过现代的抢婚仪式在文化上延续了下来。2021年春，27岁的艾扎达·卡纳特贝科娃（Aizada Kanatbekova）在一起疑似抢婚的案件中死亡，遗体被遗弃在一辆废弃的汽车里，这导致人们前往吉尔吉斯斯坦内政部门前进行了抗议。绑架她的嫌疑人男子也被发现已死亡，并显然是自刺而死的。吉尔吉斯斯坦总统事后承诺，这将是"历史上最后一起绑架新娘事件"。

没人指望这真的是最后一起。抢婚自1994年起在吉尔吉斯斯坦就是非法的，但执法力度不大。在吉尔吉斯斯坦，每5名妇女或女孩中就有一人曾遭遇过抢婚绑架。法律难以执行的症结在于，并非所有绑架都是强迫的，有时一些情侣在得不到家人同意的情况下会利用这项传统私奔。但即使只是作为幌子，这种习俗也很少只涉及女性和绑架者两个人。在吉尔吉斯斯坦，男方的朋友和亲戚通常也会参与其中。男方的年长妇女可能会劝说被绑架的女性留下，说服她戴上象征她接受新郎的白围巾。

在吉尔吉斯斯坦，被强行绑架的妇女有时会设法逃脱，但逃脱的风险几乎和留下来一样高。当女性的贞洁受到质疑时，她就很难再嫁给其他人了。自主选择与被胁迫的界限于是模糊不清。2016年，中亚大学发表的一项研究表明，吉尔吉斯斯坦被绑架的新娘生下的婴儿，出生时的体重往往明显低于平均水平，这表明母亲在怀孕期间经历了身体和心理创伤。虽然吉尔吉斯斯坦的女性就业率高于全球平均水平，但德国劳动经济研究所在2021年发表的另一项研究显示，被绑架为新娘的吉尔吉斯斯坦女性的工作可能性降低了10%。

绑架新娘的行为模糊了奴役和婚姻之间的界限。它可以被视为一种极端且暴力的父权制变体——女性不仅是搬去，而且是被迫搬去和丈夫一起生活。很难想象这不会影响那些在历史上曾以这种方式掠夺妻子的社会的性别动态。

第六章 异 化

詹姆斯·斯科特认为，从史前到古代，早期社会中的大部分女性"并非来自社会主要群体"。古希腊诗人荷马的伟大史诗《奥德赛》（The Odyssey）提到奴隶时大多是在说女性，这可能是因为她们所属群体的男性已经在战争或劫掠中丧生。斯科特告诉我，在古罗马，"芭芭拉"（Barbara）这个名字被用来指代罗马公民的奴隶出身的妻子，这个词的词源是"蛮族"（Barbarian）。而"蛮族"一词又源于古希腊的一个有种族主义色彩的词，指不会说希腊语的外国人。

对于这些妻子来说，她们的父亲、兄弟，甚至是母亲和孩子都可能死于她们现在的丈夫之手。她们是新家里的异乡人，这种创伤带来的痛苦和愤怒也会一直萦绕于她们的心头。这在一定程度上或许可以解释古雅典文学中普遍存在的对女性的猜忌。男性担心女性背叛家庭或国家，担心她们有一天会造反，这种担心可能源于真实的恐惧，因为很多女性都是外来的俘虏。卡梅伦认为，"如果人口构成的很大一部分在某种意义上是外来人口，又大多是女性，我想这可能会影响你对所有女性的看法"。

这就提出了一种可能性，即当社会开始制定婚姻规则时，奴隶制和从父居制度可能会互相借鉴。从父居作为一种社会制度，要求女性离开家庭与丈夫一起生活，成为新家的外来者。与此同时，俘虏和奴隶制度则提供了如何对待外来者的模式。

斯科特说，我们在阅读中世纪欧洲的历史文献时会发现，许多内容都涉及"如何用驯服野生动物的方法驯服你的妻子，以及如何将她的行为限制在一只容易控制的家养动物的行为范围内"。妻子需要被"驯服"这个事实本身就说明了她的处境。社会主义女性主义者希拉·罗博瑟姆（Sheila Rowbotham）写道，在1917年十月革命之前的俄国农民家庭中，"新娘的父亲通常会给新郎一根新鞭子，这样他就可以按照自己的意愿行使权力"。

罗博瑟姆还说，农村女性往往会被卖给出价最高的人。

◇◇◇

哈佛大学的社会学家奥兰多·帕特森（Orlando Patterson）写道："还没听说过哪个奴隶制社会不把鞭子当成必不可少的工具。"帕特森在牙买加出生、成长，那里的种植园曾靠奴隶劳动支撑着制糖业。他毕生的研究集中在自由的概念和奴隶制的历史上，尤其是奴役对个人自我意识的毁灭性影响。他解释说，奴隶的身体虽然尚存，但其他一切皆被抹杀。奴隶制无异于"社会性死亡"。

帕特森写道，奴隶制侵害了所有心理健康所必需的关键要素，包括归属感、对自己生活的掌控、对他人的信任，以及相信人性本善的能力。它剥夺了让一个人感到安全和正常适应环境的

第六章 异　化

基本社会要素，并用最严重的羞辱取而代之。除了奴隶主和奴隶之间的关系外，留给人与人之间其他关联的空间几乎所剩无几。

卡梅伦解释说："掠夺者对俘虏做的第一件事就是立即改变他们的身份，剃光他们的头发，拿走他们的衣服。"俘虏的身体可能会被打上烙印，俘虏们会痛苦地意识到，他们原本的身份必须被抹去并重建。顺从和融入更有可能让他们活下来，因为反抗者将首先被杀死。"如果你流露出逃跑的想法，不愿学习语言，不愿学习传统，对宗教抱有怀疑，那么我想，你会被视为一个非常有问题的人。"

不过，正如我们在历史上所见到的，俘虏的出身很少被遗忘。他们永远是外人。帕特森将俘虏和奴隶称为"内部的敌人"，一种内在的威胁，他们不可或缺，却从未获得完全的信任。这种情感上的疏离，让掠夺者能够更容易地将俘虏非人化。一旦在社会层面上被视作异类，人就会被捏造出本质上的不同。对他们的暴行几乎可以被合理化。在古罗马，奴隶被归类为法律上的死者。换言之，他们从一开始就不是人。在19世纪的美国，由于与奴隶制相关的种族主义意识形态普遍贬低非裔美国人，白人科学家和医生甚至开始认为，黑皮肤的人感受到的痛苦会比白皮肤的人少。

卡梅伦说，正是俘虏的存在改变了奴隶社会中普通人对暴力和不平等的看法。严酷地虐待人类同胞似乎变得可以接受。奴役降低了道德底线。它教会了普通人如何隔离和奴役他人，如何在自己的家庭和社区中将暴力正常化，如何剥夺个人的尊严和自主权，以及如何免费地剥削他们的劳动。

帕特森写道，今天，被贩卖并用于卖淫的女性"在商品化和买卖，反复遭受身体暴力和性侵犯，以及孤立无援等方面，与传统奴隶的经历最为接近"。像过去的俘虏一样，全球女性的人口贩卖产业也存在种族因素。尼泊尔妇女被贩卖到印度，东欧和非洲妇女被贩卖到西欧。她们可能会被赋予新名字，被没收护照，与家人和朋友失去联系。她们的身份被一点一点地改变了。

帕特森继续写道："一旦被摧毁和驯服，她们就会完全依赖于主人，并愿意几乎无偿地为他（或她，女性皮条客和妈妈桑的数量异常的高）工作。"来自皮条客的一手资料显示，贬低被控制的女性，摧残她们直至自我意识消失，从她们的依赖中获益，能够使皮条客获得快感和权力感。一个皮条客告诉人类学家，对受害者的"强烈仇恨"刺激了其虐待行为。帕特森说，这种贩卖女性的交易与他在历史记录中看到的奴隶贸易一样残酷。他写道，一名女性被消耗殆尽的不仅是她的身体，还有她的"整个人格"。

现代奴隶制与历史上一些最古老的奴隶制有相似之处，主人与奴隶既是亲密的关系，也是剥削的关系。在古埃及，奴隶制"通过彻底的服从建立了一种极端的个人亲密关系"。帕特森解

第六章 异化

释说:"好奴隶是完全失去自我、成为主人的一部分的人。"在这种依附关系中,荣誉和服从是紧密相连的,主人从奴隶的服从中获得荣誉。

这不仅仅是一种暴力的贬低,也是两个人之间的一条纽带。

◇◇◇

1974 年,社会学家德尔菲发表了一项研究报告,主题是法国农村贫困家庭的家庭消费文化,在这样的家庭里,食物通常不太够。她提到了一个故事:一名年轻的农民邀请两名城里的女性到他家喝茶,当她们到来时,他开了一罐简陋的肉酱供她们分享。

德尔菲写道:"他的姨妈也在,因为他的母亲生病,这位老妇人来帮忙料理家务。"姨妈主动挖走了肉酱里最不受欢迎的部分,那是餐桌上的其他人都嫌弃的东西。"她的面包上只抹了肥油。"

当被问及为什么要吃没人要的肥油时,姨妈解释说她喜欢。

德尔菲并不相信。她认为,导致姨妈做出这种行为的是一种根深蒂固的信念,即她的存在是为了服务家庭,她对家庭的贡献不如其他人。她的内心深处已经形成了这样一种观念——她只配得到肥油。德尔菲在整个法国的城市和乡村都观察到了女性这种自我牺牲的意识形态,有时甚至以牺牲个人的健康和幸福为代价。她回忆说："主妇会不假思索地拿走最小的牛排。"即使在大都市巴黎，当土豆短缺时，一名女性也会排队为她上班的丈夫购买土豆，而她和孩子们则会吃更便宜的意大利面或米饭。

然而，即使是这样的意识形态，在体现她们的从属地位方面也不如妻子的无偿家务劳动。德尔菲写道："她们被排除在交换领域之外，因此没有'价值'。"即使在家庭之外，女性也比男性更有可能从事没有报酬的志愿工作。这无法用她们所做的工作的性质来解释，因为清洁、烹饪、护理或农活并非总是没有报酬的。这些工作可以雇人来做，而被雇用的工人会期望得到报酬。妻子们也并非完全没有回报，只是她们得到的回报太少。德尔菲总结道，妻子的职责就是工作、尊敬和服从。

她们得到的回报是基本的生活费。

这是显而易见的严重剥削，因此"当一个农民雇不起佣人时，他就娶一个妻子"。德尔菲认为，这并不是说妻子的劳动不值钱，而是妻子与生产的关系使她的劳动价值微乎其微。这是因为她是作为妻子来做这些工作的，就像奴隶做这些工作一样不会得到报酬。在家庭乃至更广泛的社会层面，妻子的劳动成果都被认为属于她的丈夫。

这一点体现在法律之中。在英国，1870年通过的《已婚妇女财产法案》最终允许女性在婚后保留自己赚取或继承的财产。但在法国，甚至到了1907年，已婚妇女的工资仍然直接归丈夫所

第六章 异 化

有。直到 1965 年，法国丈夫还可以合法地阻止妻子工作。德尔菲说："我的观点是，婚姻是一种从人口中的一个特定群体，也就是女性—妻子的身上榨取无偿劳动的制度。"在她研究的法国婚姻案例中，婚姻无异于一份将妻子置于某种形式的人身束缚中的法律契约。

无偿家务劳动对社会的价值是巨大的。根据美国经济学家南希·福尔布雷（Nancy Folbre）的研究，在美国，如果用付费劳动取代所有无偿劳动，包括照顾幼儿的时间，那么其成本至少占该国国内生产总值（GDP）的 44%。但是，无偿家务劳动不仅被认为是理所当然的，而且直到最近依然是被法律认可的。福尔布雷写道，在 19 世纪中期以前，美国的婚姻法赋予了丈夫支配妻子的权力，而丈夫只需要为妻子提供基本的生活支持。这种支持"被规定为满足最低生活标准，而不是支付具体比例的家庭收入"。当时争取女性应享有丈夫一半收入的法律权利的运动，均以失败告终。

但是，法律上的失权并不是全部。让德尔菲震惊的不仅是女性遭受的不公待遇，还有那位年迈姨妈处理餐桌上被人嫌弃的肥油的方式。勉强忍受你被强加的不平等生活是一回事，说服自己相信这是你应得的则是另一回事。

美国耶鲁大学的哲学家玛侬·加西亚（Manon Garcia）解释说，顺从已经融入女性特质中。她写道，早在 18 世纪，哲学家卢梭就将女性描绘为"感性而非理性的存在、服从而非自由的载体"。卢梭认为，女性的存在是为他人，而非完全为自己。

福尔布雷补充说，美国的许多州在19世纪早期通过了"规定妻子从属地位的法律，其中一些直到20世纪70年代依然具有法律效力"。女性顺从的意识形态仍然存在。她写道，到1998年，"美国最大的新教教派——南方浸礼会——的代表大会依然声称，妻子应该'优雅地服从'丈夫的领导"，这与《新约》（*New Testament*）中"你们做妻子的，当顺服自己的丈夫"的劝诫是一致的。

妻子应该完全服从丈夫权威的原则，也一直存在于公众对家暴和婚内强奸的态度上。部分国家将婚内强奸定为犯罪是最近几十年才开始的事。沙特阿拉伯和卡塔尔的法律要求女性在结婚前必须得到男性监护人的许可。根据"人权观察"组织的一份报告，卡塔尔的家庭法规定，妻子在未经丈夫许可的情况下工作、旅行，或者在没有"正当"理由的情况下离家出走，或拒绝与丈夫发生性关系，"可以被视为'不服从'"。

在倾向于生活在彼此附近，或干脆生活在同一屋檐下的大家庭文化中，妻子对丈夫的服从还会延伸到丈夫的父母身上。已故的社会学家法蒂玛·梅尔尼西（Fatema Mernissi）于20世纪70年代在访问过一些摩洛哥家庭后发现，丈夫被劝告不要爱他们的妻子。她解释说："母亲是男人唯一被允许爱的女人。"梅尔尼

第六章 异 化

西观察到，母亲在儿子选择新娘时发挥着决定性作用。她们在儿子结婚后仍然扮演着重要角色。儿媳的顺从被视为理所应当。

在一些更加传统的家庭中，妻子有义务每天亲吻婆婆的手，并称婆婆为"拉拉"（Lalla），也就是"女主人"。

◇◇◇

美国汉学家侯思孟（Donald Holzman）在创作关于中国古代孝道的文章时，对子女为展现孝心而做出的行为感到震惊。

他讲述了一个传说。一名妻子因为打水回家晚了，她的婆婆为了惩罚她的这一轻微过失，将她暂时赶出家门。但是，这名儿媳不仅没有耿耿于怀，反而用自己赚来的为数不多的钱匿名给婆婆送去食物。

我在理解这个故事上倒是没什么障碍。在亚洲、非洲的一些社会中，孝道和妇道的影响力是无法估量的，尤其是与西方推崇的个人主义相比。逃避这些责任几乎是不可想象的。这意味着你要从身体和心理上放弃所有让你扎根于这个世界的人际关系。但更重要的是，这意味着你背弃了社会秩序。

帕特森写道："荣誉与权力紧密相连。"父权义务的网编织得虽严密，但也要以种种奇怪的方式发挥作用。它们可能充斥着宗教、传统或对长辈的责任，以及罪恶感和羞耻感。但它们也可能是对孩子在社会上的位置的真挚关心，因为社会的要求是人应该为了他人而顺从。遵守规则会带来收益，即使规则是不公正的。

女性割礼的持续存在体现了这种复杂性。这种习俗普遍存在于非洲和亚洲的部分地区，据说至少可以追溯到红海沿岸的奴隶贸易时期，当时的女性奴隶会被卖为姜室。无论是过去还是现在，割礼都是为了让妇女和女孩无法或极度痛苦地进行性生活。其唯一的目的是确保女孩婚前的贞洁和婚后的性忠诚。因此，从某种意义上说，它可以被视为一种暴力的性束缚，将女性与未来的丈夫紧紧绑在一起。据世界卫生组织统计，当今全球至少有2亿名成年和未成年女孩经受过割礼，每年有300万名女性面临这种风险。但是，割礼往往是由母亲和姨妈怂恿并实施的。

虽然年长的女性亲身经历过这种习俗带来的生理和心理上的痛苦，但她们仍然允许这种虐待行为继续下去，有时甚至不惜违反法律，也要让女儿接受割礼，因为她们认为自己在帮助女儿适应这个要求女性这样做的世界。她们担心，如果女孩不经历这一成人仪式，她就无法于自己所在的社区里找到丈夫。屈服在道德上可能应该受到谴责，但当几乎没有其他选择时，它可能显得很务实。

考古学家卡梅伦告诉我，在她研究的过去的社会中，被俘虏的女孩和年轻女性往往要靠妥协才能生存下来，并过上稳定的生

第六章 异 化

活。嫁给俘虏她们的人,有时是确保安全的一种方式。如果逃跑无望,成为妻子至少能让她们有机会改变自己的地位。卡梅伦解释说:"随着年龄的增长,你的影响力或权力会随之增长。"

卡梅伦最后说道:"一个被从另一群体掳来的14岁的小女孩没有任何权力,一无所有。她可能会被群体中的其他女性虐待,也可能会被男性强奸,各种可怕的事情都会发生在她身上。但是,如果她能活下来,如果她能被一个男人带走,那就算是一种稳定。"最后,她尽力而为,建立的关系越多,她的生活就越安全。"有孩子意味着另一层身份。她可以通过为男人生孩子来提升自己的地位。"

20世纪80年代,英国伦敦大学亚非学院发展研究系的教授德尼兹·坎迪尤提(Deniz Kandiyoti)创造了"父权妥协"(Patriarchal Bargain)这一术语,来描述在由更有权势、通常是年龄更大的男性(我们可以称之为"族长")主导的系统约束下,女性如何制定策略。坎迪尤提指出,重要的是要认识到,即使人们已经被关在了笼子里,笼子里也可能还有笼子。面对不同形式的父权制时需要权衡不同的利弊,但所有策略的目的都是使个人的利益最大化,并降低必须负担的成本。

对于嫁入父系或从父居家庭的年轻新娘来说,这种妥协会持续一生。她在年轻时经历的苦难,最终会换来她作为婆婆对儿媳的权威。坎迪尤提写道:"她对男性的服从可以用年长女性对年轻女性的控制来抵消。"

这也许可以解释，为什么一些年长的女性不仅对年轻妇女施加压力，要求她们履行其性别义务，也对年轻男性施加同样的压力。女性和男性都有可能被迫进入异性婚姻，然后被催着生育子女。但是，在从父居家庭中，儿子的母亲还需要确保，没有人因为娶了"错误"的人而破坏家庭秩序，导致与对伴侣和对长辈的忠诚背道而驰。包办婚姻或强迫婚姻是确保妥协对长辈有利的一种方式。这就是女性在维护父权控制中发挥的作用。

英格兰西北部前首席检察官纳齐尔·阿夫扎尔（Nazir Afzal）一直致力于反对所谓的"荣誉犯罪"。2020年，他在回忆录中描述了在伦敦希思罗机场工作的年轻海关官员苏吉特·考尔·阿特瓦尔（Surjit Kaur Athwal）的案件。阿特瓦尔从16岁起就开始了一段不幸的包办婚姻，后来有了外遇，她最终向丈夫提出离婚。她的婆婆被这个提议激怒，决心杀害她。她被婆婆和丈夫骗到印度，被丈夫的叔叔勒死并扔进河里。

阿特瓦尔的丈夫和婆婆试图掩盖罪行。经过阿特瓦尔的兄弟贾格迪什（Jagdeesh）的不懈斗争，两人最终被判无期徒刑。但在这起案件中，尤其让阿夫扎尔感到不安的是，婆婆对这起谋杀案毫无悔意。当阿夫扎尔在监狱里见到她时，她用旁遮普语辱骂他。阿夫扎尔写道："她根本不在乎自己是否会在监狱里待25年。"婆婆只觉得自己是英雄，维护了家族的荣誉。

第六章 异 化

她贯彻了自己在父权妥协中的选择。

当女性们需要游走于不同的父权体系之间时，父权妥协的复杂性会成倍增长。2014年，"带我们的女孩回家"（#BringBackOurgirls）在社交媒体上成为热门话题，推动人们不顾一切地营救被尼日利亚恐怖组织"博科圣地"绑架的数百名学生。从白宫的米歇尔·奥巴马（Michelle Obama）到梵蒂冈的教皇方济各（Pope Francis），这场运动将全球人民团结在一起。新闻报道称，一些女孩很可能已在囚禁期间死亡。虽然偶尔有女孩成功逃脱的报道，但出乎所有人意料的是，即使获得了自由，少数被绑架的女孩还是选择留在绑架她们的男人身边。

绑架和激进主义会留下心理创伤。它们会混淆被绑架者的情感，使其对绑架者产生依赖，就像被贩卖为性奴的女性会因为被殴打而屈服一样。一些女孩已经为这些男人生了孩子，她们不想抛弃家庭，她们的父母也未必欢迎她们回去。但对于一些女性来说，还有另一个因素在起作用。在英国广播公司发表的一篇文章中，一位年轻女性告诉记者阿达奥比·特里西娅·恩瓦贝尼（Adaobi Tricia Nwaubani），她很享受作为"博科圣地"成员的妻子在组织中被尊重的感觉。她手下有女性奴隶为她工作。

一位一直在帮助"博科圣地"组织成员脱离激进主义的心理学家解释说，这些女孩来自父权社区，在大多数情况下从未工作过，没有权力，也没有话语权。虽然身为俘虏，但突然之间，她们便能够掌控多达30名到100名其他女性,这些女性对她们唯命是从,她们开始变得相对自由。这位心理学家说,她们意识到,回家意味着自己将"回到无法行使这种权力的社会"。

◇◇◇

自由是现代民主国家的核心理念。我们坚定地捍卫它。

但是,正如帕特森所言,在现实生活中,大多数人际关系都反映了一个人对另一个人在某种程度上的所有权。他指出,我们之所以认为自由与众不同,只是因为历史上有太多人不得不生活在完全没有自由的状态中。即使在今天,我们所有人也都在某种程度上处于某人或某事物的权威之下,无论对方是父母、伴侣、雇主还是国家。这种权威如何通过法律和社会的视角来行使,我们在这些关系中拥有多大的自主权,以及我们在这些关系中的协商能力,都决定了我们实际上拥有的自由。

大约1000年以前,66名女性被丢弃于新墨西哥州北部(位于美国西南部)的拉普拉塔河谷。2010年,美国内华达大学的研究人员发表了一份题为《身体虐待与劳累致死》(*Beaten Down and Worked to the Bone*)的研究报告,试图说明那里究竟发生了什么。根据骸骨反映的创伤模式,他们得出结论,这些女性很可能是被暴力征服的俘虏,遭受了各种形式的殴打,其中一些人是

第六章 异 化

活活累死的。

但是，并不是每名女性都遭受了这样的对待。虽然这些俘虏的遗骸被发现时是俯卧和散乱的，但其他女性在下葬时得到了更多的照顾和尊重。研究人员猜测，最有可能的情况是，这些俘虏来自少数群体，地位低下。她们从未完全融入社会，因此受到各种非人的虐待。被俘虏的女性被迫劳作至死，而与她们一起生活的地位较高的女性则相对轻松。事实上，后者必然从前者的劳动中获益。

拉普拉塔河谷的案例表明，奴隶和妻子之间，真正的俘虏和自由女性之间，一直存在着一个可以通过协商调整位置的灰色地带。决定滑向妻子还是奴隶的，是我们能支配的独立资源，以及我们能从他人那里得到多少关心和支持。我们的生存和福祉最终取决于人际关系。安全感来自当我们知道出问题时，我们有地方可以求助，可以躲避世界的危险。

印度梅加拉亚邦卡西丘陵的母系社区表明，如果女性在婚后不必离开自己的家庭，而是可以留在优先考虑她们的人身边，生活会截然不同。2007年的一项研究发现，卡西家庭的母亲会帮助女儿更好地选择结婚对象。这些女儿们在抵制潜在剥削方面得到了支持，这一点体现在身体指标上。与母亲同住的女性的身高"明显高于"不与母亲同住的女性，这表明前者得到了更好的饮食与照顾。而既不和丈夫同住，也不和母亲同住的卡西女性身高最高。

已故人类学家鲁比·罗尔利希（Ruby Rohrlich）曾将父系家庭的兴起描述为"对亲属关系的颠覆"，因为它强行切断了女性与自己氏族的社会经济及宗教纽带。从父居的家庭将新娘孤立了，这从各个方面削弱了姐妹情谊的可能性。兄弟们住在同一个社区，而成婚的姐妹们却被嫁往不同社区，投入不确定的未来。男性主导的机构之所以能够在父权色彩浓厚的社会中发展壮大，其中一个原因必定是，有血缘关系的男性更容易建立信任并携手合作，通过兄弟间的团结来巩固自己的权力。而对于离开童年熟人的妻子来说，这种团结几乎是不可能的。

当无依无靠的时候，我们最脆弱。帕特森将奴隶制下的经历称为"出生异化"，它蓄意破坏各种类型的家庭纽带，取而代以主人与奴隶、压迫者与被压迫者之间的联系。"奴隶也是人，她会因此迫切希望自己属于她的父母、亲属，并通过他们使她属于自己的祖先；她希望孩子属于自己，希望这些纽带坚固而强大。"他写道："但是（由于奴隶制），所有纽带都是不稳定的。"

这些纽带正是我们所追寻的。没有它们，我们就会迷失。心理学家吉利根和精神分析学家斯奈德认为，父权制的影响在于使男性相信，只有他们才拥有自我。女性则被迫相信自己是没有自我的。在极端的情况下，男性和女性会在情感上彼此疏远。吉利

第六章 异 化

根和斯奈德认为,父权制之所以持续存在,"是因为它使关系的破裂变得无法修复"。

正因如此,自由的概念和女性解放的概念才会如此微妙。真正的自由意味着与任何人都没有关系,这实际上是有风险的,它可能会使一个人容易遭受其他形式的虐待或剥削。帕特森解释说:"在个人权力话语占主导地位的社会中,奴隶制的真正对立面可以被称为'对抗性力量'(Countervailing Power)。"我们需要的是能够藏身其中的其他强大网络,这些网络能够容纳和保护我们。

比起抽象的自由,人们更需要能够支撑他们的体系。

第七章

革 命

如果我们要以此方式建立一个工人国家，让每个人为所有人工作，为公共利益和福利付出，那么工作的组织形式也必须完全不同。

——革命社会主义者罗莎·卢森堡（Rosa Luxemburg），1918年12月

根据传统，德国国会的新一届会议通常由最年长的议员主持。1932年时，这个人是75岁的克拉拉·蔡特金（Clara Zetkin）。

当天，人们怀疑她是否能够抵达国会大厦。《时代》周刊报道，她被担架抬进大厦，然后被搀扶着站起来。这位被尊称为"蔡特金奶奶"的老人因疼痛和疲劳而满头大汗。两名"身材壮硕的亚马孙"妇女搀扶着她，她拄着拐杖，一步步走上楼梯。报道继续写道，她看起来太虚弱了，甚至连主席的发言铃都拿不起来，更不用说摇铃了。她全身的每个部位看起来都颤颤巍巍的。她擦了擦额头，喝了一些水。

接下来，她发表了长达40多分钟的演讲。

父　权：男性统治的伊始与终结

蔡特金是德国共产党党员，在近15年的时间里，该党一直是德国政坛的一股强大力量。但是，这个国家已经走到了历史的十字路口。那天，阿道夫·希特勒（Adolf Hitler）也出席了国会会议，法西斯暴徒们聚集在国会大厦外。此时距纳粹党掌权仅剩一年时间。一旦他们掌权，共产党将被取缔，成千上万名共产党支持者将被杀害或送往集中营。而此前的几十年里，已经有许多人遭到迫害或被谋杀。

在蔡特金发表演讲的那一天，人们仍然抱着微弱的希望，希望事情能够有不同的走向，德国公民或许能够被另一种未来的愿景吸引。

在这个备受关注的时刻，蔡特金抨击了那些企图通过空洞地承诺让德国回归想象中的辉煌过去，来夺取国家控制权的人。相反，她呼吁为一个崭新的未来而战，这将是一个与过去截然不同的选择。她说："劳动人民为摆脱当前的苦难而战，同时也为争取全面解放而战。"她号召普通工人起来反抗资本家和帝国主义者的世代剥削。她呼应了马克思与恩格斯的思想，谈到了数百万名需要砸碎"性奴役的枷锁"的女性。在她看来，女性的解放将通过经济独立来实现，不仅要摆脱丈夫和父亲的束缚，还要摆脱所有压迫她们的人。

与那个时代的其他共产党人一样，蔡特金并不认为自己是"女性主义者"。不仅如此，她还嘲笑那种"用一条团结的丝带

第七章 革 命

将布尔乔亚女性和女工系在一起"的普遍的姐妹情谊的想法。不同阶级的女性有不同的问题。富人和特权阶层不可能理解普通劳动者的生活，更何况上层女性直接受益于女佣和工厂女工的廉价劳动。因此，她积极地与自己眼中的资本主义精英阶层的"资产阶级女性主义"划清界限。蔡特金关注的是社会最底层。

多年后，蔡特金的观点引起了共鸣，包括颇具影响力的社会活动家和学者戴维斯，她曾是美国共产党和黑豹党成员。1981年，戴维斯在《妇女、种族与阶级》（*Women, Race & Class*）一书中解释说："工人阶级女性和黑人女性因为阶级剥削和种族压迫而与她们的男人紧密联系在一起，因为阶级剥削和种族压迫不分性别。"长期以来，一些女性与有权势的男人结盟，压制其他女性的权利。美国选举权运动中的种族主义就是一个例子。戴维斯认为，解放必须是对所有人的解放，否则根本就不是解放。

这就是社会主义的承诺。

这一信息在21世纪的女性运动中仍然存在。2019年，美国学者、"国际妇女罢工"运动的组织者辛齐亚·阿鲁扎（Cinzia Arruzza）、蒂蒂·巴塔查里亚（Tithi Bhattacharya）和南希·弗雷泽（Nancy Fraser）出版了《为了99%民众的女性主义：一份宣言》（*Feminism for the 99%: A Manifesto*）。她们明确表示，种族主义和"帝国主义"社会中无法实现性别平等。"但我们清楚地知道，"她们写道，"问题的根源在于资本主义。"她们认为，对一种被稀释到更广泛的政治格局中的女性主义，我们能期望的最好结果不过是少数女性打破职业天花板，获得和最富有的男性一样的权力，而与此同时，移民、工人阶级和低种姓女性在清理她们脚下地板上的碎玻璃，这样的女性主义有什么好处呢？

蔡特金和其他社会主义女性主义者在20世纪初面临的问题是，德国共产党的领导人往往是男性，他们说话时考虑的对象也往往是男性。即使在革命者中，女性也是次要的。1908年之前，德国大部分地区的法律禁止妇女加入政党。德国共产党也不例外，其内部弥漫着一种以大男子主义、肌肉发达的工人刻板印象为核心的男性崇拜。作为斗争中的重要人物，蔡特金试图提醒她的同志们，不要忘记他们对妇女解放的责任。1910年，在哥本哈根举行的一次重要会议上，她参与提议设立国际妇女节，该节日一直延续到今天。但是，德国共产党内高层领导中的男性抱团行为和厌女情绪从未完全消失。

尽管面临种种困难，但在1932年的那一天，蔡特金还是引起了全世界的关注。虽然在德国国会大厦聆听她演讲的大多数人可能并不赞同她的政治观点，但她仍然赢得了他们的尊敬。《纽约晚邮报》（New York Evening Post）的一名记者写道，当她结束演讲时，"观众席爆发出热烈的掌声，这不是政治示威，而是赞颂这位老革命者纯粹的气血之勇"。

蔡特金没能看到她理想中的社会主义在德国实现。纳粹掌权

第七章 革命

后,她逃往苏联。不久之后,她在那里去世了。

◇◇◇

历史不会停滞不前。蔡特金去世十多年后,德国又经历了一场政治变革。这一次,她的理想终于成为现实。

1949 年,在第二次世界大战中战败的德国被一分为二,面积较大的西部由美国、英国和法国管辖,组成了德意志联邦共和国(后文简称"联邦德国"),保留了资本主义经济制度;面积较小的东部成为德意志民主共和国(后文简称"民主德国")。

在民主德国这个新生的社会主义国家,蔡特金被奉为偶像。她的形象被印在 10 马克纸币和 20 马克硬币上,出现在邮票上,街道也以她的名字命名。美国社会活动家戴维斯也被誉为反帝国主义英雄,被印上了海报。她在 1972 年来到东柏林时,引起了大批民众的围观。

民主德国和联邦德国的对峙持续了 40 年,直到 1989 年柏林墙倒塌后不久,德国才实现统一。在此期间(从 1917 年起),在苏联和其他社会主义国家发生的事情,或许是现代史上最大的一次人类实验。至少在理论上,革命的目标是从根本上改变人们看待彼此的方式,不仅要让他们摆脱经济压迫,还要让他们摆脱精神枷锁。

父　权：男性统治的伊始与终结

在这个过程中，生活中从文化传统到古老信仰的方方面面都受到了挑战。苏联领导人认为宗教是资产阶级的、具有剥削性的，因此主张无神论。在民主德国，新教徒或天主教徒的人口占比从1950年的约90%下降到1989年的30%出头。包括儿童读物在内的文学作品反映的都是苏联的反资本主义、反帝国主义思想。"红色西部片"颠覆了好莱坞电影的常见剧情，将美国原住民塑造成英雄，牛仔则成了恶棍。

被压迫者现在成了主角。每个人都有工作。商品价格由国家而非市场决定，人们可以负担得起生活。不过，西方进口商品很少，无法满足人们的需求。供应链也不可靠。偶尔出现生产过剩时，某些产品会突然供过于求。克罗地亚记者斯拉文卡·德拉库利（Slavenka Drakulić）讲述她过去的经历时，回忆起了"物资短缺，独特的气味和破旧的衣服"。德拉库利写道，一个成年男人第一次吃香蕉时连皮一起吃了下去，因为他不知道香蕉需要剥皮。香蕉的匮乏成了苏联日常生活中一个流行的隐喻，在这样的生活中，原本普通的物品也可能会变成奢侈品。

不过，虽然民主德国的社会主义时期已经远去，但仍有人以怀旧的心情惦记着那个时代。也许是因为我们忍不住要在黑暗中寻找光明。那是我们内心深处想要记住的光明。我听到一名女性抱怨说，柏林墙倒塌后，东柏林衰落了，她成年的子女别无选择，只能离乡去找工作。在民主德国博物馆的商店里，游客们争

第七章 革命

相购买纪念品。

还有一些人仍然记得支撑社会主义模式的殷切希望。他们一度生活在一个"平行宇宙"中，短暂地遵循着与邻国完全不同的规则。苏联曾让革命者们相信他们可以在那里实现世界平等。虽然最后的结果并不理想，但他们确实实现了其中的一些目标。对那个时代的部分怀念，促使一些人重新审视当今诸多平等运动的社会主义根源。我们可以从一个多世纪前蔡特金坚持的初心中看到这些根源，包括女性的投票权、参政权、上大学的权利、在婚姻中的平等、摆脱性行为的双重道德标准，以及最重要的，不受任何人剥削的权利。从某种意义上说，在"交叉性"这个词出现之前，她在为变革而奋斗的过程就已经具有交叉性了。

在参观位于柏林北部、勃兰登堡州比肯韦德的蔡特金故居时，我明显发现来此纪念的人不多。花园里矗立着她的铜像，旁边是空荡荡的街道。蔡特金仍然处于女性历史的边缘，她快被女性历史遗忘了，即使在国际妇女节，也很少有人纪念她。不过，对于那些致力于研究20世纪的社会主义的人来说，档案确实揭示了一些不同寻常之处。苏联的性别关系确实发生了变化。在旧政权的废墟中，那些理想为女性带来了一些好处，虽然这些好处并不总是被承认。

20世纪，人们曾经为打破父权制做出过真正的尝试。

父　权：男性统治的伊始与终结

◇◇◇

2018年秋，我和丈夫在布拉格市中心的一家阳光明媚的现代餐厅里，与两位捷克性别问题专家共进午餐。作为要把年幼的小孩留给伦敦的祖父母照看才能外出的家长，我们最关心的是可以负担得起的托儿服务。我们抱怨高昂的托儿所费用，为了有时间工作，我们的工资都上交给了托儿所，这实在可悲。我们的其他朋友（大部分是女性，但也有一些男性）也暂停了自己的职业生涯，留在家里照顾孩子。我想，捷克家庭的情况也是这样吧？这难道不是一个普遍性的难题吗？育儿和家务劳动的不平等不正是妇女解放道路上的痼疾吗？

坐在桌对面的捷克女专家微笑着告诉我们："我们还记得，那时我们完全不需要为托儿服务发愁。现在的问题则是女性想待在家里做传统家庭主妇！"

东欧的女性主义历史与我成长的英国不同。在前社会主义国家，女性主义斗争走上了一条完全不同的道路。在北美洲和西欧，各国早已坚定地支持个人主义和资本主义，并以一定程度的社会不平等作为这些自由的代价。没有人生来拥有自己想要的一切，但他们有机会通过努力去争取。国家偶尔会介入，帮助满足人们的基本需求，如子女教育和失业救济，以确保公平的竞争环境。但总的来说，希望与男性完全平等的女性在几十年的时间

第七章 革命

里,只能为零星的改革而奋斗。

相反,共产主义者希望国家完全消失,实行财产公有制,没有任何阶级之分,也没有等级制度和不平等,每个人都将根据自己的才能为共同利益劳动。他们认为,家庭最终也会消亡。人们将不再是丈夫和妻子,而是平等、自治的个体,可以自由地选择爱人,相互尊重。社会将共同承担抚养孩子的责任。

在实现理想之前,共产主义革命者选择了社会主义,这是一种过渡阶段,他们制定政策和法律,旨在尽快消除不平等。但实际上,正如我们后来知道的,任何变革都有可能出现失误,结果与最初的理想或许也存在相当的距离。但至少在一开始,他们确实迅速实现了一些目标,尤其在女性解放方面。

1918年,在成为苏维埃政权的领袖一年后,列宁在全俄女工第一次代表大会上发表演讲,他说:"在一切文明国家,甚至最先进的国家,妇女就其地位说被称为家庭奴隶不是没有道理的。在任何一个资本主义国家里,甚至在最自由的共和国里,妇女都没有完全的平等权利。"他后来写道,对于已婚妇女来说,"琐碎的家务压在她们身上,使她们喘不过气来,变得愚钝卑微,把她们禁锢在做饭管孩子的事情上,用完全非生产性的、琐碎的、劳神的、使人愚钝的、折磨人的事情消耗她们的精力"。像之前的恩格斯一样,列宁认为反对压迫的斗争既存在于家庭外部,也存在于家庭内部。他宣布:"苏维埃共和国的任务首先是取消对妇女权利的各种限制。"

这正是政府着手的事情。历史学家、政治学家阿奇·布朗（Archie Brown）指出，苏联领导层在掌权后推行的第一批政治变革之一，就是让女性享有与男性平等的法律地位。1917年，所有女性都被赋予了选举权，这比英国女性早1年，比美国女性早3年。民事婚姻取代了宗教婚姻，离婚变得更容易、更便宜。1920年，苏联成为世界上第一个堕胎合法化的国家。

不过，就像更常见的情况一样，女性在平等方面取得的进步非常脆弱。1936年，由于出生率不断下降，苏联将堕胎定为非法；1955年，堕胎再次合法化。几个世纪以来，俄罗斯及其邻国一直深受父权制的影响，人们不会轻易放弃旧观念。苏联决策者在很大程度上忽视了家庭内部的性别不平等和虐待行为。诸如此类的紧张和矛盾最终将削弱苏联体制。但在那个时代，破坏性别规范无疑是巨大的突破。

虽然有这些努力，但阶级斗争仍然是苏联的中心议题。其他形式的不平等最终被认为与阶级分化有关，因此会随着阶级制度的瓦解而消失。基于这一基本前提，工作被认为是摆脱压迫的途径。其逻辑是，如果女性拥有自己的收入，她们就不会被困在对自己无济于事的婚姻或家庭中。就业能够帮助她们走向自由。因此，在苏联历史的前期，女性和男性的受教育机会都扩大了。无论男女，每个人都享有获得有偿工作的权利，并且被期望参加工

第七章 革命

作。1936 年，苏共中央政治局规定，拒绝为孕妇提供工作或降低其工资属于刑事犯罪。

第二次世界大战期间，世界各地的女性都被动员去从事传统上属于男性的工作，而苏联女性参军的比例则远超其他国家。历史学家托勒写道，苏联是动员女兵人数最多的国家。战争期间，80 万名女兵在红军中服役，其中数千人在前线担任狙击手、机枪手和坦克驾驶员等角色。10 多万名女性因表现英勇而被授予勋章。

在中欧和东欧，随着社会主义的推进，女性被鼓励进入技术学院。她们受训成为科学家和工程师。为家庭提供托儿所和幼儿园是理所当然的。在民主德国，每千名儿童拥有的托儿所数量从 1950 年的 13 个增加至 1986 年的 811 个。廉价的公共洗衣房和食堂至少减轻了一部分家务和烹饪负担。

各个社会主义国家根据自身的实际情况采取了不同的政策。例如，20 世纪 50 年代初，斯洛伐克大部分地区还是农村。布拉格社会学研究所的性别问题专家布兰卡·尼克洛娃（Blanka Nyklová）告诉我："当时斯洛伐克的目标是实现工业化，若想实现这个目标，需要将女性从家庭农场转移到工厂和城市。"为了说服女性接受这一观点，国家将城市生活与个人"摆脱家庭束缚，自主决定未来的能力联系在一起。你不必嫁给一个不喜欢的人，一辈子待在同一个村子里"。

男性逐渐习惯了女性与他们一起工作。在几乎所有的行业和职业中，职业女性都已成为常态。这种情况一直持续到今天。尼克洛娃说："这里对女性的期待是其拥有一份工作。"

但如今，这段历史在很大程度上已经远离公众视野，只残留于亲历者的记忆中。这或许是因为担心谈论那个时代的积极方面会被认为是同情过去不同意识形态的政权。但还有另一重障碍。在前往德国、捷克和匈牙利并亲眼见到中欧和东欧女性之前，我对她们的生活知之甚少，部分原因在于第二次世界大战后东西方阵营之间的意识形态分歧。1946年，英国前首相温斯顿·丘吉尔（Winston Churchill）在一次演讲中用"铁幕降临"这个说法，它也从此流行开来。

冷战初期，外界几乎无法了解苏联的内部情况。由于缺乏交流，苏联成了一个"镜子背后的世界"。直到今天，那个时代的档案仍不易查阅。1991年之前，唯一能对另一边发生了什么提供线索的人（除了苏联的宣传人员），是那些设法离开的人。

◇◇◇

1950年到1953年间，在美国空军的资助下，哈佛大学的学者采访了数百名离开苏联的移民。正如美国人所言，他们希望了解"苏联制度在社会和心理层面的优劣势"。他们的目标是弄清

第七章 革命

楚社会主义是如何维持运转的，它在多大程度上得到了公民的支持，以及它是否有足够的传播力量。

大量的访谈记录为我们提供了一扇窗口，让我们得以窥见人们对自己经历的政治剧变的感受。一些学者称这些采访为"哈佛项目"，结果证明，它是最能揭示苏联情况的信息来源之一。

哈佛大学的一位采访者提问："总体上讲，你认为苏联女性希望待在家里，还是外出工作？"

一名受访者回答："女性通常更喜欢待在家里，但在苏联，女性很早就开始工作。这确实给她们带来了一定的独立性。例如，如果她们离婚了，那么她们就必须工作。它给了女性自由。女性有了工作，就会感到自由。"话题继续："只做家庭主妇是可耻的。这是小资产阶级的特征。"

在另一次采访中，一位医生被问及他在苏联医学院就读时，学生的性别比例如何。

他回答说："我上学的时候，男性比女性多，但后来女性就比男性多了，法律甚至规定了这方面的性别比例。"他的意思是，为了鼓励性别平衡，当时有配额制度。"在苏联，有女性是大教授，甚至外科医生。"

一名 56 岁的速记员提到，女性在教育系统中获得了平等的机会。她说："我们有一些优秀的女化学家。在苏联，妇女不受歧视，她们可以和男人一样从事最艰苦的工作。例如，她们可以在地下矿井工作。"

一名受访者提到革命后，妇女开始在街上吸烟。其他访谈记录显示，女性觉得自己可以像男性一样主动提出离婚，而不必因此受到社会歧视。

历史学家必须谨慎对待这类证据。这些访谈不能被视为完全可靠，因为受访者是最迫切地希望离开苏联的人。不过，这或许也更能说明问题，因为他们如此坦率地承认，在苏联，虽然生活的其他方面让他们不满，但性别平等确实是存在的。

"哈佛项目"的访谈无疑表明，苏联的社会主义制度动摇了当地的社会规范。但是，对于今天的学者来说，同样具有启示意义的是，美国采访者对苏联女性的日常生活、工作和人际关系的细枝末节兴趣浓厚。我们从字里行间不难看出一种担忧——共产主义可能会传播到美国，苏联的政治体制实际上可能对女性具有吸引力。

在"铁幕"的另一边，美国郊区女性的生活截然不同。20世纪50年代，也就是"哈佛项目"访谈进行的同一时期，美国中产阶级女性被鼓励在结婚后放弃工作。异性婚姻被视为成年人唯一合法的生活方式，离婚遭人唾弃。历史学家伊莱恩·泰勒·梅（Elaine Tyler May）写道，虽然听起来似乎有些矛盾，但传统的性别角色被视为美国战后现代家庭的基础。她指出，虽然美国提倡个人主义，但当时的大多数人还是选择顺应社会期望。在第二

第七章 革命

次世界大战期间或之后成年的人口中，约 95% 的人结婚了。

然而情况并非一直如此。1909 年，纽约成千上万名纺织工人（其中许多是移民和犹太妇女）罢工，以争取更高的工资和更好的工作条件。1910 年，芝加哥发生了另一场服装工人罢工。根据研究性别和性学的历史学家莉莉安·费德曼（Lillian Faderman）的调查，到 1920 年，女性几乎占美国劳动力的三分之一。在第二次世界大战爆发前的几年里，接受大学教育和外出工作的女性人数都有所增加。战争期间，强壮的"铆工罗茜"（Rosie the Riveter）的形象被用来招募女性参战。

但是战争结束之后，劳动妇女遭到了背叛。国家需要家庭生育更多的孩子，从战场上归来的男性需要工作岗位。男性的收入足以让郊区的家庭主妇过上舒适生活的理念，被国父们视为美国民主的基石并发展了几个世纪后，现在被拔高为一种令人向往的理想。与战前和战后几年相比，20 世纪 50 年代的结婚率更高。费德曼写道，1957 年进行的一项盖洛普民意调查发现，80% 的美国人认为"不结婚的女性是病态的、神经质的或不道德的"。她补充说，女装设计师开始强调纤细的腰身、丰满的臀部和胸部。杂志和书籍会告诉女性如何成为更理想的准妻子，并警告职业母亲对孩子潜在的负面影响。

当时的美国职场已经严重扭曲，一些人甚至无法想象男性和女性从事同样的工作。男性科学家和工程师助长了一种试图将创造力、理性和技能与男性特质联系在一起的文化，使想要加入其行列的女性被进一步边缘化。性别刻板印象变得前所未有的根深蒂固。

这并不是说苏联不存在性别刻板印象。它也确实存在，尤其在女性担任管理职务和领导职务方面，例如，在1991年之前，苏联共产党一直由男性领导。但即便如此，1954年，女性在机器操作员中占64%，在火车和汽车司机中占42%。女医生的比例从1913年的10%增长到1959年的79%。同年，苏联几乎所有的药剂师都是女性。

◇◇◇

中欧大学的性别研究系副教授伊娃·福多尔（Éva Fodor）告诉我："我记得20世纪90年代去美国时，发现人们真的会做晚饭。这简直超出了我的想象！"

福多尔成长于社会主义制度下的匈牙利，父母是城市知识分子，都有工作。她说："我在学校食堂吃午饭，晚上回家吃个三明治就打发了。我妈妈从来不做晚饭。人们把食堂的饭菜打包回家。"她的父母会把床单拿到公共洗衣店去洗，洗好后再拿回来，"几乎不用花钱"。她认识的大多数孩子到了一定年龄就会被送进幼儿园。像她这样的中产阶级家庭就是这样生活的。小城

第七章 革命

镇或农村家庭的选择会更少。但对于她的社交圈来说,国家通过这样的举措——将需要在家庭内部完成的工作转移给有政府补贴的公共服务机构,至少减轻了一些家庭压力。

1981年,社会活动家戴维斯提出了将家务劳动彻底社会化的革命性想法。戴维斯问道,食物生产可以从小型家庭农场的艰苦劳动转变为大型农业公司和食品制造商的规模化生产,为什么家务劳动不可以纳入工业经济体系呢?"由训练有素、薪酬优厚的工人组成团队,携带先进的清洁设备,挨家挨户迅速而高效地处理当今家庭主妇以原始手段艰苦完成的家务劳动。"这种简化和工业化的方式将使家务劳动的价格降低到每个人都负担得起的程度。

她将这称为资本主义社会最大的秘密之一:"能彻底改变家务劳动性质——真的可以改变。"

当然,这个梦想在世界上的任何地方都远未实现。但欧洲曾经的社会主义国家至少在努力地接近这个目标,使女性与男性平等地参加工作。福多尔比较了她生活过的匈牙利与邻国奥地利的工作场所之性别差异,奥地利并不是社会主义国家,但在第二次世界大战后的政治体制分化之前,与匈牙利有着相似的历史文化。1949年,两国大学生中的女性比例都约为五分之一。到20世纪70年代,匈牙利实现了男女教育平等,而奥地利直到20世纪末才实现了这个目标。1982年,只有5%的匈牙利女性被归为家庭主妇，而在20世纪70年代，奥地利法律仍然规定，已婚女性必须征得丈夫的同意才能工作。

福多尔指出，匈牙利之所以能在性别平等方面取得如此迅速的进步，是因为它使用了立法、宣传、配额、慷慨的产假、通常设在工厂和工作场所内部的幼儿园和托儿所，以及与工作相关的社会和健康激励措施（如生病儿童假和热餐补助）等一系列方法。她写道，"不管是短期还是长期"，匈牙利的社会主义国家机构在"重塑、减少和重新定义性别不平等方面发挥了重要作用。而在奥地利，不管是市场力量、更发达的经济，还是更自主的女性运动，都没有在性别平等上收获显著成效"。

如果把这两个国家视为文化实验室，那么很显然，率先实施大胆改革的社会主义国家实现了更快速的性别变革。

由于前社会主义国家劳动模式的大幅变化，在冷战结束30多年后，人们对职业女性的看法仍然有所不同。在德国统一数十年后的2016年，德国就业研究所发现，德国东部的男女薪酬差距略高于6%，而德国西部则超过23%。在位于勃兰登堡州的科特布斯（这里曾是民主德国的大学城），女性的薪酬甚至略高于男性。

福多尔告诉我："社会主义国家改变了性别规范。在短短15年内，女性为工资而工作成为常态。它长久地改变了人们的观念。女性为工资工作，有自己的事业，或者至少在工作中找到意义，这些都变得非常正常。"

第七章 革命

福多尔的同事、中欧大学比较文学和性别研究教授亚斯米娜·卢基奇（Jasmina Lukić）写道，在社会主义制度下的贝尔格莱德长大的她，"无法想象我的工资会因为我是女性而降低"。卢基奇回忆说，20世纪70年代，当还是学生的她移居加拿大时，由于文化差异，她无法将自己与当地的女性主义斗争联系起来。她此前的文化背景与之截然不同。她写道："黛西一直想嫁给愚蠢的唐老鸭，而米妮开车时总是撞到车库的墙，看得我很生气。在我家，只有我母亲会开车，我父亲没有任何技术和技能。"

如今，从科学、工程和技术领域的女性比例来看，西欧和美国一直徘徊在世界排名靠后的位置，而中欧和东欧的部分地区并不存在这个问题。2019年，国际科学杂志《自然》报道称，以发表的论文中女性作者所占的比例来评判，中欧和东欧的大学在性别平衡方面处于世界领先地位。波兰卢布林医科大学和格但斯克大学分列第1位和第4位。塞尔维亚贝尔格莱德大学排第3位。相比之下，哈佛大学排在第286位，剑桥大学排在第537位。

在前社会主义国家，女性科学家和工程师的文化遗产一直存在。福多尔说："我不认为一个女孩说她想成为一名工程师很奇怪。我认为人们也都不会觉得奇怪。"她的母亲在20世纪50年代接受了工程师培训，当时匈牙利鼓励女性到技术学院学习。

加利福尼亚州立理工大学的计算机科学家哈斯米克·加里比扬（Hasmik Gharibyan）写道，20世纪80年代和90年代，在苏联加盟共和国亚美尼亚的埃里温国立大学计算机科学系,女性比例从未低于75%。她和她的合著者认为,有必要强调"这个数字是正确的,不是打字错误"。

2018年,德国波恩劳动经济研究所发表的一篇论文显示,在数学成绩方面,德国东部的性别差距小于西部。1991年之后的国际奥林匹克数学竞赛(这是一项针对高中生的年度竞赛)中,前社会主义国家参赛者的女性比例高于其他国家。研究人员解释说,在德国统一之前,不同地区的女孩们数代以来看到的性别刻板印象是不同的。在联邦德国,男孩和女孩甚至连课程都不相同。在民主德国,从1949年到1989年,最受欢迎的杂志之一《新柏林画报》(*Neue Berliner Illustrierte*)会报道"活跃和'解放'的女性,她们是记者、教授、军士或工人"。

对20世纪90年代初从苏联移居以色列的数千名犹太移民进行的类似研究同样发现,该群体中选择学习科学、技术、工程和数学的高中女生的比例远高于其他群体。与在以色列长大的以色列人和其他移民相比,从苏联移民过来的女性更有可能从事全职工作,而且会从事科学和工程相关的工作。研究人员注意到,由于习惯了托儿所,这些移民会自己创办私立幼儿园,而且营业时间长于其他幼儿园。

这些女性实际上是试图在以色列重建她们以前在社会主义制度下拥有的育儿条件。

第七章 革命

◇◇◇

1959年，时任美国副总统理查德·尼克松（Richard Nixon）在莫斯科举行的美国文化展开幕式上对苏联领导人尼基塔·赫鲁晓夫（Nikita Khrushchev）说："我们想让家庭主妇生活得更轻松。"尼克松自豪地指着样板间的厨房，那里有一台当时最先进的家用洗衣机——一体化前置式全自动洗衣机。

尼克松和赫鲁晓夫之间的这次针锋相对的对话被称为"厨房辩论"，他们就各自认为的女性真正需要的东西各执一词。历史学家伊莱恩·泰勒·梅写道："尼克松坚信，美国的'冷战'优势不在于武器，而在于安全、富足的现代郊区家庭生活。"在最后一位建国之父去世一个多世纪以后，尼克松仍然相信，美国女性只能在家庭中获得幸福、自由和美好生活。

赫鲁晓夫回答说，苏联没有这种"资本主义式的女性观"，不会把人当作可交易的财产，把女性关在家里，让她们受到家庭的束缚。他说，苏联女性可以自由工作，可以独立生活，可以离开丈夫。几千年来，社会一直深受女性低人一等和天生服从男性的神话的影响。现在看来，这些神话是无稽之谈。苏联已经证明，只要有机会，女性能够取得的成就并不受"天性"的限制。至少在表面上，性别平等被标榜为社会主义比资本主义更现代化的象征。

但实际上,无论是尼克松,还是赫鲁晓夫,都没有说出全部情况。

美国的许多女性之所以工作,部分原因是她们别无选择。像过夫一样,家庭主妇的理想生活仅限于那些负担得起的人。但这种理想也开始出现裂痕。1963 年,美国女性主义者贝蒂·弗里丹(Betty Friedan)在她的《女性的奥秘》(The Feminine Mystique)一书中,揭示了家庭主妇日益增长的不满情绪,她们被困在家庭生活的浪漫化幻影中,努力满足外界对她们的期望,自己却无法从中获得满足感。弗里丹写道:"这个问题一直埋藏在美国女性的心中,无人言说。每个住在郊区的妻子都在独自挣扎。她整理床铺,购买日用品,挑选合适的沙发罩布料,和孩子们一起吃花生酱三明治,开车接送孩子参加童子军活动,晚上躺在丈夫身边,她甚至不敢默默地问自己——'我的生活就这样了吗?'"弗里丹采访的一些女性靠酗酒或服用镇静剂来忘记这种不快感。美国向世界展示的形象与美国女性公民的情绪之间出现了裂痕。

越来越多的美国女性牺牲了自己的职业梦想,选择待在家里。弗里丹指出,这可以从接受高等教育的女性比例急剧下降看出。她写道,1920 年,47% 的美国大学生是女性,而到了 1958 年,这个比例下降到 35%。弗里丹在书中列举了美国理想的家庭主妇存在的问题,刺激了美国妇女解放运动的兴起。

第七章 革 命

具有讽刺意味的是，美国女性主义者的很多诉求，都是苏联部分地区的女性已经实现的。1896 年，比弗里丹早近 70 年，蔡特金就曾写道，资产阶级家庭主妇"厌倦了像玩偶一样生活在玩偶之家"。

但是，美国在性别意识形态的议题上战胜苏联，仰赖于女性作为家庭主妇的幸福感。从杰斐逊到尼克松的历任美国总统都认为，这是女性的天然归宿，她们能在家庭中得到真正的满足。美国宾夕法尼亚大学教授、研究苏联和东欧国家社会主义制度下的女性角色的克丽斯滕·戈德西（Kristen Ghodsee）告诉我："政治和经济精英将家庭主妇与养家丈夫的模式视为美国社会成功的独特象征，与之相对的是苏联的妇女解放和男女平等的模式，他们认为后者极具威胁性。在（20 世纪）40 年代晚期和 50 年代，有一种巨大的压力要求维持父权制核心家庭。"

这导致那些想以其他方式生活的人几乎没有选择的余地。戈德西指出，在那个时代，公开表达对共产主义的同情可能会招致危险，因此弗里丹或许出于权宜之计，淡化了她在 20 世纪 40 年代曾是左翼工会记者的背景，转而强调个人生活才是影响她工作的首要因素。在美国，妇女解放思想与共产主义思想密不可分，因此领导层不愿向女权活动家让步，因为他们担心其中的政治意味。戈德西解释说，当时的想法是，"因为苏联这样做了，所以我们在美国不能这样做"。

父　权：男性统治的伊始与终结

尽管美国拥有历史悠久且充满活力的女性运动传统，但直到20世纪60年代至70年代，美国才通过了反歧视法案；而在苏联，类似的法律在十月革命之后就存在了。直到1973年，堕胎才在全美国范围内合法化。

戈德西认为，"冷战"时期的性别政治至今仍然影响着美国政坛。2017年的一次教训让她领悟了这一点，当时她为《纽约时报》撰写了一篇文章，标题备受争议："为什么社会主义制度下的女性拥有更好的性生活？"戈德西认为，社会主义国家减少了女性对男性的经济依赖，为她们赋予了一定程度的自主权和性自由，这是资本主义国家女性无法获得的。女性不必为了钱而结婚或维持糟糕的婚姻关系，因为她们从事有偿工作，有国家的支持。戈德西预料到这篇文章会遭到一些反对的声音，但没想到实际情况如此激烈。

戈德西告诉我，这篇文章引发了"这个国家右翼分子的仇恨、羞辱和谩骂狂潮。这太可怕了，真的太可怕了。甚至有死亡威胁和强奸威胁"。戈德西表示，大部分批评来自保守派和基督教福音派，他们认为妇女在家里更幸福，女性权利会破坏家庭，伤害孩子。不同意她的不仅仅是男性，还有女性。"美国有一种非常保守的倾向，认为（20世纪）50年代是美国优越性的顶峰时期，而这种优越性在某种程度上是植根于核心家庭的。"在他们看来，女人的归属过去是，并且一直都是家庭。

第七章 革 命

◇◇◇

赫鲁晓夫可能触动了对社会主义能为女性带来什么而感到焦虑的美国人的神经。但在私下里，甚至苏联也对自己的言论感到不确定。苏联共产党的男性领导人对能否实现真正的性别平等抱有疑虑。

1963年，苏联工程师瓦莲京娜·捷列什科娃（Valentina Tereshkova）成为第一位进入太空的女性。她返回后，赫鲁晓夫忍不住猛烈批评西方："资产阶级总是声称女性是弱势性别。"一位女性航天员经历了人类可能承受的最严酷的肉体考验。但正如捷列什科娃在后来的采访中透露的那样，苏联实际上在将女性送入太空一事上顾虑重重，因此在19年之后才允许另一名女性进入太空。

与美国一样，苏联对女性的理想规划也存在裂痕。正如德拉库利所写，女性"必须像男性一样工作……她们在建筑工地、高速公路、矿井、田野和工厂工作。共产主义理想中的女性是看起来与男人几乎没有区别的强壮女人"。她观察到，女性被要求首先成为优秀的工人和党员。对于那些从未认同这种理念或者渴望更传统的女性形象的人来说，这是难以接受的。一名苏联作家曾在一本地下女性主义杂志中呼吁："我们想成为母亲、妻子、家庭主妇——最终成为女人！"

东西方的问题都在于,每一方的女性都被迫接受一种特定的女性形象,双方都没有花时间去了解女性的真实期望。在"铁幕"的两边,关于男性特质的刻板印象保持不变(而且双方基本相同),女性特质却成了"战场"。历史学家罗博瑟姆写道,在苏联的官方宣传中,女性被呈现为身材健壮、面色红润,驾驶拖拉机向夕阳前进的女英雄形象。与此同时,西方的流行文化则讽刺苏联女性"缺乏女人味",有时甚至看起来很阴险,说她们"穿着制服坐在办公桌后,无情地评判男人"。

与大多数研究苏联的学者一样,福多尔对夸大苏联在性别问题上的成就持谨慎态度。虽然人们对苏联女性的刻板印象是强壮和强势,但厌女症仍然普遍存在。保守观念认为女性仍然要负责照顾孩子和做家务。女性很少有机会担任领导职务。男性领导质疑女性联合起来为自己争取权利的行为脱离了社会主义斗争。工作中通常存在性别分工,导致实际上的工资差距。例如,大部分医生是女性,但外科医生通常是男性,而外科医生的工资更高。

无法忽视的是,人类不是一张白纸,我们从已知出发,背负着传统、荣誉、期望、内疚、信仰和偏见的遗产。我们在短时间内能接受的改变是有限的。因此,在苏联,对于什么定义了男性和女性,人们仍然固守着古老的认知。民主德国直到1968年才宣布同性恋非罪化,比英国认定的同性恋合法晚一年。即使在一个意识形态上致力于平等的制度下,能被打破的性别规范也是有

第七章 革命

限的。

这些失败是可以预见的。老革命家蔡特金并没有质疑家庭内部的性别分工。在她看来,这不关乎意识形态,而是务实的选择。国家需要公民,那么就需要有人来生育和抚养这些公民。对妇女解放的宣传于是与国家保持人口增长的需求之间产生了持续的紧张关系。在苏联,有一个信念从未消失,那就是女性首先是母亲和照护者,哪怕她们在家庭之外工作。

这意味着女性很难摆脱家务劳动。家务与家庭外的工作共同形成了令人疲惫不堪的双重负担,而即使是开明的男性也不愿帮她们分担。尼克松至少说对了一点,在某些方面,苏联女性的生活可能更加艰难。

1978年,《新德国批评》(*New German Critique*)杂志的一篇文章指出了这个问题。在当时的民主德国,未婚女性人数在上升,出生率在下降,三分之二的离婚申请由女性提出。最常见的一个原因是,夫妻双方在性格和观念上明显不合。文章推测:"家务劳动分工上的严重分歧肯定是导致这种不合的原因之一。"

尽管如此,国家仍然没有重视家庭内部的劳动分工,因为它担心疏远自己的社会基础,也就是男性劳动者。历史学家唐娜·哈施(Donna Harsch)在其研究社会主义制度下的女性的著作《家庭的复仇》(*The Revenge of the Domestic*)中写道:"民主德国的女性开始将就业视为自我认同的一部分。"但是,几乎

父　权：男性统治的伊始与终结

所有的德国统一社会党领导人都是男性，"他们从传统的、性别化的家务劳动中获益"。1965 年，民主德国颁布的《家庭法典》（*Family Law Book*）鼓励夫妻共同承担家务，但实际上没人这么做。哈施写道："典型的丈夫不会改变个人习惯以适应在外面工作的妻子。"男性和女性在工作场所拥有平等权利，但在家庭内部，民主德国领导人温和地回归了这样的信念：家庭中的性别角色应由生物学决定。

父权制本来有机会被打破，但到头来，它只是被削弱了。苏联女性的困境是，她们有带薪的工作和更多的权利，却很少有西方的商品或节省劳动力的家用产品。可想而知，她们自然会怀疑"铁幕"另一侧的月亮"是不是更圆"。最终，她们的不满情绪成为人们迫不及待想看到铁幕倒塌的众多原因之一。

◇◇◇

1989 年后的 10 年很有启发意义。

一方面，人们体验到了不同的生活，他们可以探望苏联以外的朋友和家人，可以旅行，可以享受其他文化，可以从世界其他地方购买商品。在匆忙适应新的生活规则的过程中，一些女性选择不再工作，因为她们现在可以不工作了。全职家庭主妇的人数增加了。莱布尼茨社会科学研究所发表的研究报告显示，1989 年

第七章 革 命

之后，13 个东欧国家的妇女劳动参与率下降了 20% 到 25%，而同一时期，西欧国家的妇女劳动参与率却在上升。

但是，进入资本主义社会后，"铁幕"另一侧的生活并没有人们期待的那么美好。

德拉库利在她的《我们如何度过共产主义时期，甚至还在笑》（*How We Survived Communism and Even Laughed*）一书中，用一个生动的比喻形容"铁幕"倒塌时人们的期望："我们曾以为变革后的桃子会不一样，会更大、更甜、更成熟。"人们想象着自己将进入一个迷人的世界，就像在西方电影和时尚杂志中偷偷瞥见的那样。在资本主义制度下，他们以为自己终于可以过上丰富多彩的生活了。"但是，当我在街头市场的一个摊位前排队时，我发现桃子还是那么绿、那么小、那么硬。西红柿的价格还是太高。草莓仍然酸，橘子仍然干瘪。"

正如福多尔和她的同事记录的那样，随着欧洲社会主义制度的终结，大多数女性的生活水平迅速下降。失业、贫困和卖淫的人数不断增加。对于西方人来说，东欧国家成了代孕母亲、廉价保姆和管家的首选产地。一些地区的托儿所开始减少，导致女性更难外出工作——这可以部分解释女性就业率的下降。几十年的时间里，东欧国家早年在性别平等方面取得的成就被美国和西欧赶上了。现在，大多数其他欧洲国家也采用了苏联时期的一些社会主义政策，但实践得更温和。数百万人受益于带薪育儿假、儿童福利金、全民医疗服务和高等教育补助等福利。

2017年,历史学家和性别问题专家苏珊娜·克兰茨(Susanne Kranz)利用档案记录和个人访谈,描绘了1990年前后,在民主德国城镇瑟默达(Sommerda)的一家大型办公设备工厂中工作的普通女性的生活。她解释说,推动男女平等的努力非常深刻,已经对语言产生了影响,连德语中常见的(现在仍然如此)阴性和阳性的语法形式也被普遍放弃了。克兰茨写道,工作已经"内化为自我认知的一部分"。几乎所有女性都有工作。更重要的是,她们无法想象自己不工作。但到20世纪90年代中期,工厂里的每个人都害怕失去工作。一位年轻的母亲不得不为保住自己的岗位而战。克兰茨说:"在过去的几个月里,许多关于公正社会的理念和梦想都付诸东流。"她又补充道:"但是,人类的正当权利和尊严,也就是对职业女性和母亲的尊重,不能被抛弃。"

最终,瑟默达裁撤了五分之四的工作岗位。裁员对女性的影响远大于男性。

布拉格社会学研究所的布兰卡·尼克洛娃告诉我,她采访过自己所在的国家里曾于化工行业担任研究员或实验室技术员的老年女性,发现她们的子女很难找到工作。"她们的女儿过得都不太好。这些聪明的女性都受过高等教育,但因为没有托儿所,生活在崩溃的边缘。"

福多尔认为,如果说人们怀念苏联,"那他们怀念的主要是

第七章 革 命

一个关怀型的国家。人们期望国家照顾他们"。他们期待养老金、福利和医疗服务，还怀念过去那些把人们聚集在一起的旧式服务，比如运动场和食堂。它从未承诺奢侈的生活，但它确实试图提供一个社区、一张社会福利网和一份工作保障，避免人们因疏离感而落入受虐待或受剥削的境地，这对女性来说尤为重要。

戈德西写道，"前社会主义国家并未彻底击败各自的父权制"，但它"确实在为女性的全面解放创造条件方面做了很多努力"。就像福多尔在匈牙利看到的情况一样，戈德西注意到保加利亚人也有一定程度的怀旧情绪。21世纪初，一些人会购买苏联时代的纪念品。"随着幼儿园、医院和学校在20世纪90年代被系统性关闭，保加利亚女性承担了照顾儿童、老人和病人的责任。"她说，这引发了一些人对"旧体制"的美好回忆。

怀旧会发挥奇怪的作用。所谓的"旧体制"在当时实际上是一种新体制。在东欧和中欧，社会主义制度只持续了不到两代人的时间，但这个短暂的时期就像一个重置按钮，重新开启了新的规则。社会主义证明了国家的组织方式可以深刻地影响人们看待自己和彼此的方式，它或许可以比历史上的任何社会都更快地促成这种变革。不过，欧洲前社会主义国家之所以在性别平等问题上未能取得完全成功，可能是因为它们忘记了人类是文化的产物，而非自动化的机器。我们固守各自的习惯和信仰，即使我们并不理解其背后的原因。争取平等不仅仅是与资本主义的抗争，更是与过去的抗争。

对于一些经历过社会主义的欧洲人来说，虽然如今社会主义可能会让他们觉得古老和令人追忆，但父权制的传统要更加悠久。

◇◇◇

父权制在前社会主义国家并没有被打败。它们潜伏了几十年，到21世纪又卷土重来，更强势地宣告了自己的地位。

在俄罗斯，基督教再次成为一支强大的力量。在波兰、匈牙利等前社会主义国家同样如此。1989年后的30年里，波兰对堕胎的限制越来越多，现在几乎全面禁止堕胎，而这被宣传为回归"传统"价值观，并得到了天主教会的全力支持。一些政治家反对性别平等，波兰总统安杰伊·杜达（Andrzej Duda）将促进性少数群体的权利称为"极具破坏性"的意识形态。

前社会主义国家如何变成右翼宗教保守主义的堡垒？其中一个原因或许是，国家需要人口增长，国家要仰赖家庭尽可能多地生育子女，而执行严格的性别规范和推广异性婚姻对实现这个目标一直非常重要。不管在今天，还是在古代美索不达米亚，这一点从未改变。即使在苏联，当权者也感受到了增加人口的压力。

福多尔解释说："在过去几年里，匈牙利政府出台了一系列

第七章 革命

鼓励生育的政策，为多子女家庭提供大量资金。孩子越多，得到的钱就越多。"一项政策规定，有4个及以上孩子的职业母亲可以免缴个人所得税。另一项政策规定，如果已婚夫妇有3个或3个以上的孩子，他们的国家贷款（国家向新婚夫妇提供的1000万福林的贷款）将被免除。

但是，右翼势力的崛起并不仅仅是因为人口问题。冷战结束后，许多欧洲人对任何与共产主义相似的东西都疑心重重。建立新的国家认同意味着与过去保持距离。在这个过程中，争取性别平等的斗争遭遇了信誉危机。它与前政权的联系过于紧密。福多尔告诉我，在1990年后的头十年里，谈论女性权利是一件非常困难的事。"甚至连我们使用的词语，比如'解放'，也已经完全失去了合法性。"

这种环境下更容易产生民粹主义政治强人，他们用宗教和民族主义的话语，吸引那些目睹过自己的文化在苏联时期被排挤的人。一些人想要夺回自己认为已经失去的东西，而父权制与这些失落之物紧密相连。例如，中亚的共产党试图废除一夫多妻制和童婚的陋习；1927年，苏维埃还允许这些国家的穆斯林妇女不必再戴面纱。这立即引起了反弹。作为回应，苏联在20世纪20年代末通过法律，将谋杀或企图谋杀女性以阻止其争取解放的行为定为非法，并判处犯罪者死刑。

苏联解体后，对过去的怀念导致一些古老的重男轻女习俗沉渣泛起。例如，在吉尔吉斯斯坦，一些人为抢婚习俗辩护，认为这是当地的"传统"，是吉尔吉斯民族正统生活方式的象征。

后社会主义国家转向传统的一个悖论是，虽然女性被鼓励留在家中继续扮演妻子和母亲的传统角色，但她们并没有像预期的那样大量离开职场。1999年，对这些国家的劳动模式进行了数十年研究的经济学家康斯坦丁·奥格洛布林（Constantin Ogloblin）发现，从1994年到1996年，俄罗斯女性的劳动参与率与男性基本持平，而且女性的受教育程度可能更高。俄罗斯75%以上的经济学家是女性，90%以上的会计师和簿记员是女性。到2002年，女性的劳动参与率略有下降，但这并不一定是出于自愿。90%以上的男性和女性仍然希望工作。

同样地，在匈牙利，国家对有子女家庭的支持政策并不鼓励女性放弃在外工作。福多尔解释说："因此，这不是一种'回到厨房'的意识形态，而是一种强迫女性做更多工作的政策。"不鼓励女性成为全职家庭主妇，主要是因为那样会使家庭经济和国家经济都受到影响。女性既被期望工作，也被期望生育大量子女，只不过这次是在资本主义制度之下。

新领导人兜售的传统并不是回到"美好旧时光"，而是一种经过精心粉饰以迎合当权者需要的传统。他们并不想恢复真正的过去，而是要利用过去来巩固当下的权力。这种带有权宜和虚伪色彩的控制方式，正是父权制的永恒主题之一。

第八章
转 变

在寻求民族身份的过程中……新女性不能完全否定传统文化。

——《第三世界的女性主义与民族主义》

（*Feminism and Nationalism in the Third World*），1986 年

库马里·贾亚瓦德纳（Kumari Jayawardena）

1979 年，伊朗爆发了一场旨在推翻国王穆罕默德·礼萨·巴列维（Mohammad Reza Pahlavi），以共和制取代君主制的革命。这场革命得到了从对普通伊朗人拥有巨大影响力的保守派穆斯林神职人员，到推动社会经济和性别平等的左翼学生与女性活动家的社会各阶层的广泛支持。人们厌倦了生活在国王的专制统治之下，不满政治反对派和辩论受到压制，数百万人做好了变革的准备。

"对于当时的我来说，这场革命意味着终结暴政。我愿意为此献出生命。"伊朗社会学家沙赫拉·沙菲克（Chahla Chafiq）

告诉我,她当时在学生运动中十分活跃。"我感觉自己仿佛站在一座高山的山顶。我呼吸的空气格外纯净,眼前的景色预示着我能想象到的最美丽的季节即将到来。我能看到德黑兰街头抗议者的队伍日益壮大。自由就在眼前,而我们离它近在咫尺。"

这场革命显示了伊朗国王与自己的国民之间的隔阂。巴列维身着西装,拥有一群美丽的情人和妻子,利用石油收入以及与美国和欧洲的密切关系实现了伊朗的工业化。他鼓励人们打破传统,拥抱西方的现代化,但这种转变对一些人而言,有些太快了。他们担心,当国王把钱浪费在豪华轿车和进口法国食品上时,伊朗正在失去自我。反对派开始团结在一位流亡的穆斯林神职人员阿亚图拉·鲁霍拉·霍梅尼(Ayatollah Ruhollah Khomeini)的周围,霍梅尼承诺为这个国家创造一个更虔诚、更传统的未来,一个不受外国势力剥削的未来。

但是,就像那个世纪的许多革命一样,只有一部分人最终实现了他们期望的变革。

霍梅尼结束流亡回国,建立了政教合一的政体。在新成立的伊斯兰共和国,被认为违背穆斯林教义或至少违背某些特定解释的法律很快被废除。宗教神职人员要求恢复传统的性别角色。不久之后,女性出国旅行需要得到男性监护人的许可;学校开始实施性别隔离;堕胎被禁止;女孩的法定结婚年龄从18岁降到13岁,童婚制度再次开始。

第八章 转 变

那些希望革命带来更多而不是更少自由的人迅速发起了反击,成千上万的人拥上首都德黑兰的街头游行。多年后,摄影师亨加梅·戈莱斯坦(Hengameh Golestan)在一次采访中回忆说:"那是一场声势浩大的示威活动,参与者包括来自各行各业的女性和男性,有学生、医生和律师。我们为自由而战,不仅是政治自由和宗教自由,还有个人自由。"

但抗议无济于事。从那时起,女性开始受到道德警察的监视。这让沙菲克感到震惊。曾在伊朗生活并记录这段历史的英国记者詹姆斯·巴肯(James Buchan)写道,在接下来的几年里,成千上万的伊朗人最终离开了伊朗,前往土耳其、欧洲国家和美国,其中许多是学者和专业人士。对于一些人来说,这关乎生死。

沙菲克就是其中之一。她向我解释道:"我在激进左翼学生运动中非常活跃。随着我的一些同志被捕,我被迫转入地下,用假名生活。只要察觉警察可能会出现,我就立即更换住所。随着对反对者的追捕越来越严厉,我和其他许多人一样被迫流亡。"她花了3天时间,步行和骑马前往土耳其,然后前往法国,并一直在那里生活。

父　权：男性统治的伊始与终结

◇◇◇

　　1979年伊朗革命后，学者和女性主义者关注和探讨的问题是，一个几十年来不断在女性权利方面取得显著进步的国家，其许多成果为什么会在短短几年内转向保守。

　　这个问题同样可以轻易地适用于当今世界的其他地方。从欧洲前社会主义国家的保守转向，到最近塔利班在阿富汗的卷土重来，那些曾经有望削弱父权制政府的社会，正面临父权制的全面回潮。向性别平等迈出的每一步，似乎都面临着反弹的风险。

　　在美国，一些州的立法者一直试图禁止堕胎，并限制关于性别和家庭的狭义定义之外的任何观念。甚至在2022年美国联邦最高法院推翻宪法规定的堕胎权之前，包括得克萨斯州和俄克拉荷马州在内的一些州已经通过了一些史上最严格的堕胎法案。共和党人大力支持"传统"家庭价值观，批评关于性取向和性别认同的教育。2022年初，在南卡罗来纳州的一次集会上，随着身后的人群挥舞着"拯救美国"的标语，特朗普告诉听众，他的政党将"自豪地维护我们建国以来的犹太—基督教价值观和原则"。

　　这种言论的根源可以追溯到一些最早的城邦国家和帝国，它们建立在增长人口、确保人民忠于统治精英、培养战士，以扩张或保卫领土的需求上。法律和宗教的核心是一种性别原则，即只有两种人是有用的，分别是能生儿育女的女人和能上战场的男

第八章 转 变

人。人类生活的多样性被压抑,个人的需求被抹杀。在南卡罗来纳州的演讲中,特朗普亲自解释了这一点:"任何国家的命运最终都取决于其公民是否愿意为保卫自己的国家而牺牲生命,他们必须这样做。我们希望将军们专注于赢得战争,而不是教授如何使用人称代词。"

但是,这种对人口的控制始终是不稳定的。父权制价值观并没有一个决定性的"胜利"时刻。相反,在整个历史上,我们看到的一直是反抗。正如美国布鲁克林作家加尔·贝克曼(Gal Beckerman)所写的那样,"变革,那种推翻社会规范和颠覆正统观念的变革,开始时发展得很缓慢。人们不会一下子就砍掉国王的头。在数年乃至数十年里,他们会先在私下里讨论他,想象他赤身裸体的滑稽样子,把他从神贬为普通人。"

正是这种潜在的不满情绪最终导致了伊朗君主制的终结。数百万普通人满怀激情地为结束国王的专制统治而斗争,其中包括出身各个社会阶级和不同经济背景的女性。至少在革命初期,人们曾短暂认为,一切皆有可能。当时,拥有革命热情的,并不仅仅是宗教神职人员。

伊朗研究者马塞拉特·阿米尔-易卜拉希米(Masserat Amir-Ebrahimi)曾写道:"对于许多伊朗青年来说,这是一个难忘的时刻。在旧权威灭亡和新权威诞生的间歇期,公共空间变成自由空间。"流行音乐与宗教歌曲同时出现,曾经的禁书在街头出售，女性走出家门，与她们的同志们一起行动数月。人们感到自己正在从君主和外国势力手中夺回自己的国家。对于像沙菲克这样激进的年轻学生来说，未来充满希望。事实上，沙菲克告诉我，甚至连霍梅尼也因为激烈反对国王及其西方盟友的立场，而受到从左翼到自由派的世俗政治团体的积极欢迎。

那一刻是短暂的。

诺贝尔和平奖得主希尔琳·艾芭迪（Shirin Ebadi）在40年后为《华盛顿邮报》（*Washington Post*）撰写的一篇文章中写道："我希望你们原谅我们犯下的错误。"1970年，她是一位法官；在伊斯兰共和国时期，她被降职为书记员。但是，在革命期间，她那一代人相信革命将带来一个民主和自由的新时代。他们希望在革命后，包括女性在内的每个人的生活都会更好。正如艾芭迪承认的那样，理想主义和天真的结合使他们被保守派领导人的承诺误导。

◇◇◇

在埃及女性主义者、精神病学家纳瓦勒·萨达维的小说《零点女人》中，主人公写道："有原则的男性革命者其实与其他男人并无不同。他们利用自己的聪明才智，用原则换取其他男人用钱购买的东西。"

第八章 转 变

数十年来，伊朗被外国势力占领，眼睁睁地看着自己的主权和财富被掠夺。就像20世纪亚洲和非洲的许多人一样，伊朗人也在寻找一种既能实现"现代化"，又不牺牲他们的身份，不抛弃他们的历史和传统的方式。在霍梅尼掌权之前，人们曾追随一位在巴黎接受过教育，颇具影响力和魅力的神学家阿里·沙里亚蒂（Ali Shariati），因为这位神学家提供的正是这样一种兼顾传统与现代化的道路。

研究殖民主义和流亡伊朗人的英国教授佐赫雷·苏利文（Zohreh Sullivan）写道，沙里亚蒂在某种程度上是革命背后的思想力量。她解释说，沙里亚蒂的呼吁"不是要回到遥远的过去，而是要回到民众日常生活中的过去"。他反对西方资本主义文化，但也支持科学和工业。他采用了欧洲左派的语言，强调反对帝国主义的斗争和更公平地重新分配财富的必要性，但主张这些应该在伊斯兰文化的框架内进行。他在一定程度上支持男女平等，但谴责他认为的美国等国家对女性的性剥削。

历史学家阿法里写道："对于那些认为西方资本主义利用'女性的身体来销售更多商品'的人来说，这种新兴的、政治化的伊斯兰教具有真正的吸引力。"年轻的女学生们开始戴上传统的伊斯兰头巾，热情地聆听他的布道。记者巴肯说，1971年，多达3500名年轻人注册了沙里亚蒂的讲座课程。沙里亚蒂描述了一种充满活力、忠诚、贞洁、友善的女性形象，这吸引了许多伊朗女性。

沙里亚蒂在伊朗革命开始前死于心脏病。虽然霍梅尼的政治信仰与沙里亚蒂并不完全相同,但霍梅尼确实有意在演讲中使用沙里亚蒂常用的语言。阿法里解释道,霍梅尼会谈论"殖民主义""剥削""社会革命",甚至提到了女性的勇气和独立性。

霍梅尼始终执着于一种受人尊敬的、虔诚的女性形象,反对国王统治时期促进性别平等的改革,包括20世纪60年代和70年代赋予女性更大的离婚权利和子女监护权的法律。但伊斯兰共和国确实以自己的方式试图调和宗教与激进主义、传统与现代之间的矛盾。虽然女性面临其他种种限制,但伊斯兰共和国还是支持女孩接受教育和识字。将男孩和女孩分开的做法使那些不愿将女儿送到学校的保守家庭安心。最终,大学生人数中的性别差距消失了。

然而紧张关系仍然存在。霍梅尼曾说过:"我们的问题和苦难缘于我们迷失了自我。"他的目标是让伊朗回到过去。这不可避免地意味着对传统和宗教的重视。对女性而言,这意味着对她们作为妻子和母亲的角色的强调。

苏利文写道:"母性被政治化并被极力推崇。"出生率随之急剧上升。在伊斯兰共和国统治下,女性就业率急剧下降,尤其是在政府部门;男性就业率则有所上升。国家修改关乎妇女儿童权益的法律的影响持续了数十年。

第八章 转　变

将国家的完整性与女性的身体联系在一起，认为女性的行为和着装反映了国家的道德水准的观念，在古希腊时期已经存在。要想成为优秀的伊朗人，真正摒弃外来价值观，女性就必须遵循传统。甚至在霍梅尼掌权之前，这一原则就已经开始影响女性的行为。巴肯写道，在革命高潮期，那些从未穿过黑色罩袍（一种从17世纪初开始在伊朗流行的长袍，宽松地覆盖全身，只露出脸部，用手加以固定）的女性开始穿上罩袍，以表明她们对西方服饰的拒绝，以及对更贫穷、更偏远的农村地区女性的认同。

罩袍在当时成为中产阶级声援工人阶级的象征。为平等和自由而战的女性选择穿上覆盖全身的黑色罩袍，而这种服装曾被伊朗女性活动家拒绝，这不仅让伊朗之外的旁观者感到惊讶，也让伊朗国内的一些人感到意外。但是，到了这个阶段，这件衣服已经不再仅仅具有以前的意义了。它不仅与性别上的谦逊或宗教虔诚联系在了一起，还成了传统的标志。而在那个时刻，传统是政治抵抗的象征。

◇◇◇

父权制之所以根深蒂固，是因为它已经根植于我们的许多文化中。人类是文化动物，需要归属感，需要拥有历史，需要感到我们的存在具有某种超越自身的意义。如果没有与过去的联系，我们就失去了建立身份认同的参照系。但是,当我们的文化既是我们想要保护的东西,又是我们受压迫的根源时,我们应该如何应对呢?

政治学家帕尔塔·查特吉(Partha Chatterjee)指出,在一个多世纪前印度反对英国统治的运动中,人们担心女性可能会放弃本地传统。他写道:"19世纪关于女性的文献中,涉及担心孟加拉女性受西化影响的内容非常多。"男性可以更自由地做出选择。但是,如果女性不能体现国家应有的形象,民族的自主性就会受到威胁。通过践行文化传统(尽管这些传统可能是父权制的),她们可以证明这个民族抵制了外国的控制。对于女性来说,这"使她们被束缚在一种新的,但完全合法的从属地位上"。正如斯里兰卡女性主义学者库马里·贾亚瓦德纳所写,女性"仍然被要求扮演民族文化、本土宗教和家庭传统的守护者的角色。换句话说,她们既要'现代',又要'传统'"。

我们渴望抓住某些永恒的东西,尤其是当我们感到生命无常的时候,这种渴望促使我们去捍卫自己的文化与宗教。几千年来,这些已成为我们在世界上的"锚"。但这也是为什么在危急时刻,在革命、动荡或战争期间,父权制往往会变得更加顽固。

种族和宗教民族主义者深知,没有什么比拥有一个敌人更能增强一个民族的文化认同感。社会学家萨宾·哈尔克(Sabine Hark)和葆拉-艾琳·维拉·布拉斯拉夫斯基(Paula-Irene Villa

第八章 转 变

Braslavsky）在2020年出版的《差异的未来》（*The Future of Difference*）一书中，描述了在移民增加的背景下，欧洲各国的极端民族主义政党如何用"本土主义"来吸引当地女性。他们向"脆弱"的白人女性承诺，将保护她们免受来自与其文化不相容的其他文化的"暴力"外国男性的侵害。他们捍卫"任何'我们'的成就，包括国家、人民、核心家庭、基督教等"。民族主义就这样与仇外心理和父权制结合，形成一种有害的混合体。

对于一些女性来说，这种父权制民族主义已成为一种战斗口号。在美国，乔治·华盛顿大学的研究人员调查了2021年1月6日参与极右翼分子袭击国会大厦事件的女性。到次年3月，已有100多名妇女因与这起事件有关的犯罪行为而被捕。研究人员发现，这些女性在解释自己的行为时，往往会强调自己作为需要保护和支持家庭的母亲、妻子和女儿的角色，或者强调自己作为保护自己的孩子免受外来威胁的守护者的角色。通过回归美国传统父权观念对女性角色的定义，她们认为自己是在捍卫传统文化。

我们在社会中扮演的角色已经根植于各自的身份之中。当我们认为如果自己不能扮演好这一角色，社会便可能会解体时，这种身份就变得更加重要。但是，当女性既是文化的守护者，又受到文化的束缚时，这将带来一个灾难性的后果，即那些反抗的女性可能会被指责为不仅背叛了她们的社会，也背叛了她们自己。

在这个过程中，曾经无法想象的事情变得可以接受。女性割礼往往会得到年长妇女的支持，因为她们希望确保自己的女儿能够嫁出去。2007年，在政府、慈善机构和传教士的压力下，位于埃塞俄比亚南部裂谷的阿尔博雷的长老们决定，在他们的社区里禁止女性割礼，但这遭到了女孩们的抵制。在这个决定被做出时，社会人类学家埃奇·加伯特（Echi Gabbert）恰好在场，他记录了一位少女慷慨激昂的辩护："这是我们父辈、祖辈的文化。这是我们的起源。我们不会放弃它。"

"这是我们的文化，我们不会将其摒弃。如果我们的母亲拒绝为我们行割礼，我们就自己动手。"

◇◇◇

1994年，已故社会学家和女性主义者法蒂玛·梅尔尼西在其回忆录《越界的梦想》（*Dreams of Trespass*）中，记录了20世纪中期，她在摩洛哥历史名城非斯长大成人的故事。她生活在最后一批哈莱姆（Harem，伊斯兰国家的后宫）中的一个，这些哈莱姆是富裕的大家族的居所，兄弟们与他们的妻子（有时是一夫多妻制）、未婚或离异的姐妹，以及所有的孩子们住在一起。梅尔尼西描述的这些女性坚强而聪颖。她们中有坚韧的战士，也有曾经的奴隶。但在哈莱姆，她们只能待在一个被高墙围住的院子里，如果没有男人的允许，她们无法离开。

第八章 转 变

在梅尔尼西生活的哈莱姆中，每个女人对自己的处境都有不同的看法。她的母亲对这种荒谬的生活感到愤怒。母亲渴望独立生活，恳求女儿为自己设想一种新的生活（梅尔尼西确实这样做了，她离开家乡到摩洛哥首都拉巴特、法国巴黎以及美国学习，后来成为伯克利大学和哈佛大学的客座教授）。相反，一些年长的女性认为，哈莱姆是一种需要维护的文化制度。梅尔尼西写道，她们倾向于服从家中男人的意愿。在她们的家庭中，女性人数多于男性。但她观察到，女性的团结是一个敏感问题，"因为女性很少联合起来，反对男性"。

梅尔尼西的母亲指责那些与男人结盟的女性，认为她们是导致其他女性受苦的主要原因，称她们是"扮成绵羊的狼"。她的母亲痛苦地表示，如果女性真的团结一致，她们根本就不会被困在哈莱姆。

她们的意识形态差异表现得十分微妙。无论每名女性如何看待自己的处境，她们都会想方设法地展现自己的自主性。虽然她们几乎与世隔绝，无法接触男性，但梅尔尼西的母亲有时会挑衅性地为自己做一顿丰盛的早餐，而不和其他人一起吃集体食物。另一名女性则会灵活地爬上高高的露台，她可以从那里看到周围的世界。还有人会骑马或者在河里游泳。不过，当她们在一起时，甚至连衣服上绣什么图案这样简单的问题也可能会引发争论。一些女性想尝试绣一些新图案，另一些女性则出于对祖先的尊敬，坚持使用老式图案，后者将自己视为传统的守护者。

梅尔尼西写道，她的姑姑"将这些女性视为一个整体"，但实际上，"她们根本没有凝聚力。女性之间的分裂是无法弥合的，关于刺绣图案的争论象征着更深层次的、对立的世界观"。即使还是个孩子，梅尔尼西也清楚地意识到，问题在于每个人想要的东西并不相同。

我们在追求幸福的过程中，会做出当时对自己有利的妥协，即便我们知道，这些妥协可能会让原本有可能与我们团结一致的人失望。女性的政治立场并不总是按性别划分，就像男性一样。这并不总是出于自私，而往往是为了安全或生存。但是，这可能导致我们与周围的父权制体系保持一致，盲目地解释传统，选择优先考虑的权利，并在家庭、文化、民族、种族、阶级和种姓之间做出权衡。或许这种冲突正是阻碍女性团结的罪魁祸首。

律师兼记者拉菲亚·扎卡里亚（Rafia Zakaria）在《反对白人女性主义》（*Against White Feminism*）一书中批评了所谓的"全球姐妹情谊"的空洞。她指出，在遭受西方军事入侵的国家里，认为女性总是为了彼此的利益而努力，甚至清楚彼此的利益是什么的观点格外虚假。她质疑，如果西方女性主义者真的了解这些女性的需求，她们还会以性别平等和女性解放的名义，为美国对阿富汗的军事进攻辩护吗？她们以为阿富汗女性最想摆脱的是父权制，但在那个时刻，她们真正想要摆脱的是战争。扎卡里

第八章 转 变

亚写道:"大轰炸造成数千人死亡,更多的人残疾,家庭破裂,生计被摧毁,而这些都被视为实现这一光辉的女性主义目标的必要手段。"她解释说,人们没有意识到,"阿富汗女性与阿富汗男性是无法截然分开的"。在战争中,男性并不是她们的敌人,而是她们的丈夫、兄弟和儿子。

梅尔尼西的家族之所以坚守传统,部分原因是摩洛哥一直是外国殖民势力觊觎的目标。在她的家里,女性肩负着维持传统的重任。在国家需要捍卫的时候,她们个人的需求和愿望并不重要。虽然她的母亲苦苦哀求,但她的父亲仍以传统为借口,不愿放弃哈莱姆。他告诉梅尔尼西的母亲:"我们生活在艰难的时代,国家被外国军队占领,我们的文化受到威胁。"

"我们只剩下这些传统了。"

◇◇◇

摩洛哥的哈莱姆在梅尔尼西在世时便已消失,但这份成长经历对她的职业生涯产生了深远影响。作为一名社会学家,梅尔尼西致力于理解支撑父权制的理念。父权制在意识形态上具有强大的力量,她认识的一些最坚强的女性不仅心甘情愿地服从于父权制,还会为其辩护。

梅尔尼西像数百年前的当地知识分子(包括男性和女性)一

样,对女性的从属地位自一开始就存在于她的宗教中,且具有无可辩驳的神学或历史依据的假设提出了质疑。父权制并不是简单地回归过去,而是在当下不断被重构,有时它甚至比以前更加强大。她写道,文化和宗教是维系她童年的哈莱姆的黏合剂,但它们从来都不是一成不变的。她指出,许多人认为的"传统",其实并没有很深的根基。

梅尔尼西在《头巾与男性精英》(*The Veil and the Male Elite*)一书中写道:"当我写完这本书时,我明白了一件事:如果说还有现代穆斯林男性觉得女性权利是一个问题,那既不是因为经典,也不是因为先知,更不是因为传统,仅仅是因为这些权利与男性精英的利益相冲突。"

梅尔尼西向人们展示了,宗教如何像生活中的其他许多部分一样,逐渐被纳入权力体系,并为父权族长们服务。就像关于男女天性的神话一样,宗教赋予男性统治的权威同样有其独特的力量。哲学家和科学家曾诉诸生物学的权威,将女性贬低为"次等",而宗教人士则诉诸神的权威。

塞内加尔社会学家法图·索乌(Fatou Sow)写道:"对于宗教激进主义者来说,女性象征着种族和文化的纯洁性。"她研究了父权思想如何通过对宗教的解释在塞内加尔传播,这些解释试图禁止女性担任宗教领袖,提倡女性割礼,并破坏母系制度。宗教激进主义团体为了达到意识形态和政治目的而操纵宗教,妇

第八章 转 变

女权利问题尤其受到关注。索乌写道:"操纵的手法可能非常明显,传统被积极地改写,然后要求女性遵循。服从父权秩序被视为对神和宗教信仰的承诺的标志。"

虽然宗教给人的感觉是一种固定而永恒的信仰,但宗教的意义总是不断被人解释,以适应当时的政治需求。例如,天主教会不断构建并强化其"传统"家庭、女性角色和性别二元论。2004年,在成为教皇本笃十六世(Benedict XVI)之前,枢机主教若瑟·拉青格(Joseph Ratzinger)给天主教的主教写信,反对女神父。拉青格说,女性追求权力会招致"对人有害的混乱理解,这种混乱理解将对家庭结构产生最直接、最致命的影响"。他接着直接提及女性主义:"虽然某种女性主义言论提出了'为我们自己'的要求,但女性保留了对创造生活中美好事物之行为的深刻直觉,这些行为包括产生生命、促进成长和保护他人。"拉青格认为,每个女人的真正使命都是支持男人和孩子,无论她是否接受。

梅尔尼西的论点在这里最有说服力。如果说限制女性生活的,是古老的历史、传统或不变的信仰,那么为什么现在的父权族长们仍然可以定义什么是可以被接受的,什么是不可被接受的?为何他们能够按照自己的意愿改变过去和传统,而希望获得更多权利和自由的女性却不能这样做?

父　权：男性统治的伊始与终结

◇◇◇

也许是因为对自己看到的虚伪现象感到愤怒，梅尔尼西与保守的神职人员研究相同的文本，但从不同的角度揭露他们的曲解和含糊之处。深入了解历史后，她发现过去阿拉伯社会的多元性远超当下人们的认知。

古代文献证明，女性享有权力和自由。她认为，这些文献提供了女性在过去享有广泛性权利的证据。在一些婚姻中，孩子不属于他们的亲生父亲，女性可以有不止一个固定的性伴侣。在一些例子里，妻子可以通过简单的仪式送走她们不想要的丈夫。甚至还存在关于母系婚姻的证据，丈夫会留在妻子所在的部落。

1995 年，莫斯科国立大学的人类学家安德烈·科罗塔耶夫（Andrey Korotayev）证实，有证据表明 3 世纪的阿拉伯半岛南部存在母系制度。在一些文本中，男性唯一列出的家族亲属是他们的兄弟，而所有有记录的后代的家长都是女性。还有证据表明，这些社区中的女性与男性共享领导权。

但其他人怀疑，这能在多大程度上真正挑战主要宗教中的父权制。美国俄亥俄州迈阿密大学的金伯利·哈姆林（Kimberly Hamlin）在其为海伦·汉密尔顿·加德纳（Helen Hamilton Gardener）撰写的传记《自由思想者》（*Free Thinker*）中，详细描述了这位 19 世纪的女性运动家是如何与那些因为《圣经》明

第八章 转 变

确规定了这种性别秩序,而认为女性天生从属于男性的美国人作斗争时遇到的困难。哈姆林写道:"加德纳不禁怀疑,'怎么可能有人既是正统基督徒,又是妇女参政论者,这一直是我难以解答的难题之一'。"

但是,像加德纳这样的活动家发现,在美国这样一个宗教信仰浓厚的国家,如果她们想要推动民众接受她们的主张,她们就无法回避宗教。正因如此,在19世纪后半期,出现了一系列引人注目的对基督教的女性主义批判和重新解读,包括19世纪90年代出版的《妇女圣经》(*The Woman's Bible*)。通过这些努力,她们在自己的信仰中找到了一条支持女性主义的道路。

正如梅尔尼西意识到的那样,一旦一个社会建立在神学基础上,并且将自己定位于反对其他思想体系,那么女性主义者就很难在宗教之外找到争取权利的途径。因此,当地女性需要找到一种务实的方式来表达她们对平等的诉求。梅尔尼西的作品之所以具有影响力,是因为它在父权制的地盘上与之抗衡。这是一种来自它试图挑战的文化内部的女性主义。

直到今天,它仍然很强大。在埃及出生的美国记者莫娜·埃尔塔哈维(Mona Eltahawy)写道,她很高兴地了解到,中东也有自己的女性主义传统,而且这种传统并不只是从西方引进的。"对于一个与自己认为无法与之抗衡的力量抗争的年轻女性来说,梅尔尼西的话是其急需的武器。"

我们讲述自己故事的方式，可以决定自己如何生活，这是贯穿梅尔尼西作品的一条主线。她提出的问题是，如果我们重写这些故事，世界会变成什么样子？我们如何用想象力来摆脱社会和国家的限制与操纵？

她回忆起自己小的时候，姑姑对她说："解放始于你的小脑袋里舞动的图像。"这些图像可以转化为语言，"而语言是不需要成本的"。

◇◇◇

20世纪中期，从纳粹德国逃到美国的左翼社会学家刘易斯·阿尔弗雷德·科塞（Lewis Alfred Coser）提出了这样一个论点：社会群体内部和群体之间的冲突非但不是坏事，反而是促进社会变革的关键因素。他认为，几乎没有一种制度能满足所有人对地位和财富的要求。边缘的摩擦可以推动社会发生改变，帮助新的思维方式出现。他写道："社会不会像生命体那样死去，它不像生物那样有明确的出生和死亡时刻。"

我们能做的只有不断地抗争。

有的人追求权力，有的人反对权力，由此产生的有时是限制更多、更加专制的社会，有时则相反。我们所说的父权制可以被认为是这一持续冲突中的一种因素。人们希望通过诉诸自然、历

第八章 转 变

史、传统和神灵的权威来维持对他人的统治。他们的诉求不断被发明、调整、修饰和重塑，有时成功，有时失败。但是，争取一个更公平、更平等的社会的斗争也在不断地重新定位，它同样不会停滞不前。

伊朗社会学家马塞拉特·阿米尔-易卜拉希米在对革命后的局势进行的代际分析中写道，革命时期的女性虽然被边缘化了，但她们从边缘地带推动了变革。

律师莱拉·阿里卡拉米（Leila Alikarami）补充说，这种转变体现在家庭内部。她出生于1979年革命前夕的伊朗，曾在德黑兰大学学习法律，现居伦敦。她在回忆自己的成长经历时提到，她的祖母对待她的方式与对待她兄弟的方式完全不同。阿里卡拉米告诉我，每逢节假日，她的祖母都会做一些特别的饼干。"我很喜欢这些饼干。"但她的祖母总会特意告诉大家，这些饼干是为她的兄弟，而不是为莱拉和她的姐妹们做的。她说："这让我感到很受伤。我经常向父亲抱怨，不想去看她。但父亲解释说，她年纪大了，她不想歧视你，也不想伤害你，但这是她的天性。她就是在那种环境下长大的，她偏爱男孩。"

到了阿里卡拉米父母那一代，人们对性别的态度已经发生了变化。她说："我的母亲完全不同。当我和母亲交谈时，我们可以进行对话。我也可以和其他家庭成员进行对话。"她的家人支持她的教育和职业发展。虽然对男性有利的歧视性法律依然存在，但个人仍然可以选择自己的生活，为自己创造空间。"现在的人们大都受过教育，在文化上，他们已经走在了政府前面。"

例如，伊朗的继承法规定，儿子有权获得比女儿多一倍的遗产。但阿里卡拉米告诉我："在我的家族中，许多男性会给儿子和女儿留下相同的遗产。"在婚约中，也有一些丈夫会放弃对妻子的权利，如禁止她们工作、旅行或提出离婚的权利。如果这样做意味着不必支付高昂的彩礼，或者可以通过双方共同工作获得更多的家庭收入，那么男性会更愿意进行协商。

阿里卡拉米说，这对丈夫来说并不总是一件容易的事。在实际操作中，公证员有时会反对这类婚约。男性和他们的父母都不愿放弃太多的权利。"有时他们不同意，因为他们不想失去权利。有时他们会说，好吧，我们放弃自己的权利，我们给你离婚的权利，给你工作的权利，给你旅行的权利，但我怎么向我母亲或者我的其他家人解释呢？"在她知道的一个案例中，一名男性同意放弃婚姻中的权利，但前提是不能让他的家人知道。

2021年，历史学家阿法里和研究民族主义与身份认同的学者杰西琳·福斯特（Jesilyn Faust）在《数字时代的伊朗爱情》（*Iranian Romance in the Digital Age*）一书中写道，虽然伊朗政府大力提倡家庭和传统母职，但婚姻（尤其是包办婚姻）一直在减少。2018年，在德黑兰，每3对新婚夫妻中就有1对离婚。2016

第八章 转 变

年，德黑兰 60% 以上的单身人士是女性。伊斯兰共和国成立 40 年后，一些女性仍然在经济上支持她们的家庭。

1979 年的革命可能无法立即实现女性曾经努力争取的变革，但也无法阻止这种变革。

阿法里和福斯特说，这反映了西亚、北非和南亚的一些趋势。结婚率和出生率正在下降。选择传统包办婚姻的人越来越少。平均而言，女性的受教育程度和就业率比 40 年前更高。当女性有机会争取自由时，她们就会抓住机会。2022 年 2 月，沙特阿拉伯一家铁路公司招聘 30 名女司机，结果收到了 2.8 万份简历。

随着出生率下降，女儿受到家庭更多的照顾，家庭也更注重为她们的教育投资。中国是一个明显的例子。1979 年，中国开始实行计划生育政策后，适婚女性变得越来越少。因此，在一些地区，女性开始意识到自己可以谈判结婚条件。一些女性不再像以前一样搬到丈夫家居住，而是说服丈夫搬到自己家居住。伦敦大学亚非学院性别问题学者高碧叶根据她在湖南省的田野调查，记录了一种"招郎"的习俗，这些家庭的孩子会随母姓，而不是随父姓。

高碧叶采访的中国女性在经济上往往更加独立，尤其是因为她们的亲属可以帮忙照顾孩子。她将其中一名女性描述为家中的"假儿子"。这名女性颠覆了传统的性别角色，她通过这种改变获得了一种力量。

世界银行的数据显示,全球出生率在过去的50多年里一直在下降,从20世纪60年代高峰期的平均每名妇女生育5个以上孩子,下降到现在的不到2.5个。生育自由已经成为国家与公民之间最为激烈的争论之一。

◇◇◇

父权制习俗并不是我们唯一的习俗。

在印度梅加拉亚邦卡西丘陵的母系社会中,虽然有人提议修改继承法,使儿子和女儿拥有平等的继承权,但人们坚决拒绝放弃以女儿为重的古老传统。当地人认为,母系制度与卡西人的民族生活密不可分,失去母系制度可能意味着丧失他们的身份认同。社会学家农布里告诉我,甚至连她接触过的身份较高的卡西男性也不希望看到母系生活方式的终结。"他们认为这将给社会带来灾难性的后果",因为这会破坏家庭赖以生存的基石。对于一个已经受到威胁的原住民部落社区来说,保护自己的文化才是最重要的。在卡西丘陵,无论男女都积极投身于捍卫女性权利,抵御父权制侵蚀的行动中。

印度南部的喀拉拉邦于1976年正式废除了母系制度,但近年来,该邦已经发生了变化。该地区在21世纪将自己定位为争

第八章 转 变

取女性权利的灯塔。2013年，科泽科德市（以前的卡利卡特）建成了一座占地近10万平方米的"性别公园"，公园里有一座博物馆和一座女性主义图书馆，专注于探讨女性的历史，包括跨性别女性的故事。8年后，该邦的一所公立小学引入了性别中立的校服（包括衬衫和七分裤）。喀拉拉邦的母系传统被认为是学校做出这个决定的原因之一。其他学校也纷纷效仿。

当我想到喀拉拉邦时，我开始意识到，传统是我们自己塑造的。

几十年前，反殖民主义理论家和精神病学家弗朗茨·法农（Frantz Fanon）也有类似的领悟。他在《黑皮肤，白面具》（*Black Skin, White Masks*）中写道："我不是历史的囚徒。我不应该在那里寻找我命运的意义。我是我自己的根基。我是我自己存在的基础。"我们已经拥有了创造自己想要的世界的工具。

不过，无论是古希腊和古罗马，还是印度和北美洲，我们往往会将目光投向过去，仿佛那里包含着指导我们应该如何生活的神秘公式。事实上，过去并不比我们现在的生活更好或更差，只是更加多样化。从人类最早的历史开始，我们就看到，人们以各种不同的方式组织自己，而且始终在协商关于性别及其意义的规则。没有任何事物是一成不变的。

千百年来，我们逐渐被迫相信，我们只有几种生活方式可供选择。殖民化与狭隘的法律和信仰的传播导致我们的社会变得越来越同质化，并最终形成了我们现在所谓的"传统"。我们的政府机构已经僵化到让人感到无法撼动的地步。甚至连相对较小的立法变革，也需要花费数年时间和巨大的努力。我们屈从于现有的制度，即使我们知道这些制度并不起作用。正是由于这种惯性，我们认为自己遵循的社会模式一定是自然的或神圣的，而不是人为的。

这段旅程把我从远古时代一直带到动荡的今天，在旅程的最后，我不禁要问，我们现在创造的激进的社会形态，是否有可能成为明天的习惯和习俗的基础？我们怎样才能恢复和发挥我们在社会变革中的勇气？我们的生活方式看似永恒，我们的制度、宪法、信仰看似稳固，但它们从来都不是固定不变的。它们几乎都是由我们创造的，而我们还可以发明其他事物。我们塑造未来的方式不受自然的限制，能限制我们的唯有自身的想象力与勇气。但是，我们犹豫了。站在变革的边缘，我们回望过去，对可能失去的一切感到恐惧。

我们不妨想象未来可能会得到的一切。

结　语

远古时期，军事和政治领袖就已经知道，最有效的控制民众的方法之一是"分而治之"。这个策略的核心在于，将较大的群体拆分成更小的群体，制造不信任，使这些小群体难以结成联盟，这样他们效忠的对象就会从彼此转变为当权者。这是一种非常成功的策略，从古罗马的恺撒到亚洲和非洲的英国殖民者，不同历史时期和不同地区的人都在使用它。如今，一些民族主义领袖也在使用这种策略，他们通过煽动人们对移民和少数民族的恐惧来达到分化的目的。

分化是父权制掌握权力的原因之一。性别压迫造成的伤害不仅是经济或物质上的，还是情感和心理上的。让女儿与父母疏远，使妻子与丈夫在情感上产生隔阂，将不符合狭隘性别规范的人妖魔化，这些都会使我们对本来可能会支持和安慰自己的人产生恐惧和仇恨。我们知道，爱与信任他人是可能的（作为一种社

父　权：男性统治的伊始与终结

会性物种，这对我们的生存至关重要），但这种通过分化来控制人们的手段，导致我们相信自己不能爱与信任他人。它颠覆了我们最亲密的关系。

从某种意义上说，父权控制与其他控制并无不同。它的特殊之处是它甚至可以在家庭层面起作用。其马基雅弗利式的力量在于，它可以将最亲近的人变成敌人，而且由于它的手段非常隐秘，我们甚至会认为这种敌对关系是正常的。我们可以通过父系继承和从夫居的实践来追溯这种策略的演变，它们将女性与其童年时期的亲属分开。俘虏掠夺中的非人道暴行也体现了这种策略的残酷性。我们可以清楚地看到，这种分离和控制的历史与现在的一些法律和信仰之间的联系。

但我们不能假设世界各地都是一样的。这一切并非自然发生的。在某些地区，父权制已经存在了数千年；而在另一些地区，父权制直到最近几个世纪才得以确立，或者在某些情况下得以重新确立。

因此，父权制并不是一种单一现象。更准确地说，实际上存在着多种不同的父权制，每种父权制都是在各自的文化背景下形成的，并与地方的权力结构和现有的不平等体系共同发挥作用。国家将人分类，并制定了与性别相关的法律；奴隶制影响了从夫居的婚姻模式；帝国将性别压迫几乎输出到全球每个角落；资本主义加剧了性别不平等；宗教和传统仍然被操纵和利用，以加强

结　语

和巩固男性统治。即使是现在，新的线索仍然在进入我们的社会结构。如果我们想建立一个真正公平的世界，那么一切都需要被拆解。我们无法将性别压迫与其他压迫区分开。

　　面对如此艰巨的任务，争取平等的斗争就像一场消耗战。我曾在跨国公司和企业会议上同女性谈论，如何在性别歧视的工作环境中晋升，而她们却对那些打扫办公室的低薪女性视而不见。我们还没有发明出能够优先满足个人需求而不是国家要求的政治制度，也没有发明出能够保护我们每个人免受这个世界冲击的政治制度。即使我们已经使所有的法律尽可能公平，即使我们已经克服了性别刻板印象，尊重每个人的独特性，即使我们的语言和文化反映了平等的价值观，这一切也不意味着人们不会试图以某种新的方式对他人行使权力和施加控制。

　　在撰写本书的过程中，我遇到了一些专注于争取人类尊严和自由的人，并阅读了他们的作品。这些人勇于想象一个完全不同的世界，在这样的世界里，没有人能够对其他人施加过多的控制。就像我们所有人都无法忍受不公待遇一样，我们中的大多数人也对其他人受到的不公待遇感到不安，甚至包括素未谋面的陌生人。我们似乎分担了他们的痛苦。我们觉得有必要帮助他们。在内心深处，我们有一种爱与被爱的渴望，并希望将这种爱延伸到自己的核心圈子之外。作为一名大部分时间都在思考人性的作家，我发现，这正是我们身上的最不平凡之处。

如果我们要修复几个世纪以来根深蒂固的父权制度造成的伤害，就必须专注于培养我们共同的人性——即使有人试图分化和控制我们，我们仍然能够去爱彼此。有些人会说，压迫是我们天性的一部分。他们会说，人类本质上是自私和暴力的，某些群体天生就是支配者或从属者。我不禁要问：如果真是这样，我们还能如此关心彼此吗？

致　谢

2017年，我写了一本关于性别科学的书——《逊色：科学对女性做错了什么》（*Inferior: How Science Got Women Wrong*），其中一章是关于男性统治的。书出版后，读者问得最多的问题是，如果我们并非一直生活在男性主导的社会中，那我们该如何解释父权制的普遍存在？这个问题促使我开始创作本书。我没有预料到的是，本书的大部分内容创作于新冠疫情期间，因此我只能在疫情较为缓和的短暂时间内旅行，并通过电话或网络与一些专家和社会活动家交流。

我要感谢下述抽出宝贵时间接受采访的人，一些人还回答了我的后续问题和其他询问，包括埃米·帕里什、弗朗斯·德瓦尔、史蒂文·戈德堡、罗宾·杰弗里、马努·皮莱、蒂普鲁特·农布里、妮科尔·克林扎、亚当·库珀、布赖恩·斯蒂尔、阿文吉奥斯塔·迈尔斯、珍妮弗·内兹·德内戴尔、露丝·特林厄姆、雷希特·埃尔盖内尔、米丽娅姆·罗宾斯·德克斯特、辛西娅·埃勒、科林·伦弗鲁、卡琳娜·克劳彻、伊恩·霍德、菲丹·阿塔塞利姆、梅莱克·恩代尔、克里斯蒂安·克里斯蒂安森、蓬图斯·斯科格隆、莎拉·波默罗伊、斯蒂芬妮·布丁、詹姆斯·斯科特、丽贝卡·福托·肯尼迪、阿尔温·克吕克豪尔斯特、法伊扎·海卡尔、安德鲁·贝利斯、沃尔特·彭罗斯、费尔鲁兹·乔杜里、贝奈弗·班达里、凯瑟琳·卡梅伦、布兰卡·尼克洛娃、伊娃·福多尔、克丽斯滕·戈德西、沙赫拉·沙菲克、马西·阿里内贾德和莱拉·阿里卡拉米。我非常感谢以其他方式提供帮助的人。萨巴哈廷·阿尔坎斯（Sabahattin Alkans）是我在安纳托利亚的经验丰富的向导。亚历山大·冯·洪堡基金会为我提供了在柏林进行长时间研究的机会。洛根非虚构写作项目奖学金使我得以摆脱家庭生活的压力，在纽约州北部的一个由非虚构作者组成的社区里专心写作。英国作家协会慷慨地为我的研究提供了 K. 布伦德尔信托基金的资助。

我还要感谢位于布莱恩特公园的纽约公共图书馆的丰富藏书，感谢好朋友杰斯·韦德（Jess Wade）多年来对我的支持，感谢亚历克斯·奥布赖恩（Alex O'Brien）展现的善意，以及佩奇·贝斯曼（Paige Bethmann）、蒂姆·鲍尔（Tim Power）、苏珊·珀金斯（Susan Perkins）、菲奥娜·乔丹（Fiona Jordan）、蒂姆·雷克瓦特（Tim Requarth）、帕拉米塔·纳斯（Paramita

致　谢

Nath）、唐娜·哈施、珍妮特·阿法里、肖姆西亚·阿里（Shomsia Ali）、拉菲尔·克罗尔-扎伊迪（Rrafil Kroll-Zaidi）、鲁塔·宁卡尔（Ruta Nimkar）、内达·塞佩尔努什（Neda Sepehrnoush）和皮帕·戈德施密特（Pippa Goldschmidt）的慷慨帮助和建议。

我的职业生涯在很大程度上得益于第四产出版社的路易丝·海恩斯（Louise Haines）、贝肯出版社的艾米·考德威尔（Amy Caldwell），以及科学工厂的彼得·塔拉科（Peter Tallack）和蒂塞·高木（Tisse Takagi）的帮助与支持，我感谢他们对我全心全意的信任和鼓励。我希望自己永远不会让他们失望。

玛丽亚姆·海德（Mariyam Haider）是我的第一位事实核查员，她巧妙地发现了一些错误，有时甚至是出现在学术资料中的错误。她不仅是我的讨论对象，也是我的朋友。如果没有皮特·弗罗贝尔（Pete Wrobel）敏锐的眼光和付出的时间，这本书和我之前的两本书相比会逊色许多，他收集并记录了大量信息。我对他的慷慨和智慧感激不尽。我还要感谢我出色的编辑们，包括第四产出版社的凯特·约翰逊（Kate Johnson）和贝肯出版社的苏珊·鲁梅内洛（Susan Lumenello）。我还要感谢哈珀·柯林斯印度公司的出版人波洛米·查吉特（Poulomi Chatterjee）。

最后，我要向我耐心而美丽的家人表达爱与感激之情，包括我的父母和岳父母、我的儿子安奈林（Aneurin）、我的丈夫穆库尔（Mukul），以及我的姐妹瑞玛（Rima）和莫妮卡（Monica）。每一本书的写作都使我更接近这个世界的真相，我希望这个世界能为他们每一个人变得更好。

参考文献

导　言

Pinney, Christopher, *'Photos of the Gods': The Printed Image and Political Struggle in India*, London: Reaktion Books, 2004.

Ramayya, Nisha, *States of the Body Produced by Love*, United Kingdom: Ignota Books, 2019.

Ramos, Imma, *Tantra: Enlightenment to Revolution*, London: Thames & Hudson and the British Museum, 2020.

Dalmiya, Vrinda, 'Loving Paradoxes: a Feminist reclamation of the goddess Kali', *Hypatia*, Vol. 15, no. 1, Winter 2000, pp. 125–150.

Merelli, Annalisa, 'Kali Is the 3,000-Year-Old Feminist Icon We Need Today', Quartz, 8 January 2020.

Appiah, Kwame Nnthony, 'Digging for Utopia', *New York Review of Books*, 16 December 2021.

Filmer, Robert, *Patriarcha; or, the Natural Power of Kings*; By the Learned Sir Robert Filmer Baronet, London: Chiswell, 1680.

Millett, Kate, *Sexual Politics*, Urbana and Chicago: University of Illinois Press, 2000, (originally published 1970).

Walby, Sylvia, *Theorizing Patriarchy*, Oxford: Basil Blackwell, 1990.

Beechey, Veronica, 'On Patriarchy', *Feminist Review*, no. 3, 1979, pp. 66–82.

Punit, Itika Sharma, 'Social Distancing from House Helps Is Exposing the Indian Family's Unspoken Sexism', Quartz India, 26 March 2020.

Nagaraj, Anuradha, 'Wages for Housewives: Party's Manifesto Pledge Stirs Debate in India', Reuters, 7 January 2021.

Mohanty, Chandra Talpade, 'Under Western Eyes: Feminist Ccholarship and Colonial Discourses', *Feminist Review*, no. 30, Autumn 1988, pp. 61–88.

Ortner, Sherry B., 'Gender Hegemonies', *Cultural Critique*, Winter 1989–1990, no. 14, pp. 35–80.

Jones-Rogers, Stephanie E., *They Were Her Property: White Women as Slave Owners in the American South*, Yale University Press, 2019.

Lerner, Gerda, 'Placing Women in History: Definitions and Challenges', *Feminist Studies*, Vol. 3, no. 1/2, Autumn 1975, pp. 5–14.

MacKinnon, Catharine A., *Toward a Feminist Theory of the State*, Cambridge & London: Harvard University Press, 1991 (originally published 1989).

Delphy, Christine, *Close to Home: A Materialist Analysis of Women's Oppression*, New York: Verso Books, 2016 (first published in English in 1984).

Rosaldo, Michelle Zimbalist, 'The Use and Abuse of Anthropology: Reflections on Feminism and Cross-Cultural Understanding', *Signs*, Vol. 5, no. 3, Spring 1980, pp. 389–417.

第一章 统 治

Le Guin, Ursula K., 'a War Without End', in *Utopia* by Thomas More, London & New York: Verso, 2016.

Saini, Angela, *Inferior: How Science Got Women Wrong and the New Research That's Rewriting the Story*, London: 4th Estate, 2017.

参考文献

Parish, Amy Randall, 'Female Relationships in Bonobos (Pan Paniscus)', *Human Nature*, no. 7, March 1996, pp. 61–96.

Parish, Amy R., Frans B. M. de Waal, and David Haig. 'The Other "Closest Living Relative": How Bonobos (Pan Paniscus) Challenge Traditional Assumptions about Females, Dominance, intra-and intersexual Interactions, and Hominid Evolution', *Annals of the New York Academy of Sciences*, Vol. 907, no. 1, April 2000, pp. 97–113.

de Waal, Frans, *Different: Gender Through the Eyes of a Primatologist*, London: Granta, May 2022.

Smith, Jennifer E. et al., 'Obstacles and Opportunities for Female Leadership in Mammalian Societies: A Comparative Perspective', *Leadership Quarterly*, no. 31, 2020.

Goldberg, Steve, *The Inevitability of Patriarchy*, New York: William Morrow, 1973.

Darwin, Charles, *The Descent of Man and Selection in Relation to Sex*, Project Gutenberg edition, 1999 (first published 1874); updated 2021.

Wilson, Edward O., 'Human Decency is Animal', *New York Times*, 12 October 1975, p. 272.

Smuts, Barbara, 'The Evolutionary Origins of Patriarchy', *Human Nature*, Vol. 6, no. 1, March 1995, pp. 1–32.

Delphy, Christine, *Close to Home: A Materialist Analysis of Women's Oppression*, New York: Verso Books, 2016 (first published in English in 1984).

Leacock, Eleanor, 'Review of *The Inevitability of Patriarchy*, by Steve Goldberg', *American Anthropologist*, Vol. 76, no. 2, June 1974, pp. 363–365.

Maccoby, Eleanor E., 'Sex in the Social Order: Review of *The Inevitability of Patriarchy*, by Steve Goldberg', *Science*, Vol. 182, no. 4111, November 1973, pp. 469–471.

'Number of Countries Where the De Facto Highest Position of Executive Power Was Held by a Woman from 1960 to 2021', *Statista*, November 2021.

'Women in Politics: 2020', UN Women, 1 January 2020.

Parish, Amy R., 'Two Sides of the Same Coin: Females Compete and Cooperate', *Archives of Sexual Behavior*, published online 22 November 2021.

Morris-Drake, Amy, Kern, Julie M., and Radford, Andrew N., 'Experimental Evidence for Delayed Post-Conflict Management Behaviour in Wild Dwarf Mongooses', *Elife*, 2 November 2021, no. 10, p. e69196.

van Leeuwen, Edwin J. C. et al., 'A Group-Specific Arbitrary Tradition in Chimpanzees (*Pan troglodytes*)', *Animal Cognition*, issue 17, June 2014, pp. 1421–1425.

Vince, Gaia, 'Smashing the Patriarchy: Why There's Nothing Natural about Male Supremacy', *Guardian*, 2 November 2019.

Thompson, Melissa Emery, 'How Can Non-Human Primates Inform Evolutionary Perspectives on Female-Biased Kinship in Humans?', *Philosophical Transactions of the Royal Society B*, Vol. 374, no. 1780, 2 September 2019.

Sommer V., and Parish A. R., 'Living Differences', in *Homo Novus-A Human Without Illusions* (Frontiers collection), edited by Ulrich J. Frey, Charlotte Störmer, and Kai Willführ, Berlin, Heidelberg: Springer, 2010.

Jeffrey, Robin, 'Matriliny, Women, Development-and a Typographical Error', *Pacific Affairs*, University of British Columbia, Vol. 63, no. 3, Autumn 1990, pp. 373–377.

Jeffrey, Robin, 'Governments and Culture: How Women Made Kerala Literate', *Pacific Affairs*, University of British Columbia, Vol. 60, no. 3, Autumn 1987, pp. 447–472.

Roser, Max, and Ortiz-Ospina, Esteban (2016), 'Literacy', Our World in Data, last revised 20 September 2018.

'At 96.2%, Kerala Tops Literacy Rate Chart; Andhra Pradesh Worst Performer at 66.4%', *Economic Times*, 8 September 2020.

Schneider, David M., and Gough, Kathleen, *Matrilineal Kinship*, Berkeley & Los Angeles: University of California Press, 1961.

Lowes, Sara, 'Kinship Structure & Women: Evidence from Economics', *Daedalus*, Vol. 149, no. 1, Winter 2020, pp. 119–133.

Khalil, Umair, and Mookerjee, Sulagna, 'Patrilocal Residence and Women's Social Status: Evidence from South Asia', *Economic Development and Cultural Change*, January 2019, Vol. 67, no. 2, pp. 401–438.

Dube, leela, 'Matriliny and Women's status', *Economic and Political Weekly*, Vol. 36, no. 33, August 2001, pp. 3144–3147.

Jordan, Fiona M. et al., 'Matrilocal Residence is Ancestral in Austronesian Societies',

参考文献

Proceedings of the Royal Society B, Vol. 276, no. 1664, 7 June 2009, pp. 1957–1964.

Kutty, Madhavan, *The Village Before Time*, translated from Malayalam by Gita Krishnankutty, New Delhi: Indiaink, 2000.

Verjus, Anne, 'The Empire of the Nairs: a Society Without Marriage nor Paternity', Talk delivered at Consortium on Revolutionary Era, Charleston, 23–25 February 2017.

Pillai, Manus., *The Ivory Throne: Chronicles of the House of Travancore*, India: Harpercollins, 2016.

Arunima, G., 'Matriliny and its Discontents', *India International Centre Quarterly*, Vol. 22, no. 2/3, Summer–Monsoon 1995, pp. 157–167.

Starkweather, Kathrine, and Keith, Monica, 'One Piece of the Matrilineal Puzzle: the Socioecology of Maternal Uncle Investment', *Philosophical Transactions of the Royal Society B*, Vol. 374, no. 1780, 2 September 2019.

Ly, Goki et al., 'From Matrimonial Practices to Genetic Diversity in Southeast Asian Populations: the Signature of the Matrilineal Puzzle', *Philosophical Transactions of the Royal Society B*, Vol. 374, no. 1780, 2 September 2019.

Chakravarti, Uma, 'Whatever Happened to the Vedic Dasi? Orientalism, Nationalism, and a Script for the Past', in Kumkum Sangari and Sudesh Vaid (eds), *Recasting Women: Essays in Colonial History*, New Delhi: Kali for Women, 1989.

Moore, Lewis, *Malabar Law and Custom*, Madras: Higginbotham & co., 1905.

Moore, Melinda A., 'A New Look at the Nayar Taravad', *Man*, Vol. 20, no. 3, September 1985, pp. 523–541.

Fuller, C. J., 'The Internal Structure of the Nayar Caste', *Journal of Anthropological Research*, Vol. 31, no. 4, Winter 1975, pp. 283–312.

Nongbri, Tiplut, 'Kinship Terminology and Marriage Rules: The Khasi of North-East India', *Sociological Bulletin*, Vol. 62, no. 3, September–December 2013, pp. 413–430.

Nongbri, Tiplut, 'Family, Gender and Identity: A Comparative Analysis of Trans-Himalayan Matrilineal Structures', *Contributions to Indian Sociology*, Vol. 44, nos, 1–2, 2012, pp. 155–178.

Pakyntein, Valentina, 'Gender Preference in Khasi Society: An evaluation of Tradition, change and continuity', *Indian Anthropologist*, Vol. 30, no. 1/2, June and December 2000, pp. 27–35.

Marak, Queenbala, and Jangkhomang, 'Matriliny and the Megalithic Practices of the Jaintias of Meghalaya', *Indian Anthropologist*, Vol. 42, no. 2, July–December 2012, pp. 67–82.

Banerjee, Roopleena, '"Matriarchy" and Contemporary Khasi Society', *Proceedings of the Indian History Congress*, Vol. 76, 2015, pp. 918–930.

Karmakar, Rahul, 'Matrilineal Meghalaya to Give Land Rights to Men', *The Hindu*, 26 October 2021.

Das, Mohua, 'Meet the Men's Libbers of Meghalaya', *The Times of India*, 27 August 2017.

Krishna, Geetanjali, 'The Second Sex', *The Caravan*, 31 May 2012.

Allen, Timothy, 'Meghalaya, India: Where women rule, and men are suffragettes', BBC news website, 19 January 2012.

Gokhale, Nitin A., Motherdom's Prodigals, Outlook, 5 February 2022.

Gopalakrishnan, Manasi, 'Men in India's Matrilineal Khasi Society Demand More Rights', DW.com, 23 November 2020.

Roy, David, 'Principles of Khasi Culture', Folklore, Vol. 47, no. 4, December 1936, pp. 375–393.

'David Roy's Contributions Finally Get Due Acknowledgement', *Shillong Times*, 23 December 2012.

Krier, Jennifer, 'The Marital Project: Beyond the exchange of Men in Minangkabau Marriage', *American Ethnologist*, Vol. 27, no. 4, November 2000, pp. 877–897.

Blackwood, Evelyn, 'Representing Women: The Politics of Minangkabau Adat Writings', *Journal of Asian Studies*, Vol. 60, no. 1, February 2001, pp. 125–149.

Chadwick, R. J., 'Matrilineal Inheritance and Migration in a Minangkabau Community', *Indonesia*, no. 51, April 1991, pp. 47–81.

Abdullah, Taufik, 'Adat and Islam: An Examination of Conflict in Minangkabau', *Indonesia*, no. 2, October 1966, pp. 1–24.

Sanday, Peggy Reeves, *Women at the Center: Life in a Modern Matriarchy*, Ithaca and

London: Cornell University Press, 2002.

Arunima, G., *There Comes Papa: Colonialism and the Transformation of Matrilinyin Kerala, Malabar, c.1850–1940*, New Delhi: Orient Longman Private Limited, 2003.

Abraham, Janaki, '"Matriliny did not Become Patriliny!": The Transformation of Thiyya "Taravad" Houses in 20th-Century Kerala', *Contributions to Indian Sociology*, Vol. 51, no. 3, September 2017, pp. 287–312.

Stone, Linda, *Kinship and Gender: An Introduction*, Colorado and Oxford: Westview Press, 1997.

Surowiec, Alexandra, Ssnyder, Kate T., and Creanza, Nicole, 'A Worldwide view of Matriliny: Using Cross-Cultural Analyses to Shed Light on Human Kinship Systems', *Philosophical Transactions of the Royal Society B*, Vol. 374, no. 1780, 2 September 2019.

Graeber, David, and Wengrow, David, *The Dawn of Everything: A New History of Humanity*, London: Allen Lane, 2021.

Graeber, David, and Wengrow, David, 'Are We City Dwellers or Hunter-Gatherers?', *New Humanist*, 14 January 2019.

Stoeltje, Beverly J., 'Asante Queen Mothers: A Study in Female Authority', *Annals of the New York Academy of Sciences*, Vol. 810, no. 1, June 1997, pp. 41–71.

Waihong, Choo, *The Kingdom of Women: Life, Love and Death in China's Hidden Mountains*, London: I. B. Tauris, 2017.

Suzman, James, *Affluence Without Abundance: The Disappearing World of the Bushmen*, New York and London: Bloomsbury, 2017.

Boehm, Christopher, 'Egalitarian Behavior and Reverse Dominance Hierarchy', *Current Anthropology*, June 1993, Vol. 34, no. 3, pp. 227–254.

Phillips, Anne, *Unconditional Equals*, Princeton, New Jersey: Princeton University Press, 2021.

第二章 例 外

'Today in History: The Seneca Falls Convention', Library of Congress.

'Report of the Woman's Rights Convention, Held at Seneca Falls, New York, 19 and 20 July 1848, Proceedings and Declaration of sentiments', Library of Congress.

Haraway, Donna, 'Situated Knowledges: The Science Question in Feminism and the Privilege of Partial Perspective', *Feminist Studies*, Vol. 14, no. 3, Autumn 1988, pp. 575–599.

'Old New York Diorama', American Museum of Natural History.

Mcguire, Randall H. (1992), 'Archaeology and the First Americans', *American Anthropologist*, New Series, Vol. 94, no. 4, December 1992, pp. 816–836.

Kuper, Adam, *The Invention of Primitive Society: Transformation of an Illusion*, New York: Routledge, 1988.

Steele, Brian, 'Thomas Jefferson's Gender Frontier', *Journal of American History*, Vol. 95, no. 1, June 2008, pp. 17–42.

Kerber, Linda K., 'Separate Spheres, Female Worlds, Woman's Place: The Rhetoric of Women's History', *Journal of American History*, Vol. 75, no. 1, June 1988, pp. 9–39.

de Tocqueville, Alexis (1840), *Democracy in America*, Volume II.

Hogan, Margaret A., and Tayor, James C. (eds), *My Dearest Friend: Letters of Abigail and John Adams*, Cambridge, Massachusetts: Belknap Press of Harvard University Press, 2007.

Mill, Harriet Hardy Taylor, *Enfranchisement of Women*, Reprinted from the *Westminster Review*, July 1851, London: Trubner and Co., 1868.

Kerber, Linda K., 'The Paradox of Women's Citizenship in the Early Republic: The Case of Martin vs Massachusetts, 1805', *American Historical Review*, Vol. 97, no. 2, April 1992, pp. 349–378.

Global Campaign for Equal Nationality Rights.

Reed, Patricia, 'The Role of Women in Iroquoian Society', *NEXUS*, Vol. 10, no. 1, 1992, pp. 61–87.

Delsahut, Fabrice, and Terret, Thierry, 'First Nations Women, Games, and Sport in Pre-

and Post-Colonial North America', *Women's History Review*, Vol. 23, no. 6, August 2014, pp. 976–995.

Alonso, Harriet Hyman, 'Peace and Women's issues in U.S. History', *OAH Magazine of History*, Vol. 8, no. 3, Spring 1994, pp. 20–25.

Mann, Barbara A., 'The Lynx in Time: Haudenosaunee Women's Traditions and History', *American Indian Quarterly*, Vol. 21, no. 3, Summer 1997, pp. 423–449.

Beauchamp, William Martin, 'Iroquois Women', *Journal of American Folklore*, Vol. 13, no. 49, 1900, pp. 81–91.

Denetdale, Jennifer Nez, 'Chairmen, Presidents, and Princesses: The Navajo Nation, Gender, and the Politics of Tradition', *Wicazo Sa Review*, Vol. 21, no. 1, January 2006, pp. 9–28.

Denetdale, Jennifer Nez, 'Return to "The Uprising at Beautiful Mountain in 1913": Marriage and Sexuality in the Making of the Modern Navajo Nation', in Joanne Barker (ed.), *Critically Sovereign: Indigenous Gender, Sexuality, and Feminist Studies*, Durham, North Carolina: Duke University Press, 2017

Yellowhorse, Sandra, 'My Tongue is a Mountain: Land, Belonging and the Politics of Voice', Genealogy, Vol. 4, no. 112, November 2020.

Ligaya, Mishan (2022), 'Before There Was Man; Before There Was Woman', *New York Times Style Magazine*, 20 February 2022.

Blackwood, Evelyn, 'Sexuality and Gender in Certain Native American Tribes: The Case of Cross-Gender Females', *Signs*, Vol. 10, no. 1, 1984, pp. 27–42.

Niro, Shelley, George, Keller, and Brant, Alan, 'An Aboriginal Presence: Our Origins', Canadian Museum of History.

Lopez, Barry, and Lyons, Oren, 'The leadership imperative: An interview with Oren lyons', *Manoa*, Vol. 19, no. 2, Maps of Reconciliation: Literature and the Ethical Imagination, Winter 2007, pp. 4–12.

Wagner, Sally Roesch, *Sisters in Spirit: Haudenosaunee (Iroquois) Influence on Early American Feminists*, Summertown, Tennessee: Native Voices Book Publishing Company, 2001.

Report of the Woman's Rights Convention, held at Seneca Falls, New York, 19 and 20,

July 1848. Rochester, New York: John Dick at the North Star Office, 1848.

Jacobs, Renée, 'The Iroquois Great Law of Peace and the United States Constitution: How the Founding Fathers Ignored the Clan Mothers', *American Indian Law Review*, Vol. 16, no. 2, 1991, pp. 497–531.

Corcy, Mary E., 'Writing and "righting" the history of Woman suffrage', in *The Best of New York Archives: Selections from the Magazine, 2001–2011*, pp. 101–105, New York State Archives Partnership Trust, 2017.

Gage, Matilda Joslyn, 'The remnant of the Five nations', *Evening Post*, 24 September 1875.

Tooker, Elisabeth, 'Lewis H. Morgan and His Contemporaries', *American Anthropologist*, Vol. 94, no. 2, June 1992, pp. 357–375.

Morgan, Lewis Henry, *Ancient Society or Researches in the Lines of Human Progress from Savagery through Barbarism to Civilization*, Chicago: Charles H. Kerr & Company, 1877.

Service, Elman R., 'The Mind of Lewis H. Morgan', *Current Anthropology*, Vol. 22, no. 1, February 1981, pp. 25–43.

Engels, Friedrich, *The Origin of the Family, Private Property and the State*, Chicago: Charles H. Kerr, 1902.

'Remarks Concerning the Savages of North America, [before 7 January 1784]', *Founders Online*, National Archives; Original source: *The Papers of Benjamin Franklin*, Vol. 41, 16 September 1783 to 29 February 1784, New Haven and London: Yale University Press, 2014, pp. 412–423.

Landsman, Gail H., 'The "Other" as Political Symbol: Images of Indians in the Woman Suffrage Movement', *Ethnohistory*, Vol. 39, no. 3, Summer 1992, pp. 247–284.

Pettigrew, William A., and Veevers, David, *The Corporation as a Protagonist in Global History, c.1550–1750*, Global Economic History Series, Vol. 16, Leiden: Brill, 2019.

Stansell, Christine, 'Women, Children, and the Uses of the Streets: Class and Gender Conflict in New York City, 1850–1860', *Feminist Studies*, Vol. 8, no. 2, Summer 1982, pp. 309–335.

Bret, David, *Doris Day: Reluctant Star*, London: J. R. Books, 2008.

参考文献

'Marriage and Civil Partnership', British Library, 8 March 2013.

'Women in the civil service-history', civilservant.org.

Zagarri, Rosemarie, 'Morals, Manners, and the republican Mother', *American Quarterly*, Vol. 44, no. 2, June 1992, pp. 192–215.

Zagarri, Rosemarie, 'The Significance of the "Global Turn" for the Early American Republic: Globalization in the Age of Nation-Building', *Journal of the Early Republic*, Vol. 31, no. 1, Spring 2011, pp. 1–37.

Jaffe, Alexandra, 'Trump Honors "Great Patriot", Conservative Icon Phyllis Schlafly', *NBC News*, 10 September 2016.

Fletcher, Alice, 'The Legal Condition of Indian Women', Speech at the First Convention of the International Council of Women, Albaugh's Opera House, Washington DC, 29 March 1888.

Ryan, Melissa, 'Others and Origins: Nineteenth-Century Suffragists and the "Indian Problem"', in Christine L. Ridarsky and Mary M. Huth (eds), *Susan B. Anthony and the Struggle for Equal Rights*, Rochester, New York; Woodbridge, Suffolk: Boydell and Brewer, 2012, pp. 117–144.

Griffith, Elisabeth, *In Her Own Right: The Life of Elizabeth Cady Stanton*, New York: Oxford University Press, 1984.

Hamad, Ruby, *White Tears/Brown Scars: How White Feminism Betrays Women of Colour*, London: Trapeze, 2020.

Shoemaker, Nancy, 'The Rise or Fall of Iroquois Women', *Journal of Women's History*, Vol. 2, no. 3, Winter 1991, pp. 39–57.

Leacock, Eleanor, 'Interpreting the Origins of Gender Inequality: Conceptual and Historical Problems', *Dialectical Anthropology*, Vol. 7, no. 4, February 1983, pp. 263–284.

Fiske, Jo-Anne, 'Colonization and the Decline of Women's Status: The Tsimshian Case', *Feminist Studies*, Vol. 17, no. 3, Autumn 1991, pp. 509–535.

Ghosh, Durba, 'Gender and Colonialism: Expansion or Marginalization?', *Historical Journal*, Vol. 47, no. 3, September 2004, pp. 737–755.

Pember, Mary Annette, 'Death by Civilization', *The Atlantic*, 8 March 2019.

Sacks, Karen Brodkin, 'Toward a Unified Theory of Class, Race, and Gender', *American Ethnologist*, Vol. 16, no. 3, August 1989, pp. 534–550.

第三章 起 源

Weil, Simone, *The Need for Roots: Prelude to a Declaration of Duties towards Mankind*, London and New York: Routledge, 2005 edition (originally translated into English and published in 1952).

Balter, Michael, *The Goddess and the Bull; Çatalhöyük: An Archaeological Journey to the Dawn of Civilization*, New York: Free Press, 2005.

Belmonte, Cristina, 'This Stone Age Settlement Took Humanity's First Steps Toward City Life', *History Magazine, National Geographic*, 26 March 2019.

'Neolithic Site of Çatalhöyük', United Nations Educational, Scientific and Cultural Organization's World Heritage Convention.

Nakamura, Carolyn, and Meskell, Lynn, 'Articulate Bodies: Forms and Figures at Çatalhöyük', *Journal of Archaeological Method and Theory*, Vol. 16, no. 3, 2009, pp. 205–230.

Meskell, Lynn, and Nakamura, Carolyn, *Çatalhöyük 2005 Archive Report*, 2005, pp. 161–188.

Hodder, Ian, 'James Mellaart 1925–2012', in *Biographical Memoirs of Fellows of the British Academy*, XIV, British Academy, 2015, pp. 411–420.

Mellaart, James, 'a neolithic city in Turkey', *Scientific American*, Vol. 210, no. 4, April 1964, pp. 94–105.

Barstow, Anne, 'The Uses of archaeology for Women's history: James Mellaart's Work on the neolithic goddess at Çatalhüyük', *Feminist Studies*, Vol. 4, no. 3, October 1978, pp. 7–18.

Stone, Merlin, *When God Was a Woman* (originally published under the title: The Paradise Papers), London: harcourt Brace Jovanovich, 1978.

Eisler, Riane, *The Chalice and the Blade: Our History, Our Future*, New York:

参考文献

Harpercollins, 1988.

Steinem, Gloria, 'Wonder Woman', in Charles Hatfield et al. (eds), *The Superhero Reader*, University Press of Mississippi, 2013, pp. 203–210.

Gimbutas, Marija, and Dexter, Miriam Robbins, *The Living Goddesses*, Berkeley: University of California Press, 2001.

Steinfels, Peter, 'Idyllic Theory of goddesses Creates Storm', *New York Times*, Science Section, 13 February 1990, p. 1.

Dexter, Miriam Robbins, 'The Roots of Indo-European Patriarchy: Indo-European Female Figures and the Principles of Energy', in Cristina Biaggi (ed.) *The Rule of Mars: Readings on the Origins, History and Impact of Patriarchy*, Manchester, Connecticut: Knowledge, Ideas & Trends, 2006, pp. 143–154.

Christ, Carol Patrice, '"A Different World": The challenge of the Work of Marija Gimbutas to the Dominant World-View of Western Cultures', *Journal of Feminist Studies in Religion*, Vol. 12, no. 2, Fall 1996, pp. 53–66.

Tringham, Ruth, 'Review of Archeology: The Civilization of the Goddess: The World of Old Europe', Marija Gimbutas (Joan Marler, ed.), *American Anthropologist*, Vol. 95, no. 1, March 1993, pp. 196–197.

'Episode 1: Joseph Campbell and the Power of Myth', 21 June 1988, BillMoyers.com.

Eller, Cynthia, *The Myth of Matriarchal Prehistory: Why an Invented Past Won't Give Women a Future*, Boston: Beacon Press, 2000.

Butler, Judith, *Gender Trouble: Feminism and the Subversion of Identity*, New York: Routledge, 1999.

Meskell, Lynn, 'Goddessses, Gimbutas and New Age Archaeology', *Antiquity*, Vol. 69, no. 262, March 1995, pp. 74–86.

Thornton, Bruce, 'The False goddess and her lost Paradise', *Arion: A Journal of Humanities and the Classics*, Vol. 7, no. 1, Spring-Summer 1999, pp. 72–97.

Keller, Mara Lynn, 'Gimbutas's Theory of Early European Origins and the Contemporary Transformation of Western Civilization', *Journal of Feminist Studies in Religion*, Vol. 12, no. 2, Fall 1996, pp. 73–90.

Gero, Joan M., and Margaret W. Conkey, Engendering Archaeology: Women and

Prehistory, Oxford, UK: Blackwell, 1991.

Conkey, Margaret W., and Tringham, Ruthe., 'Archaeology and the Goddess: Exploring the Contours of Feminist Archaeology', in Abigail Stewart and Domna Stanton (eds), *Feminisms in the Academy: Rethinking the Disciplines*, University of Michigan Press: Ann Arbor, 1995.

Belcher, Ellen H., 'Identifying Female in the Halaf: Prehistoric Agency and Modern Interpretations', *Journal of Archaeological Method and Theory*, Vol. 23, no. 3, September 2016, pp. 921–948.

Hays-Gilpin, Kelley, 'Feminist Scholarship in Archaeology', *The Annals of the American Academy of Political and Social Science*, Vol. 571, September 2000, pp. 89–106.

Hodder, Ian, 'Women and Men at Çatalhöyük', *Scientific American*, Vol. 290, no. 1, January 2004, pp. 76–83.

Hodder, Ian, 'Çatalhöyük: the Leopard Changes Its Spots, a Summary of Recent Work', *Anatolian Studies*, Vol. 64, 2014, pp. 1–22.

Bolger, Diane, 'The Dynamics of Gender in Early Agricultural Societies of the Near East', *Signs*, Vol. 35, no. 2, Winter 2010, pp. 503–531.

Molleson, Theya, 'The Eloquent Bones of Abuhureyra', *Scientific American*, Vol. 271, no. 2, 1994, pp. 70–75.

Pilloud, Marina., and larsen, Clark Spencer, '"Official" and "Practical" Kin: Inferring Social and Community Structure from Dental Phenotype at Neolithic Çatalhöyük, Turkey', *American Journal of Physical Anthropology*, August 2011, Vol. 145, no. 4, pp. 519–530.

Larsen, Clark Spencer et al., 'Bioarchaeology of Neolithic Çatalhöyük Reveals Fundamental Transitions in Health, Mobility, and Lifestyle in Early Farmers', *Proceedings of the National Academy of Sciences*, Vol. 116, no. 26, 25 June 2019, pp. 12615–12623.

Schmidt, Klaus, 'Göbekli Tepe-The Stone Age Sanctuaries, New Results of Ongoing Excavations with a Special Focus on Sculptures and High Reliefs', *Documenta Praehistorica*, 31 December 2011, Vol. 37, pp. 239–256.

Rountree, Kathryn, 'archaeologists and Goddess Feminists at Çatalhöyük: An

Experiment in Multivocality', *Journal of Feminist Studies in Religion*, Vol. 23, no. 2, Fall 2007, pp. 7–26.

第四章 毁 灭

'Emine Bulut: Anger in Turkey Over Mother's Murder', BBC News, 23 August 2019.

Bruton, F. Brinley, 'Turkey's President erdogan calls Women Who Work "half Persons"', NBC News, 8 June 2016.

'Turkey President Erdogan: Women are Not Equal to Men', BBC News, 24 November 2014.

Belge, Burçin, 'Women Policies Erased from Political Agenda', Bianet.org, 2011.

Butler, Daren, Orhan, Coskun, and Birsen, Altayli, 'Turkey Considering Quitting Treaty on Violence Against Women: Ruling Party', *Reuters*, 5 August 2020.

Yalcinalp, Esra, 'Turkey Erdogan: Women Rise Up Over Withdrawal From Istanbul Convention', BBC News, 26 March 2021.

Kandiyoti Deniz, 'End of Empire: Islam, Nationalism and Women in Turkey', *in Women, Islam and the State*, London: Palgrave Macmillan, 1991.

Göknar, Erdağ, 'Turkish-Islamic Feminism Confronts National Patriarchy: Halide Edib's Divided Self', *Journal of Middle East Women's Studies*, Spring 2013, Vol. 9, no. 2, pp. 32–57.

Lowenthal, David, *The Past is a Foreign Country-Revisited*, Cambridge and New York: Cambridge University Press, 2015.

Peterson, Jane, 'Domesticating Gender: Neolithic Patterns from the Southern Levant', *Journal of Anthropological Archaeology*, Vol. 29, 2010, pp. 249–264.

Hagelberg, Erika et al., 'Introduction, Ancient DNA: the First Three Decades', *Philosophical Transactions of the Royal Society of London, Series B, Biological Sciences*, Vol. 370, 2015.

Haak, Wolfgang et al., 'Ancient DNA from the First European Farmers in 7500-year-old Neolithic Sites', *Science*, Vol. 310, 11 November 2005, pp. 1016–1018.

Kristiansen, Kristian, *Archaeology and the Genetic Revolution in European Prehistory*, Cambridge: Cambridge University Press, 2022.

Haak, Wolfgang et al., 'Massive Migration from the Steppe was a Source for Indo-European Languages in Europe', *Nature*, Vol. 522, 11 June 2015, pp. 207–211.

Reich, David, 'Ancient DNA Suggests Steppe Migrations Spread Indo European Languages', *Proceedings of the American Philosophical Society*, Vol. 162, no. 1, March 2018, pp. 39–55.

Tassi, Francesca et al., 'Genome Diversity in the Neolithic Globular Amphorae Culture and the Spread of Indo-European Languages', *Proceedings of the Royal Society B*, Vol. 284, 29 November 2017.

Allentoft, Morton e. et al., 'Population Genomics of Bronze Age Eurasia', *Nature*, Vol. 522, 1 June 2015, pp. 167–172.

Reich, David, *Who We Are and How We Got Here: Ancient DNA and the New Science of the Human Past*, Oxford: Oxford University Press, 2018.

Heyd, Volker, 'Kossinna's Smile', *Antiquity*, Vol. 91, no. 356, 2017, pp. 348–359.

Mallory, Fintan, 'The Case Against Linguistic Palaeontology', *Topoi: An International Review of Philosophy*, 12 February 2020.

Hakenbeck, Susanne E., 'Genetics, Archaeology and the Far Right: an Unholy Trinity', *World Archaeology*, Vol. 51, no. 4, 2019, pp. 517–527.

Furholt, Martin, 'Massive Migrations? The Impact of Recent a DNA Studies on Our View of Third Millennium Europe', *European Journal of Archaeology*, Vol. 21, no. 2, May 2018, pp. 159–191.

Furholt, Martin, 'Mobility and Social Change: Understanding the European Neolithic Period After the Archaeogenetic Revolution', *Journal of Archaeological Research*, Vol. 29, January 2021, pp. 481–535.

Toler, Pamela D., *Women Warriors: An Unexpected History*, Boston: Beacon Press, 2019.

Haas, Randall et al., 'Female Hunters of the Early Americas', *Science Advances*, Vol. 6, no. 45, 4 November 2020.

Wei-Haas, Maya, 'Prehistoric Female Hunter Discovery Upends Gender Role Assump-

参考文献

tions', *National Geographic* online, 4 November 2020.

Hedenstierna-Jonson, Charlotte et al., 'A Female Viking Warrior Confirmed by Genomics', *American Journal of Physical Anthropology*, Vol. 164, no. 4, December 2017, pp. 853–860.

"An Officer and A Gentlewoman from the Viking Army in Birka", *EurekAlert!* press release, 8 September 2017.

Bolger, Diane (ed.), *Gender Through Time in the Ancient Near East*, Lanham, MD: AltaMira Press, 2008.

Bolger, Diane, and Wright, Rita P., 'Gender in Southwest Asian Prehistory', in *A Companion to Gender Prehistory*, Oxford: Wiley-Blackwell, 2012.

Goldberg, Amy et al., 'Ancient X Chromosomes Reveal Contrasting Sex Bias', *Proceedings of the National Academy of Sciences*, Vol. 114, no. 10, 7 March 2017, pp. 2657–2662.

Kristiansen, Kristian et al., 'Re-Theorising Mobility and the Formation of Culture and Language Among the Corded Ware Culture in Europe', *Antiquity*, Vol. 91, no. 356, 2017, pp. 334–347.

'Steppe Migrant Thugs Pacified by Stone Age Farming Women', *Science Daily*, 4 April 2017.

Anthony, David W., *The Horse, the Wheel, and Language: How Bronze-Age Riders from the Eurasian Steppes Shaped the Modern World*, Princeton University Press, 2007.

Barras, Colin, 'History of Violence', *New Scientist*, 30 March 2019, pp. 29–33.

Scorrano Gabriele et al., 'The Genetic and Cultural Impact of the Steppe Migration into Europe', *Annals of Human Biology*, Vol. 48, no. 3, May 2021, pp. 223–233.

Ammerman, Albert J., 'Comment on Ancient DNA from the First European Farmers in 7500-Year-Old Neolithic Sites', *Science*, Vol. 312, 30 June 2006, page 1875.

de Barros Damgaard, Peter et al., 'The First Horse Herders and the Impact of Early Bronze Age Steppe Expansions into Asia', *Science*, Vol. 360, no. 6396, 29 June 2018.

Mathieson, Iain et al., 'The Genomic History of Southeastern Europe', *Nature*, 8 March 2018, Vol. 555, 2018, pp. 197–203.

父　权：男性统治的伊始与终结

Wilkin, Shevan et al., 'Dairying Enabled Early Bronze Age Yamnaya Steppe Expansions', *Nature*, September 2021, Vol. 598, pp. 629–633.

Carpenter, Jennifer, 'Archaeologists Uncover a Neolithic Massacre in Early Europe', *Science*, 17 August 2015.

Meyer, Christian et al., 'The Massacre Mass Grave of Schöneck-Kilianstädten Reveals New Insights into Collective Violence in Early Neolithic Central Europe', *Proceedings of the National Academy of Sciences*, Vol. 112, no. 36, August 2015, pp. 11217–11222.

Silva, Marina et al., 'A Genetic Chronology for the Indian Subcontinent Points to Heavily Sex-Biased Dispersals', *BMC Evolutionary Biology*, Vol. 17, no. 88, 23 March 2017.

Balaresque, Patricia et al., 'Y-Chromosome Descent Clusters and Male Differential Reproductive Success: Young Lineage Expansions Dominate Asian Pastoral Nomadic Populations', *European Journal of Human Genetics*, Vol. 23, 14 January 2015, pp. 1413–1422.

Krause, Johannes, and Trappe, Thomas, *A Short History of Humanity: A New History of Old Europe*, translated by Caroline Waight, New York: random house, 2021.

Karmin, Monika et al., 'A Recent Bottleneck of Y chromosome Diversity Coincides with a Global Change in Culture', *Genome Research*, Vol. 25, no. 4, 2015, pp. 459–466.

Zeng, Tian Chen et al., 'Cultural Hitchhiking and Competition between Patrilineal Kin Groups Explain the Post-Neolithic Y-Chromosome Bottleneck', *Nature Communications*, Vol. 9, 25 May 2018.

Knipper, Corina et al., 'Female Exogamy and Gene Pool Diversification', *Proceedings of the National Academy of Sciences*, Vol. 114, no. 38, 19 September 2017, pp. 10083–10088.

Reich, David, 'Social Inequality Leaves a Genetic Mark', *Nautilus*, 29 March 2018.

Underhill, Peter A. et al., 'The Phylogenetic and Geographic Structure of Y-Chromosome Haplogroup R1a', *European Journal of Human Genetics*, Vol. 23, 2015, pp. 124–131.

参考文献

Onon, Urgunge, *The Secret History of the Mongols: The Life and Times of Chinggis Khan*, London and New York: Routledge Curzon, 2001.

McLynn, Frank, *Genghis Khan: His Conquests, His Empire, His Legacy*, Boston: Da capo Press, 2015.

Zerjal, Tatiana et al., 'The Genetic Legacy of the Mongols', *American Journal of Human Genetics*, Vol. 72, no. 3, 1 March 2003, pp. 717–721.

Moore, Laoise T. et al., 'A Y-chromosome Signature of Hegemony in Gaelic Ireland', *American Journal of Human Genetics*, Vol. 78, no. 2, February 2006, pp. 334–338.

Sjögren, Karl-Göran et al., 'Kinship and Social Organization in Copper Age Europe, Across-Disciplinary Analysis of Archaeology, DNA, Isotopes, and Anthropology from Two Bell Beaker Cemeteries, BioRxiv 863944', 11 December 2019 (pre-print).

Schroeder, Hannes, 'Unraveling Ancestry, Kinship, and Violence in a Late Neolithic Mass Grave', *Proceedings of the National Academy of Sciences*, May 2019, Vol. 116, no. 22, pp. 10705–10710.

De Nicola, Bruno, *Women in Mongol Iran: The Khatuns, 1206–1335*, Edinburgh University Press, 2017.

Lazaridis, Iosif et al., 'Genetic Origins of the Minoans and Mycenaeans', *Nature*, 2 August 2017, Vol. 548, pp. 214–218.

第五章　限　制

'Secundus defecated here', Pompeii Graffiti: Location IX.8.3., House of the Centennial; in the latrine near the front door, reference 5243.

'Antiochus hung out herewith his girlfriend Cithera', Pompeii graffiti: Location II. 7., Gladiator Barracks, Reference 879zb.

Rabinowitz, Nancy Sorkin, and Auanger, Lisa (eds), 'Introduction', *Among Women: From the Homosocial to the Homoerotic in the Ancient World*, Austin: University of Texas Press, 2002.

Katz, Marilyn, 'Ideology and "The Status of Women" in Ancient Greece', *History and*

Theory, Vol. 31, no. 4, December 1992, pp. 70–97.

Katz, Marilyn A., 'Sappho and Her Sisters: Women in Ancient Greece', *Signs*, Vol. 25, no. 2, Winter 2000, pp. 505–531.

Blundell, Sue, *Women in Ancient Greece*, Cambridge, Massachusetts: Harvard University Press, 1995.

Roy, J., '"Polis" and "Oikos" in Classical Athens', *Greece & Rome*, Vol. 46, no. 1, April 1999, pp. 1–18.

Aristotle, *Politics*, second edition, translated by Carnes Lord, Chicago and London: University of Chicago Press, 2013.

Hesiod, *The Homeric Hymns and Homerica*, with an English translation by Hugh G, Evelyn-White, in *Works and Days*, Cambridge, Ma: Harvard University Press; London, William Heinemann ltd, 1914.

Morris, Ian, 'Archaeology and Gender Ideologies in Early Archaic Greece', *Transactions of the American Philological Association (1974–2014)*, Vol. 129, 1999, pp. 305–317.

Pomeroy, Sarah B., *Goddesses, Whores, Wives, and Slaves: Women in Classical Antiquity*, London: Pimlico, 1975.

Osborne, Robin, 'Law, the Democratic Citizen and the Representation of Women in Classical Athens', *Past & Present*, no. 155, May 1997, pp. 3–33.

Ramsey, Gillian, 'Hellenistic Women and the Law: Agency, Identity, and Community', in *Women in Antiquity: Real Women Across the Ancient World*, edited by Stephanie Lynn Budin and Jean Macintosh Turfa, first edition, London: Routledge, 2016.

Lardinois, André, and Mcclure, Laura (eds) (2001), *Making Silence Speak: Women's Voices in Greek Literature and Society*, Princeton and Oxford: Princeton University Press, 2001.

Dossey, Leslie, 'Wife Beating and Manliness in Late Antiquity', *Past & Present*, no. 199, May 2008, pp. 3–40.

Rousseau, Jean-Jacques (1762), *Emile, or On Education*, translated by Barbara Foxley, London and Toronto: J. M. Dent and Sons, 1921; New York: E. P. Dutton, 1921.

Scheidel, Walter, 'The Most Silent Women of Greece and Rome: Rural Labour and

Women's Life in the Ancient World (II)', *Greece & Rome*, Vol. 43, no. 1, October 1995, pp. 1–10.

'FAO Policy on Gender Equality 2020–2030', Food and Agriculture Organization of the United Nations, Rome, 2020.

Davis, Angela Yvonne, *Women, Race & Class*, New York: Random House, 1981.

Alesina, Alberto et al., 'On the Origins of Gender Roles: Women and the Plough', *The Quarterly Journal of Economics*, Vol. 128, no. 2, May 2013, pp. 469–530.

Tauger, Mark B., 'Not by Grain Alone', *Agricultural History*, Vol. 92, no. 3, Summer 2018, pp. 429–435.

Bolger, Diane, 'The Dynamics of Gender in Early Agricultural Societies of the Near East', *Signs*, Vol. 35, no. 2, Winter 2010, pp. 503–531.

Burton, Michael L., and White, Douglas R. (1984), 'Sexual Division of Labor in Agriculture', *American Anthropologist*, Vol. 86, no. 3, September 1984, pp. 568–583.

Scott, James C., *Against the Grain: A Deep History of the Earliest States*, Newhaven, Connecticut: Yale University Press, 2017.

'Gender and Sexuality: Ancient Near East', in Ilona Zsolnay (ed.), *The Oxford Encyclopedia of the Bible and Gender Studies*, Oxford Biblical studies Online.

Lerner, Gerda, *The Creation of Patriarchy*, New York and Oxford: Oxford University Press, 1986

Hunter, Virginia, 'Review: The Origins of Patriarchy: gender and class in the ancient World', *Labour/Le Travail*, Vol. 22, Fall 1988, pp. 239–246.

Meyers, Carol L., 'Was Ancient Israel a Patriarchal Society?', *Journal of Biblical Literature*, Vol. 133, no. 1, Spring 2014, pp. 8–27.

Rohrlich, Ruby, 'State Formation in Sumer and the Subjugation of Women', *Feminist Studies*, Vol. 6, no. 1, Spring 1980, pp. 76–102.

Crawford, Harriet E. W. (2013), *The Sumerian World*, London, New York: Routledge, 2013.

Beavis, Maryann (2007), 'Christian Origins, Egalitarianism, and Utopia', *Journal of Feminist Studies in Religion*, Vol. 23, no. 2, Fall 2007, pp. 27–49.

'Deborah Sampson (1760–1827)', edited by Debra Michals, National Women's History

Museum, 2015.

Assante, Julia, 'The Kar.Kid/Harimtu, Prostitute or Single Woman? A Reconsideration of the Evidence', *Ugarit-Forschungen*, no. 30, 1998, pp. 5–96.

Budin, Stephanie Lynn, *The Myth of Sacred Prostitution in Antiquity*, Cambridge University Press, 2008.

Lerner, Gerda, 'The Origin of Prostitution in Ancient Mesopotamia', *Signs*, Vol. 11, no. 2, Winter 1986, pp. 236–254.

Kennedy, Rebecca Futo, *Immigrant Women in Athens: Gender, Ethnicity, and Citizenship in the Classical City*, New York: Routledge, 2014.

Kennedy, Rebecca Futo, 'Strategies of Disenfranchisement: "Citizen" Women, Minor Heirs and the Precarity of Status in Attic Oratory', in S. Gartland and D. Tandy (eds), *Voiceless, Invisible, and Countless* (under review at Oxford University Press).

Mccaffrey, Kathleen, 'The Female Kings of Ur', in Diane Bolger (ed.), *Gender Through Time in the Ancient Near East*, Lanham, MD: AltaMira Press, 2008, pp. 173–215.

Gilligan, Carol, and Snider, Naomi, *Why Does Patriarchy Persist?* Cambridge, England and Medford, Massachusetts: Polity Press, 2018.

Scott, James C., *Domination and the Arts of Resistance: Hidden Transcripts*, Newhaven and London: Yale University Press, 1990.

Zeitlin, Fromai., 'The Dynamics of Misogyny: Myth and Mythmaking in the Oresteia', *Arethusa*, Vol. 11, no. 1/2, 1978, pp. 149–184.

Nathan, Dev, Kelkar, govind, and Xiaogang, Yu, 'Women as Witches and Keepers of Demons: Cross-Cultural Analysis of Struggles to Change Gender Relations', *Economic and Political Weekly*, Vol. 33, no. 44, October–November 1998, pp. WS58–69.

Vlassopoulos, Kostas, 'Free spaces: identity, experience and Democracy in classical athens', *The Classical Quarterly*, Vol. 57, no. 1, May 2007, pp. 33–52.

Rantala, Jussi (ed.), *Gender, Memory, and Identity in the Roman World*, Amsterdam: Amsterdam University Press, 2019.

McLynn, Frank, *Genghis Khan: His Conquests, His Empire, His Legacy*, Boston: Da Capo Press, 2015.

Song Min, Choi, 'Mandatory Military Service Extends to Women', *Daily NK*, 28

参考文献

January 2015.

Bayliss, Andrew, *The Spartans*, Oxford: Oxford University Press, 2020.

Pomeroy, Sarah B., 'Spartan Women among the Romans: Adapting Models, Forging Identities', *Memoirs of the American Academy in Rome*, Supplementary Volumes, Vol. 7, 2008, pp. 221–234.

Penrose Jr, Walter Duvall, *Postcolonial Amazons: Female Masculinity and Courage in Ancient Greek and Sanskrit Literature*, Oxford: Oxford University Press, 2016.

Holmes, Brooke, *Gender: Antiquity and its Legacy*, London and New York: I. B. Tauris, 2012.

Lepowsky, Maria, 'Women, men, and aggression in an egalitarian society', *Sex Roles*, Vol. 30, February 1994, pp. 199–211.

Ghisleni, Lara et al., Introduction to 'Binary Binds: Deconstructing Sex and Gender Dichotomies in Archaeological Practice', *Journal of Archaeological Method and Theory*, Vol. 23, no. 3, Springer, September 2016, pp. 765–787.

Matić, Uroš, '(De) Queering Hatshepsut: Binary Bind in Archaeology of Egypt and Kingship Beyond the Corporeal', *Journal of Archaeological Method and Theory*, Vol. 23, no. 3, Springer, September 2016, pp. 810–831.

Golden, Mark, and Toohey, Peter, *Sex and Difference in Ancient Greece and Rome*, Edinburgh University Press, 2003.

Laqueur, Thomas, *Making Sex: Body and Gender from the Greeks to Freud*, Cambridge, Massachusetts: Harvard University Press, 1992.

Olson, Kelly, 'Masculinity, Appearance, and Sexuality: Dandies in Roman antiquity', *Journal of the History of Sexuality*, Vol. 23, no. 2, May 2014, pp. 182–205.

Bucar, Elizabeth M., 'Bodies at the Margins: The Case of Transsexuality in Catholic and Shia Ethics', *The Journal of Religious Ethics*, Vol. 38, no. 4, December 2010, pp. 601–615.

Oyewumi, Oyeronke, *The Invention of Women: Making an African Sense of Western Gender Discourses*, University of Minnesota Press, 1997.

Plato, *The Republic*, translated by Benjamin Jowett, New York: Modern Library, 1982.

Harvard Law Review, 'Patriarchy is Such a Drag: The strategic Possibilities of a

Postmodern Account of Gender', *Harvard Law Review*, Vol. 108, no. 8, June 1995, pp. 1973–2008.

Surtees, Allison, and Dyer, Jennifer (editors), *Exploring Gender Diversity in the Ancient World*, Edinburgh University Press, 2020.

Von Stackelberg, Katharine T., 'Garden Hybrids: Hermaphrodite Images in the Roman House', *Classical Antiquity*, Vol. 33, no. 2, October 2014, pp. 395–426.

Fletcher, Judith, 'The Virgin choruses of Aeschylus', in Bonnie Maclachlan and Judith Fletcher (eds), *Virginity Revisited: Configurations of the Unpossessed Body*, University of Toronto Press, 2007.

第六章 异 化

Euripides, *Hecuba*, translated by William Arrowsmith in *Euripides III*, University of Chicago Press, 1955.

'Coercive or Controlling Behaviour Now a Crime', UK government, 29 December 2015.

Bhatt, archana Pathak, 'The Sita Syndrome: Examining the Communicative Aspects of Domestic Violence from a South Asian Perspective', *Journal of International Women's Studies*, Vol. 9, no. 3, May 2008, pp. 155–173.

Adiga, Aravind, *The White Tiger*, London: Atlantic Books, 2008.

Anukritis et al., 'Curse of the Mummy-ji: The influence of Mothers-in-law on Women in India', *American Journal of Agricultural Economics*, Vol. 102, no. 5, October 2020, pp. 1328–1351.

Karmaliani, Rozina et al., *Report: Understanding Intimate Partner Violence in Pakistan through a Male Lens*, London: Overseas Development institute, 20 March 2017.

Coffey, Diane, 'When women eat last,' *The Hindu*, 3 January 2017.

de Beauvoir, Simone, *The Second Sex* (1949), London: Vintage classics, 1997.

Jayawardena, Kumari, *Feminism and Nationalism in the Third World*, London and New York: Verso, 2016 (first published 1986).

参考文献

Lerner, Gerda, *The Creation of Patriarchy*, New York and Oxford: Oxford University Press, 1986

International Labour Organization, 'Global Estimates of Modern Slavery: Forced Labour and Forced Marriage', *Geneva: IlO/Walk Free Foundation*, 19 September 2017.

'Child Marriage around the World: Infographic', UNICEF, 11 March 2020.

'Improvements Introduced to Marriage Registration System', UK Government, 4 May 2021.

Stretton, Tim, and Krista J. Kesselring (eds), *Married Women and the Law: Coverture in England and the Common Law World*, Mcgill-Queen's University Press, 2013.

Levin, Bess, 'Samuel Alito's Antiabortion Inspiration: A 17th-century Jurist Who Supported Marital Rape and Had Women Executed', *Vanity Fair online*, 3 May 2022.

Deuteronomy 21:10–25:19, Bible, New International Version.

Gelb, I. J., 'Prisoners of War in Early Mesopotamia', *Journal of Near Eastern Studies*, Vol. 32, no. 1/2, January–April 1973, pp. 70–98.

Colley, Linda, 'Going Native, Telling Tales: Captivity, Collaborations and Empire', *Past & Present*, no. 168, August 2000, pp. 170–193.

Cameron, Catherine M., *Captives: How Stolen People Changed the World*, Lincoln and London: University of Nebraska Press, 2016.

'World of Domesday: The Social Order', The National Archives.

Rossiter, W. S., *A Century of Population Growth. From the First Census to the Twelfth Census of the United States: 1790–1900*. United States Census Bureau.

Hochschild, Adam, *Bury the Chains: Prophets and Rebels in the Fight to Free an Empire's Slaves*, Boston: Houghton Mifflin, 2005.

Helgason, Agnar et al., 'Estimating Scandinavian and Gaelic Ancestry in the Male Settlers of Iceland', *American Journal of Human Genetics*, Vol. 67, no. 3, September 2000, pp. 697–717.

Cocks, Tim, and Abrak, Issac, 'Nigeria's Boko Haram Threatens to sell Kidnapped Schoolgirls', *Reuters*, 5 May 2014.

Mbah, Fidelis, 'Nigeria's Chibok Schoolgirls: Five Years On, 112 Still Missing',

AlJazeera. com, 14 April 2019.

Taylor, Lin, 'Nearly 10,000 Yazidis Killed, Kidnapped by Islamic State in 2014, Study Finds', *Reuters*, 9 May 2017.

'Kyrgyzstan: Fury over Death of "Bride Kidnapping" Victim', BBC News, 8 April 2021.

Taylor, Lin, 'One in Five Girls and Women Kidnapped for Marriage in Kyrgyzstan: Study', *Reuters*, 2 *Augus*t 2017.

Becker, Charles M., Mirkasimov, Bakhrom, and Steiner, Susan, 'Working Paper no. 35: Forced Marriage and Birth Outcomes', University of Central Asia, Institute of Public Policy and Administration, 2016.

Steiner, Susan, and Becker, Charles M., 'How Marriages Based on Bride Capture Differ: Evidence from Kyrgyzstan', *Demographic Research*, Vol. 41, no. 20, 22 August 2019, pp. 579–592.

Arabsheibani, Reza, Kudebayeva, Alma, and Mussurov, Altay, 'Bride Kidnapping and Labour Supply Behaviour of Married Kyrgyz Women, IZA Institute of Labor Economics Discussion Paper no. 14133', 3 March 2021.

Rowbotham, Sheila, *Women, Resistance and Revolution: A History of Women and Revolution in the Modern World*, New York and London: Verso Books, 2013 edition (first published by Pantheon Books, 1972).

Patterson, Orlando, *Slavery and Social Death: A Comparative Study, with a new preface*, Cambridge, Ma: Harvard University Press, first published 1982, with new preface 2018.

Patterson, Orlando, 'Trafficking, Gender and Slavery: Past and Present', Speech delivered at *The Legal Parameters of Slavery: Historical to the Contemporary*, Published by the Charles Hamilton Houston Institute, Harvard Law school, Cambridge, Ma, 2011.

Delphy, Christine, *Close to Home: A Materialist Analysis of Women's Oppression*, New York: Verso Books, 2016 (first published in English in 1984).

Abramowicz, Sarah, 'English Child Custody Law, 1660–1839: The Origins of Judicial Intervention in Paternal Custody', *Columbia Law Review*, Vol. 99, no. 5, June 1999, pp. 1344–1392.

Folbre, Nancy, *Rise and Decline of Patriarchal Systems: An Intersectional Political Economy*, New York: Verso Books, 2021.

Garcia, Manon, *We Are Not Born Submissive: How Patriarchy Shapes Women's Lives*, Princeton, New Jersey: Princeton University Press, 4 May 2021.

Ephesians 5:24, Bible, New International Version.

Human Rights Watch, '"Everything I Have to Do is Tied to a Man": Women and Qatar's Male Guardianship Rules', New York: HRW, 29 March 2021.

Mernissi, Fatema, *Beyond the Veil: Male-Female Dynamics in Modern Muslim Society*, revised edition, Bloomington and Indianapolis: Indiana University Press, 1987.

Holzman, Donald, 'The Place of Filial Piety in Ancient China', *Journal of the American Oriental Society*, Vol. 118, no. 2, April–June 1998, pp. 185–199.

Corno, Lucia, La Ferrara, Eliana, and Voena, Alessandra, 'Discussion Paper: Female Genital Cutting and the Slave Trade', Centre for Economic Policy Research, London, December 2020.

World Health Organization, 'Female Genital Mutilation', 3 February 2020.

Kandiyoti, Deniz, 'Bargaining with Patriarchy', *Gender and Society*, Vol. 2, no. 3, September 1988, pp. 274–290.

Afzal, Nazir, *The Prosecutor: One Man's Pursuit of Justice for the Voiceless*, London: Ebury Press, 2020.

Nwaubani, Adaobi Tricia, 'Letter from Africa: Freed Boko Haram "Wives" Return to Captors', BBC News, 26 July 2017.

Patterson, Orlando, *Freedom: Volume I: Freedom in the Making of Western Culture*, New York: Basic Books, 1991.

Martin, Debra l., Harrod, Ryan P., and Fields, Misty, 'Beaten Down and Worked to the Bone: Bioarchaeological Investigations of Women and Violence in the Ancient Southwest', *Landscapes of Violence*, Vol. 1, no. 1, article 3, 2010.

Leonetti, Donna L. et al., 'In-Law Conflict: Women's Reproductive Lives and the Roles of Their Mothers and Husbands among the Matrilineal Khasi', *Current Anthropology*, Vol. 48, no. 6, December 2007, pp. 861–890.

Rohrlich, Ruby, 'State Formation in Sumer and the Subjugation of Women', *Feminist Studies*, Vol. 6, no. 1, Spring 1980, pp. 76–102.

Gilligan, Carol, and Snider, Naomi, *Why Does Patriarchy Persist?* Cambridge, England and Medford, Massachusetts: Polity Press, 2018.

第七章 革 命

Luxemburg, Rosa, 'The Socialisation of Society', December 1918, translated from German into English by Dave Hollis, Marxists.org.

'Germany: New Reichstag', *TIME*, 12 September 1932.

'Clara Zetkin: Fascism Must be Defeated', SocialistWorker.org, 10 January 2014.

Zetkin, Clara, *Clara Zetkin: Selected Writings*, Chicago: Haymarket Books, 2015 (first published by International Publishers, New York, 1984).

Dollard, Catherine L., 'Socialism and Singleness: Clara Zetkin', in *The Surplus Woman: Unmarried in Imperial Germany, 1871–1918*, pp. 164–175, New York, Oxford: Berghahn Books, 2009.

Boxer, Marilyn J., 'Rethinking the Socialist Construction and International Career of the Concept "Bourgeois Feminism"', *The American Historical Review*, Vol. 112, no. 1, February 2007, pp. 131–158.

Harsch, Donna, 'Approach/Avoidance: Communists and Women in East Germany, 1945–1949', *Social History*, Vol. 25, no. 2, May 2000, pp. 156–182.

Davis, Angela Y., *Women, Race & Class*, New York: Random House, 1981.

Arruzza, Cinzia, Bhattacharya, Tithi and Fraser, Nancy, *Feminism for the 99%: A Manifesto*, London and New York: Verso, 2019.

Kaplan, Temma, 'On the Socialist Origins of International Women's Day', *Feminist Studies*, Vol. 11, no. 1, Spring 1985, pp. 163–171.

Evans, Richard J., 'Theory and Practice in German Social Democracy 1880–1914: Clara Zetkin and the Socialist Theory of Women's Emancipation', *History of Political Thought*, Vol. 3, no. 2, 1982, pp. 285–304.

参考文献

Breuer, Rayna, 'How Angela Davis Became an Icon in East Germany', DW.com, 12 October 2020.

Drakulić, Slavenka, *How We Survived Communism and Even Laughed*, London: Random House, 1993.

Hoffmann, David L., 'The Great Socialist Experiment? The Soviet State in Its International Context', *Slavic Review*, Vol. 76, no. 3, Fall 2017, pp. 619–628.

Applebaum, Anne, and Lieven, Anatol, 'Was Communism as Bad as Nazism?', *Prospect*, 20 October 2020.

Addelmann, Quirin Graf, and von Godin, Gordon Freiherr (eds), *DDR Museum Guide: A Companion to the Permanent Exhibition*, Berlin: DDR Museum Verlag GmbH, 2017.

Funk, Nanette, Feminism and Post-communism, *Hypatia*, Vol. 8, no. 4, Autumn 1993, pp. 85–88.

Goldman, Wendy Z., (1993), *Women, the State, and Revolution: Soviet Family Policy and Social Life, 1917–1936*, Cambridge and New York: Cambridge University Press, 1993.

Smith, Hedrick, 'In Soviet Union, Daycare is the Norm', *New York Times*, 17 December 1974.

Lenin, V. I., 'Speech at the First All-Russia Congress of Working Women', 19 November 1918, Marxists.org.

Brown, Archie, *The Rise and Fall of Communism*, London: Bodley Head, 2009.

Ruthchild, Rochelle Goldberg, 'Women and Gender in 1917', *Slavic Review*, Vol. 76, no. 3, Fall 2017, pp. 694–702.

Bauer, Raymond A., Inkeles, Alex, and Kluckhohn, Clyde, *How the Soviet System Works, Cultural, Psychological and Social Themes*, Cambridge, Massachusetts: Harvard University Press, 1956.

The Harvard Project on the Soviet Social System Online, Harvard library. Transcripts referred to Schedule A, Vol. 2, Case 11 (interviewer J. R., type A3); Schedule A, Vol. 32, Case 91/(NY)1124 (interviewer M. S., type A4); Schedule B, Vol. 22, Case 607 (interviewer M. F.); Schedule B, Vol. 23, Case 67 (interviewer K. G.).

父　权：男性统治的伊始与终结

May, Elaine Tyler, *Homeward Bound: American families in the Cold War Era*, New York: Basic Books, 1988.

Faderman, Lillian, *Woman: The American History of an Idea*, New Haven: Yale University Press, March 2022.

'Postwar Gender Roles and Women in American Politics', Essay from the *Women in Congress, 1917–2006* exhibition, History, Art and Rrchives, United States House of Representatives, 2007.

Bix, Amy Sue, *Girls Coming to Tech! A History of American Engineering Education for Women*, Cambridge, Massachusetts: MIT Press, 2013.

Ruthchild, Rochelle, 'Sisterhood and Socialism: The Soviet Feminist Movement', *Frontiers: A Journal of Women Studies*, Vol. 7, no. 2, 1983, pp. 4–12.

Fodor, Eva, 'The State Socialist Emancipation Project: Gender Inequality in Workplace Authority in Hungary and Austria', *Signs*, Vol. 29, no. 3, Spring 2004, pp. 783–813.

Fuchs, Michaela et al., 'IAB Discussion Paper 201911: Why Do Women Earn More Than Men in Some Regions? Explaining Regional Differences in the Gender Pay Gap in Germany', Institute for Employment Research, Nuremberg, Germany, 2019.

Lukić, Jasmina, 'One Socialist Story, or How I Became a Feminist', in 'Ten Years After: Communism and Feminism Revisited', edited by Francisca de Haan, *Aspasia*, Vol. 10, no. 1, March 2016, pp. 135–145.

Guglielmi, Giorgia, 'Eastern European Universities Score Highly in University Gender Ranking', *Nature*, 29 May 2019.

Eveleth, Rose, 'Soviet Russia Had a Better Record of Training Women in STEM Than America Does Today', *Smithsonian Magazine*, 12 December 2013.

Gharibyan, Hasmik, and Gunsaulus, Stephan, 'Gender Gap in Computer Science Does Not Exist in One Former Soviet Republic: Results of a Study', *Association for Computing Machinery Special Interest Group on Computer Science Education Bulletin*, June 2006, Vol. 38, no. 3, pp. 222–226.

Lippmann, Quentin, and Senik, Claudia, 'Math, Girls and Socialism', *Journal of Comparative Economics*, May 2018, Vol. 46, no. 3, pp. 874–888.

Friedman-Sokuler, Naomi, and Senik, Claudia, 'From Pink-Collar to Lab Coat: Cultural

Persistence and Diffusion of Socialist Gender Norms', IZA Discussion Papers 13385, Institute of Labor Economics, Bonn, Germany, June 2020.

Friedan, Betty, *The Feminine Mystique*, New York: Norton, 1963.

Gosse, Van, 'Betty Friedan', in *The Movements of the New Left, 1950–1975: A Brief History with Documents*, Bedford Series in History and Culture, New York: Palgrave Macmillan, 2005.

Horowitz, Daniel, 'Rethinking Betty Friedan and the Feminine Mystique: Labor Union Radicalism and Feminism in Cold War America', *American Quarterly*, Vol. 48, no. 1, March 1996, pp. 1–42.

Ghodsee, Kristen Rogheh, *Why Women Have Better Sex Under Socialism: and Other Arguments for Economic Independence*, New York: Nation Books, 2018.

Ghodsee, Kristen, 'Opinion: Why Women Had Better Sex Under Socialism', *New York Times*, 12 August 2017.

Ghosh, Pallab, 'Valentina Tereshkova: USSR was "worried" about Women in Space', BBC News, 17 September 2015.

Schuster, Alice, 'Women's Role in the Soviet Union: Ideology and Reality', *Russian Review*, Vol. 30, no. 3, July 1971, pp. 260–267.

Schulte, Elizabeth, 'Clara Zetkin, Socialism and Women's Liberation', SocialistWorker.org, 7 March 2014.

Rowbotham, Sheila, *Women, Resistance and Revolution: A History of Women and Revolution in the Modern World*, New York and London: Verso Books, 2013 edition (first published by Pantheon Books, 1972).

Honeycutt, Karen, 'Clara Zetkin: A Socialist Approach to the Problem of Woman's Oppression', *Feminist Studies*, Vol. 3, no. 3/4, Spring–Summer 1976, pp. 131–144.

Sudau, Christel, and Biddy Martin, 'Women in the GDR', *New German Critique*, no. 13, Winter 1978, pp. 69–81.

Harsch, Donna, *The Revenge of the Domestic: Women, the Family, and Communism in the German Democratic Republic*, Princeton University Press, 2006.

UN Development Fund for Women, 'The Story Behind the Numbers: Women and Employment in Central and Eastern Europe and the Western Commonwealth of

Independent States', UNIFEM, March 2006.

Fodor, Eva, and Balogh, Anikó, 'Back to the Kitchen? Gender Role Attitudes in 13 East European Countries', *Zeitschrift für Familienforschung (Journal of Family Research)*, Vol. 22, no. 3, pp. 289–307.

Kranz, Susanne, '"Der Sozialismus Siegt": Women's Ordinary lives in an East german Factory', *Journal of International Women's Studies*, Vol. 18, no. 4, pp. 50–68.

Ghodsee, Kristen, 'Red Nostalgia? Communism, Women's Emancipation, and Economic Transformation in Bulgaria', *L'Homme*, Vol. 15, no. 1, January 2004, pp. 23–36.

'Vladimir Putin Meets with Members of the Valdai Discussion Club, Transcript of the Plenary session of the 18th annual Meeting', Valdai Club, 22 October 2021.

Kirchick, James, 'Why Putin's Defense of "Traditional Values" is Really a War on Freedom', *Foreign Policy*, 3 January 2014.

Neumeyer, Joy, 'Poland's Abortion Ban Protests Changed the Country Forever', *Foreign Policy*, 8 November 2021.

'Polish Election: Andrzej Duda Says LGBT "Ideology" Worse Than Communism', BBC News, 14 June 2020.

'Hungary to Stop Financing Gender Studies Courses: PM Aide', *Reuters*, 14 August 2018.

Fodor, Eva, *The Gender Regime of Anti-Liberal Hungary*, Cham, Switzerland: Palgrave Macmillan, 2022.

Edgar, Adrienne, 'Bolshevism, Patriarchy, and the Nation: The Soviet "Emancipation" of Muslim Women in Pan-Islamic Perspective', *Slavic Review*, Vol. 65, no. 2, Summer 2006, pp. 252–272.

Borbieva, Noor O'Neill, 'Kidnapping Women: Discourses of Emotion and Social Change in the Kyrgyz Republic', *Anthropological Quarterly*, Vol. 85, no. 1, Winter 2012, pp. 141–169.

Ogloblin, Constantin G., 'The Gender Earnings Differential in the Russian Transition Economy', *Industrial and Labor Relations Review*, Vol. 52, no. 4, July 1999, pp. 602–627.

Ogloblin, Constantin, 'The Sectoral Distribution of Employment and Job Segregation by Gender in Russia', *Regional and Sectoral Economic Studies*, Vol. 5, no. 2, pp. 5–18.

第八章 转 变

Bahrami, Ardavan, 'A Woman for All Seasons: In Memory of Farrokhrou Parsa', Iranian.com. 9 May 2005.

'Farrokhru Parsa', Abdorrahman Boroumand Center for Human Rights in Iran.

Childress, Diana, *Equal Rights is Our Minimum Demand: The Women's Rights Movement in Iran, 2005*, Minneapolis: Twenty-First century Books, 2011.

Esfandiari, Golnaz, 'Hijabs and Harassment: How Iran Soured Its " Sisters" on the Revolution', *Radio Free Europe*, 23 February 2019.

Cain, Sian, 'Hengameh Golestan's Best Photograph: Iranian Women Rebel Against the 1979 Hijab Law', *Guardian*, 3 September 2015.

'100,000 Iranian Women March Against The hijab Law in 1979 Tehran', *Flashbak*, 14 October 2017.

Ibrahim, Youssef M., '"Death to Despotism Under Any Cover," Was the Cry Last Week,' *New York Times*, 11 March 1979.

Buchan, James, *Days of God: The Revolution in Iran and its Consequences*, New York: Simon and Schuster, 2012.

Jecks, Nikki, '"I Was Iran's Last Woman Minister",' BBC News, 19 August 2009.

Alinejad, Masih, *The Wind in My Hair: My Fight for Freedom in Modern Iran*, New York: little, Brown and company, 2018.

Dehghan, Saeed Kamali, 'Tehran Hijab Protest: Iranian Police Arrest 29 Women', *Guardian*, 2 February 2018.

Ceasefire Centre for Civilian Rights, 'Beyond the Veil: Discrimination against Women in iran', London: Ceasefire Centre for Civilian Rights, Centre for Supporters of Human Rights, and Minority Rights Group International, September 2019.

'Flower Protest in Paris for Iranian No-Headscarf Activist', *Associated Press*, 8 March

2021.

'Iran Protests Spread, Death Toll Rises as Internet Curbed.' *Reuters*, 21 September 2022.

Rasmussen, Sune Engel, 'Iran Protests erupt anew after Teenage Demonstrator's Death', *Wall street Journal*, 5 October 2022.

'Iran Protests: Schoolgirls Heckle Paramilitary Speaker', BBC News, 5 October 2022.

'Iran Man "Drives Car into Two Women" for "Not Wearing Hijab"', *New Arab*, 11 August 2021.

Wright, Robin, 'Iran's Kidnapping Plot Exposes Its Paranoia', *New Yorker*, 19 July 2021.

Fazeli, Yaghoub, 'Iranian Journalist Masihalinejad's Brother Sentenced to 8 Years in Prison: Lawyer', *Al Arabiya English*, 16 July 2020.

Washburn, Dan, 'Interview: What It Was Like to Travel to Iran With Andy Warhol in 1976', *Asia Blog*, Asia Society, 22 October 2013.

Afary, Janet, 'Steering Between Scylla and Charybdis: Shifting Gender Roles in Twentieth Century Iran', *NWSA Journal*, Vol. 8, no. 1, Spring 1996, pp. 28–49.

Fincher, Leta Hong, *Betraying Big Brother: The Feminist Awakening in China*, London and New York: Verso, 2018.

Kasakove, Sophie, 'What's Happening With Abortion Legislation in States Across the Country', *New York Times*, 14 April 2022.

'Oklahoma Passes Bill Banning Most Abortions After Conception', BBC News, 20 May 2022.

'Former President Trump in Florence, south carolina,' C-SPAN.org, 12 March 2022.

Gessen, Masha, 'Family Values', *Harper's Magazine*, March 2017.

Beckerman, Gal, *The Quiet Before: On the Unexpected Origins of Radical Ideas*, New York: crown, 2022.

Amir-Ebrahimi, Masserat, 'The Emergence of Independent Women in Iran: A Generational Perspective', in Janet Afary and Jesilyn Faust (eds), *Iranian Romance in the Digital Age: From Arranged Marriage to White Marriage*, London: I. B. Tauris, 2021.

参考文献

Ebadi, Shirin, 'I Thought the Iranian Revolution Would Bring Freedom, I Was Wrong', *Washington Post*, 25 February 2020.

Hasso, Frances Susan, 'Bargaining With the Devil: States and Intimate Life', *Journal of Middle East Women's Studies*, Vol. 10, no. 2, Spring 2014, pp. 107–134.

'The Age of Consent and Rape Reform in Delaware', *Widener Law Blog*, Delaware Library, 7 July 2014.

Freedman, Estelle B., *Redefining Rape: Sexual Violence in the Era of Suffrage and Segregation*, Cambridge, Massachusetts: Harvard University Press, 2013.

Elsaadawi, Nawal, *Woman at Point Zero*, London: Zed Books, 1983.

Sullivan, Zohreh T., 'Eluding the Feminist, Overthrowing the Modern? Transformations in Twentieth-century Iran', Chapter 6 in Lila Abulughod (ed.) *Remaking Women: Feminism and Modernity in the Middle East*, Princeton, New Jersey: Princeton University Press, 1998, pp. 215–242.

Kar, Mehrangiz, and Pourzand, Azadeh, 'Iranian Women in the Year 1400: The Struggle for Equal Rights Continues', Atlantic Council, Issue Brief, 2021.

Osanloo, Arzoo, 'Lessons from the Suffrage Movement in Iran', *The Yale Law Journal* (Forum), Vol. 129, 20 January 2020.

Borjian, Maryam, 'The Rise and Fall of a Partnership: The British Council and the Islamic Republic of Iran (2001–2009)', *Iranian Studies*, Vol. 44, no. 4, July 2011, pp. 541–562.

'Statistics Center of Iran: More Than 9,000 Child Marriages Were Registered in the Summer of 1999,' *RFI*, 2 January 2021.

Sadeghi, Fatemeh, 'Foot Soldiers of the Islamic Republic's "Culture of Modesty"', *Middle East Research and Information Project*, no. 250, Spring 2009.

Chatterjee, Partha, *The Nation and its Fragments: Colonial and Postcolonial Histories*, Princeton, New Jersey: Princeton University Press, 1993.

Chatterjee, Partha, 'The Nationalist Resolution of the Women's Question', in Kumkum Sangari and Sudesh Vaid (eds), *Recasting Women: Essays in Colonial History*, New Delhi: Kali for Women, 1989.

Chattopadhyay, Shreya, 'As the US Leaves Afghanistan, Anti-War Feminists Push A

New Approach to Foreign Policy', *The Nation*, 9 August 2021.

Hark, Sabine, and Villa, Paula-Irene, *The Future of Difference: Beyond the Toxic Entanglement of Racism, Sexism and Feminism*, London and New York: Verso, 2020.

Matfess, Hilary, and Margolin, Devorah, *The Women of January 6th: A Gendered Analysis of the 21st Century American Far-Right*, Washington DC: Program on Extremism at George Washington University, April 2022.

Razavi, Shahra, and Jenichen, Anne, 'The Unhappy Marriage of Religion and Politics: Problems and Pitfalls for Gender Equality', *Third World Quarterly*, Vol. 31, no. 6, 2010, pp. 833–850.

Gabbert, Echi Christina, 'Powerful Mothers, Radical Daughters: Tales About and Cases of Women's Agency Among the Arbore of Southern Ethiopia', *Paideuma*, no. 60, 2014, pp. 187–204.

Mernissi, Fatema, *Dreams of Trespass: Tales of a Harem Girlhood*, New York: Basic Books, 1994.

Zakaria, Rafia, *Against White Feminism: Notes on Disruption*, New York: W. W. Norton, 2021.

Mernissi, Fatema, *The Veil and the Male Elite: A Feminist Reinterpretation of Women's Rights in Islam*, New York: Addison-Wesley Publishing Company, inc., 1991.

Sow, Fatou, 'Fundamentalisms, Globalisation and Women's Human Rights in Senegal', *Gender and Development*, Vol. 11, no. 1, May 2003, pp. 69–76.

Ratzinger, Joseph Cardinal, 'Letter to the Bishops of the Catholic Church on the Collaboration of Men and Women in the Church and in the World', *Vatican*, 31 May 2004.

Seedat, Fatima, 'Islam, Feminism, and Islamic Feminism: Between inadequacy and inevitability', *Journal of Feminist Studies in Religion*, Vol. 29, no. 2, Fall 2013, pp. 25–45.

Golley, Nawaral-Hassan, 'Is Feminism Relevant to Arab Women?', *Third World Quarterly*, Vol. 25, no. 3, 2004, pp. 521–536.

Korotayev, Andrey, 'Were There Any Truly Matrilineal Lineages in the Arabian Peninsula?', *Proceedings of the Seminar for Arabian Studies*, Vol. 25, 1995, pp. 83–98.

参考文献

Bakhshizadeh, Marziyeh, 'Three Streams of Thought in the Near East and Iran and Their Views on Women's Rights', in *Changing Gender Norms in Islam Between Reason and Revelation*, first edition, Opladen, Germany: Verlag Barbara Budrich, 2018, pp. 101–112.

Hamlin, Kimberly A., *Free Thinker: Sex, Suffrage, and the Extraordinary Life of Helen Hamilton Gardener*, New York: W, W, Norton, 2020.

Eltahawy, Mona, *Headscarves and Hymens: Why the Middle East Needs a Sexual Revolution*, New York: Farrar, Straus and Giroux, 2015.

Al-Kadhi, Amrou, *Unicorn, The Memoir of a Muslim Drag Queen*, London: 4th Estate, 2019.

Coser, Lewis A., 'Social Conflict and the Theory of Social Change', *British Journal of Sociology*, Vol. 8, no. 3, September 1957, pp. 197–207.

Alikarami, Leila, *Women and Equality in Iran: Law, Society and Activism*, London: I. B. Tauris, 2019.

'Inheritance Law', Iran Data Portal.

Afary, Janet, and Faust, Jesilyn (eds), *Iranian Romance in the Digital Age: From Arranged Marriage to White Marriage*, London: I. B. Tauris, 2021.

Barlow, Rebecca, and Shahram Akbarzadeh, 'Women's Rights in the Muslim World: Reform or Reconstruction?', *Third World Quarterly*, Vol. 27, no. 8, 2006, pp. 1481–1494.

Kandiyoti, Deniz, *Gendering the Middle East: Emerging Perspectives*, New York: Syracuse University Press, 1996.

Mir-Hosseini, Ziba, 'The Conservative: Reformist Conflict over Women's Rights in Iran', *International Journal of Politics, Culture, and Society*, Vol. 16, no. 1, Fall 2002, pp. 37–53.

Ortiz-Ospina, Esteban, and Roser, Max, 'Marriages and Divorces', OurWorldInData.org.

'Saudi Arabia: 28,000 Women Apply for 30 Train Driver Jobs', BBC News, 17 February 2022.

Yip, Waiyee, 'China: The Men Who Are Single and the Women Who Don't Want Kids',

BBC News, 25 May 2021.

'Fertility Rate, Total (Births per Woman)', World Bank.

'India Court Recognises Transgender People as Third Gender', BBC News, 15 April 2014.

'Marriage Equality Around the World', Human Rights Campaign Foundation.

Karmakar, rahul, 'Matrilineal Meghalaya to Give Land Rights to Men', *The Hindu*, 26 October 2021.

Jacob, Jeemon, 'How a Kerala School Has Set the Trend With Gender-Neutral Uniform', *India Today*, 16 November 2021.

'Now, Gender Neutral Uniforms for Plus One Students of Balussery School', *The Hindu*, 18 December 2021.

Fanon, Frantz, *Black Skin, White Masks*, translated by Charles lam Markman, London: Pluto Press, 1986 (originally published in French in 1952).